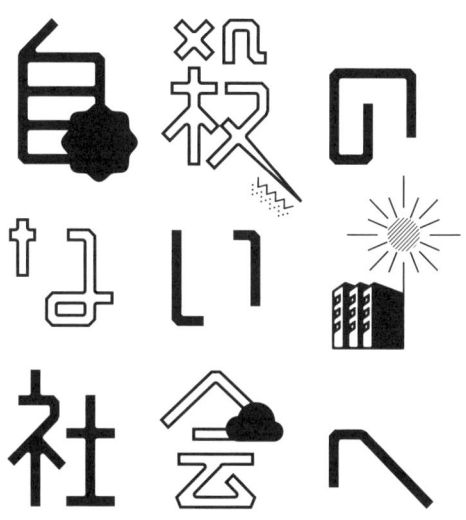

自殺のない社会へ

経済学・政治学からのエビデンスに基づくアプローチ

Towards Evidence-Based
Suicide Prevention:
*Perspectives from
Economics and Political Science*

澤田康幸
上田路子
松林哲也

有斐閣

はしがき

　言うまでもなく，自殺は現代日本における最も深刻な社会問題の1つである。日本では自殺者数が1998年以降2011年まで14年連続で年間3万人を超えてきた。つまり，その間，毎日およそ90人もの人々が自ら命を絶っているという事態が続いてきたことになる。日本の自殺率は国際的に見ても高く，近年のデータによると男性自殺率は経済協力開発機構（OECD）加盟国のなかで3番目，そして女性の自殺率は2番目に高い。本書でも詳述していくが，自殺をしてしまった人が仮に自殺をしなかった場合に平均的にどれくらいの年数生きることができたか，つまり自殺によって「失われた生存年数」を2010年時点のデータで計算すると，日本では1年間の自殺によって将来にわたり実に85万年分もの人生が失われていることがわかる。

　このような事態の解決に向けて，日本政府のみならず地方自治体や民間団体によって，自殺を予防するためのさまざまな取組がこれまで行われてきた。2006年に自殺対策の基本的枠組みをまとめた「自殺対策基本法」が制定され，それ以降，国を挙げた本格的な自殺対策が実施されてきた。また自殺に関する学術研究も，主に精神医学や疫学，心理学などの分野において優れた研究成果が蓄積されつつある。このような状況のもとで，経済学者・政治学者である筆者らがあえて新たに自殺問題について研究をしてきたのは，従来の取組に加えて，その背後にある社会・経済・政治的な要因に目を向けた社会科学的な視点がより有効な手立ての設計・実施に資するという「確信」を持ったからである。

　1つの例として，東北大学の北川章臣教授からご教示いただいた，『今昔物語集』に収められている「御読経の僧が平茸にあたる話」という説話がある。

　　僧が平茸にあたって亡くなってしまったところ，左大臣が同情して手厚く葬った。それを聞いた他の僧が一所懸命に平茸を食っている。「なぜそんな危ないことをするのか」と聞いてみると，「手厚く葬ってもらいたくて平茸にあたって死のうと思った」ということである。

何百年も前の書物に，自殺の経済的インセンティブ（動機づけ）にかかわる記述が残っていることに驚く。この説話は，自殺を抑止する鍵が人々のインセンティブにあり，そうしたインセンティブのいわば歪みを取り除くための政策が重要であることを示唆している。

　多くの場合，自殺への動機づけは，個人の問題にとどまらず，個人を取り巻く経済状態や制度，あるいは人間関係によって強く影響を受けている。たとえば，失業，倒産，連帯保証人問題などによる経済的困窮は，自殺の直接的あるいは間接的な原因として，しばしば取り上げられてきた。さらに，自殺の直接的な原因として挙げられることの多いうつ病などの精神疾患の背後にも，社会経済的問題が潜んでいる可能性が高い。したがって，自殺にかかわる一連の問題と有効な自殺対策のあり方は，人々が自殺に追い込まれてしまうような社会経済環境についての慎重な実態把握なくして議論はできないだろう。

　また，社会経済環境と自殺の原因・動機に密接な関係があるのであれば，それは社会の構成員すべてが，程度の差こそあれ，潜在的な自殺のリスクを抱えていることを意味する。たとえば，失業や倒産は誰でも直面するかもしれない問題である。経済的困窮などの社会経済にかかわる問題を直接・間接の原因とする自殺のリスクとまったく無関係の人はいないであろう。つまり，自殺はうつ病などの精神疾患を抱えている人たちのみの問題ではなく，誰もが当事者として真剣に考慮すべき重要な社会的問題なのである。さらに，社会経済的要因が自殺の背後にあるということは，政策介入によって人々を取り巻く社会経済環境を少しでも改善することが，国民全体の自殺リスクを軽減することにつながりうるということでもある。

　このような考えのもとで，本書では「個人の問題としての自殺」という見方を超えて，自殺とは「社会的あるいは経済的な背景やそのメカニズムの解明と，社会全体への介入を必要とする政策課題」であることを，徹底した実態把握によるエビデンス（科学的根拠）に基づいて論じていく。自殺に対する政策介入はなぜ必要なのか，どのような社会経済環境が自殺を引き起こすのか，そしてどのような介入が効果的なのかを，先行研究や筆者らが独自に行った統計分析に基づいてさまざまな角度から検討する。

　本書は，自殺問題にかかわる研究者のみならず，自殺対策の現場や実務にか

かわっておられる政府の政策担当者・地方自治体職員や民間団体職員の方々，またより広くこの問題解決にかかわっている，あるいはかかわろうとされている一般の読者の方々を対象として，筆者らが近年報告してきた学術研究の中身を大幅に増補し，対策につながりうるエビデンスを中心として書き下ろされている。そのため，統計分析の具体的な方法についてなどのややテクニカルな議論は本文で言及することを避け，各章末に置いた補論で述べることにした。そうすることで，本文のみお読みいただければ，筆者らの知見が一貫して理解できるような構成を心掛けたつもりである。

とはいえ，本書の分析内容からもわかるように，エビデンスの蓄積はまだ緒に就いたばかりであり，自殺問題の氷山の一角に光を当てたばかりという感がある。今後こうした方向性をさらに推進・加速する必要がある。本書が仮にそうした流れの一助になったとすれば幸いである。また，いじめに起因する自殺や就職活動に関連する自殺など，本書では分析できなかった深刻な問題も山積している。今後もエビデンスに基づいた自殺対策をより広く推し進めなければならないであろう。

＊　＊　＊

本書は，筆者らの共同研究者をはじめ，数多くの方々から多くのご協力・ご薫陶を得たことの賜物でもある。すべての方々のお名前を列挙することは困難であるが，少なくとも以下の方々には記して御礼を申し上げたい。

まず，澤田の研究については，平成15～19年度東京大学大学院経済学研究科21世紀COE「市場経済と非市場機構との連関研究拠点」の一環として立ち上げたStudies on Suicide (SOS) プロジェクトの成果に多くを負っている。研究に対して多大な支援をいただいた同COE拠点の吉川洋リーダー（当時），岩井克人リーダー補佐（当時），またSOSプロジェクトメンバーであるJoe Chen（現・台湾政治大学），Yun Choi（現・韓国延世大学），菅野早紀（東京大学），森浩太（イェール大学）の諸氏に深く感謝したい。NPO法人ライフリンクを中心に組織された「自殺実態解析プロジェクトチーム」における議論からも多くのことを学んだ。同代表清水康之氏をはじめ，メンバーの方々に記して感謝したい。内閣府自殺対策推進室の方々には，自殺対策の現場の課題や政策のあり方につい

てさまざまなご教示をいただいた。また，データ等へのアクセスについては，それぞれ客員研究員として研究活動を行わせていただいた内閣府経済社会総合研究所，国立精神・神経医療研究センター精神保健研究所自殺予防総合対策センターにお世話になった。心より感謝を申し上げたい。とくに，内閣府経済社会総合研究所の岩田一政所長（当時）には，貴重な研究指導と叱咤激励をいただいた。深く御礼を申し上げたい。また，本書に含まれている諸研究作成の過程において，数多くの方々から詳細なコメントをいただいた。また本書にかかわる研究の一部は，日本学術振興会の最先端・次世代研究開発支援プログラム「日本と世界における貧困リスク問題に関するエビデンスに基づいた先端的学際政策研究」，野村財団，サントリー文化財団の支援を受けて行われたものである。深く感謝したい。

　上田は，内閣府経済社会総合研究所の旧・自殺分析班の一員として，2010年度より警察庁提供の自殺統計の集計・分析にあたってきた。市川正樹氏（現・大和総研）や桑原進氏をはじめとする研究官室の皆様からは貴重なご指導を数多く頂戴したことを記して心からの謝意を表したい。同分析班の元メンバーである森浩太氏（イェール大学）からは日頃のディスカッションを通じて多くのことを学んだ。また，自殺統計の集計作業が内閣府自殺対策推進室に移行するまで同分析班をさまざまな側面からサポートしてくださった川原健太郎氏（現・荒川区自治総合研究所）にも御礼を申し上げたい。自殺対策の現場については内閣府で開催された自殺関連の会議に出席することや，地方自治体の自殺対策担当の方から業務について伺うことによって学ぶことが多かった。さらに，内閣府自殺対策推進室の皆様には自殺統計の集計作業だけでなく，本書の作成に際してもインタビューにご協力いただくなど，大変お世話になった。とくに，同室の参事官補佐（当時）の萩原玲子氏にはさまざまなご支援をいただいたことを記して御礼を申し上げたい。なお，当然ながら本書の見解は内閣府のものではなく，筆者ら個人のものである。

　また，日本の自殺対策の実際の運用と成果をまとめた第6章の執筆に際して，自殺対策を担当しておられる地方自治体関係者の方々からお話を伺った。名古屋市健康福祉局障害福祉部障害企画課の皆様，栗原市市民生活部社会福祉課の皆様に感謝を申し上げたい。お名前を挙げることは控えるものの，他にも複数

の自治体の自殺対策主管課の方々からお話を伺うことができた。多忙ななか，快くお時間を割いてくださった皆様には御礼を申し上げたい。さらには，同章で使用した都道府県における自殺対策関連事業費に関するデータを提供してくださった北海道，岩手県，宮城県，秋田県，山形県，茨城県，栃木県，埼玉県，神奈川県，新潟県，富山県，石川県，福井県，山梨県，岐阜県，静岡県，愛知県，三重県，滋賀県，京都府，大阪府，兵庫県，奈良県，和歌山県，鳥取県，島根県，岡山県，広島県，山口県，香川県，愛媛県，福岡県，熊本県，大分県，鹿児島県，沖縄県のご担当者の方々にも心より謝意を表したい。加えて，一部の政令指定都市の自殺対策主管課の方々からも同様のデータをご提供いただいたものの，最終的な分析に含めることができなかったことをお詫び申し上げるとともに，迅速にご協力いただいたことに御礼を申し上げたい。首都圏の鉄道会社からは駅における人身事故と青色灯の設置状況についてのデータをご提供いただいただけでなく，人身事故や輸送安全に関連する貴重なお話も伺った。

　自殺者を1人でも減らそうと日々取り組んでいらっしゃる方々のご尽力に深く敬意を表するとともに，本書の執筆にご協力いただいた皆様に改めて心より御礼を申し上げたい。

　最後に，有斐閣書籍編集第2部の尾崎大輔氏には，本書の企画段階から原稿の完成，出版に至る全プロセスにおいてほぼすべてのミーティングに参加していただき，共同執筆者とも言うべき有益なコメントとフィードバックを数多く頂戴した。本書が読者にとって少しでも読みやすくなっているとすれば，それは尾崎氏のおかげである。しかしながら，言うまでもなくありうべき誤りは筆者らの責任である。

　2013 年 5 月

筆 者 一 同

著者紹介

澤田 康幸（さわだ・やすゆき）

1999年，スタンフォード大学経済学部博士課程修了，Ph. D.（経済学）
現　在，東京大学大学院経済学研究科教授
研究分野：開発経済学，応用ミクロ計量経済学
主　著："How Is Suicide Different in Japan?"（共著）*Japan and the World Economy*, 21 (2): 140-150, 2009; "Joint Liability Borrowing and Suicide: The Case of Japan,"（共著）*Economics Letters*, 109 (2): 69-71, 2010; "Socio-Economic Studies on Suicide: A Survey,"（共著）*Journal of Economic Surveys*, 26 (2): 271-306, 2012;「自殺対策の経済学」大垣昌夫・小川一夫・小西秀樹・田渕隆俊編『現代経済学の潮流 2012』東洋経済新報社，2012 年．

上田 路子（うえだ・みちこ）

2006年，マサチューセッツ工科大学政治学部博士課程修了，Ph. D.（政治学）
現　在，シラキュース大学政治学部リサーチ・アシスタント・プロフェッサー
研究分野：アメリカ政治，議会研究，選挙制度
主　著："The Effects of Uncontested Elections on Legislator Performance,"（共著）*Legislative Studies Quarterly*, 36 (2): 199-229, 2011; "Government Partisanship and Human Well-Being,"（共著）*Social Indicators Research*, 107 (1): 127-148, 2012;「2010 年の連邦下院議席配分と選挙区区割り見直し作業」吉野孝・前嶋和弘編著『オバマ政権と過渡期のアメリカ社会』東信堂，2012 年；"Does the Installation of Blue Lights on Train Platforms Prevent Suicide?"（共著）*Journal of Affective Disorders*, 147 (1-3), 385-388, 2013.

松林 哲也（まつばやし・てつや）

2007年，テキサス A&M 大学政治学部博士課程修了，Ph. D.（政治学）
現　在，ノーステキサス大学政治学部アシスタント・プロフェッサー（2013 年 9 月より大阪大学大学院国際公共政策研究科准教授）
研究分野：政治行動論，政治代表論，アメリカ政治
主　著："Racial Diversity and Public Policy in the States: Electoral Constraint or Backlash?"（共著）*Political Research Quarterly*, 65 (3): 600-614, 2012; "Natural Disasters and Suicides: Evidence from Japan,"（共著）*Social Science & Medicine*, 82: 126-133, 2013; "Do Politicians Shape Public Opinion?" *British Journal of Political Science*, 43 (2): 451-478, 2013.

目　次

はしがき　i
著者紹介　vi

序章　政策課題としての自殺対策　1
1　問題提起：いま，自殺を問い直す意義　1
2　本書の目的　5
3　本書の構成と要約　8
　補論　日本の自殺統計について　10

第1章　なぜ自殺対策が必要なのか？　15
　はじめに　15
1　自殺がもたらす負の外部性と社会的費用　16
　　自死遺族数はどのくらいか？（18）　ウェルテル効果（18）　鉄道自殺のコスト（21）
2　個人を失うことによる社会的損失　24
　　損失生存可能年数（PYLL）（24）　逸失利益としての自殺の社会的費用（30）
3　市場の不完全性とインセンティブの歪み　33
　　信用市場の不完全性（34）　生命保険市場の不完全性（36）
4　おわりに　39

第2章　自殺の社会経済的要因　43
　はじめに　43
1　経済学から見た自殺の要因　44
　　所得とその不平等度（45）　経済成長と経済危機（45）　雇用状況（46）
2　国際比較による日本の自殺の傾向　47

3 時系列で見た日本における自殺の傾向：急増・恒常性・若年化　52
　自殺の「急増」(53)　自殺の「恒常性」と「若年化」(56)　失業と自殺 (57)
　因果関係の識別 (60)

4 おわりに　61

補論1　メタ回帰分析　62

補論2　四半期の県別パネルデータを用いた Chen *et al.*（2012b）の分析　63

第3章　自然災害と自殺：日本の都道府県データによる分析　69

はじめに　69

1 自然災害とその影響　70

2 自然災害と自殺率の関係　73

3 分析アプローチ　76

4 データ　78

5 分析結果　84

6 自殺率と社会関係資本　90

7 おわりに　94

補論　分析方法と結果　96

第4章　政治イデオロギーと自殺：OECD 諸国の国際比較データによる分析　105

はじめに　105

1 政府のイデオロギーと政策　106

2 政府の党派性と個人の生活満足度　109
　分析に用いるデータ (109)　分析アプローチ (113)　分析結果 (115)
　個人の属性と政府の党派性 (118)

3 政府の党派性と自殺率　120

4 おわりに　125

補論1　変数の説明　127

補論2　生活満足度を用いた個人レベル分析の方法　128

補論3　国レベル分析の方法　　　133

第5章　経済・福祉政策と自殺：日本の都道府県データによる分析　　　139
　はじめに　139
　1　経済・福祉政策と自殺率の関係　139
　2　データと分析方法　140
　3　推定結果　148
　　経済政策と自殺率の関係（149）　福祉政策と自殺率の関係（151）　その他の社会経済的属性と自殺率の関係（152）
　4　おわりに　152
　補論　分析方法と結果　153

第6章　自殺対策の運用と成果　　　161
　はじめに　161
　1　自殺総合対策大綱における指針と政府の取組　162
　2　地方自治体の取組とその効果　168
　3　各地方自治体における独自の取組　172
　　愛知県名古屋市のケース（172）　宮城県栗原市のケース（179）
　4　自殺対策とその効果　184
　　名古屋市のこころの絆創膏配布キャンペーンの効果（184）　鉄道駅における青色灯設置の効果（190）　自殺対策基金の効果（194）
　補論1　こころの絆創膏配布キャンペーンの効果に関する統計分析の方法と推定結果　195
　補論2　青色灯設置の効果に関する統計分析の方法と推定結果　198
　補論3　自殺対策基金の効果に関する統計分析の方法と推定結果　199

終章　エビデンスに基づく自殺対策を目指して　　　201
　はじめに　201
　1　前章までのまとめ　201
　2　日本のこれまでの自殺対策の評価　203

3 今後の自殺対策への提言：エビデンスに基づく政策の必要性　206

社会全体に向けた対策の実施（206）　エビデンスに基づいた政策の立案・実施（208）　エビデンス構築に必要な方法（214）

4 おわりに　217

補論　効果的な自殺予防対策プログラムを紹介する Best Practice Registry（BPR）の概要　219

索　引　225

序章

政策課題としての自殺対策

1 問題提起：いま，自殺を問い直す意義

近年，多くの国で自殺は大きな社会問題となっている。世界保健機関（WHO）の統計によると，世界で1日約3000人，30秒に1人が自ら命を絶っている[1]。また，過去45年間で世界の自殺率は60％も増加しており，自殺の問題は時間を経るごとにより深刻化している[2]。いくつかの国では自殺は若年層の死因のうち最大部分を占めており，より深刻な問題となっている。一方で，高齢者層の自殺率は過去何十年にもわたり高い傾向にある。

とくに日本では自殺者数が年間3万人を超える事態が1998年以降2011年まで続いてきた。警察庁の自殺統計によると，2012年には自殺者数は15年ぶりに2万7766人となり3万人を割り込んだが，依然高い水準にあることには変わりがない。図序-1は警察庁が発表している1980年以降の自殺件数，図序-2は自殺率（10万人当たり）を時系列にまとめたものである[3]。図中で実線は総件数と総自殺率，破線は男女別の自殺件数と自殺率を示している。この図から，

---

[1] http://www.who.int/mediacentre/events/annual/world_suicide_prevention_day/en/index.html

[2] http://www.who.int/mental_health/prevention/suicide/suicideprevent/en/index.html

[3] 政府統計などでは「自殺死亡率」とも表記されることもあるが，本書では「自殺率」と統一して用いる。また，自殺率は10万人当たりとして表記する。つまり，自殺率は各年の（当該地域における）自殺者の総数を該当年の人口で割り，10万人を掛けることにより求めることができる。

序章 政策課題としての自殺対策

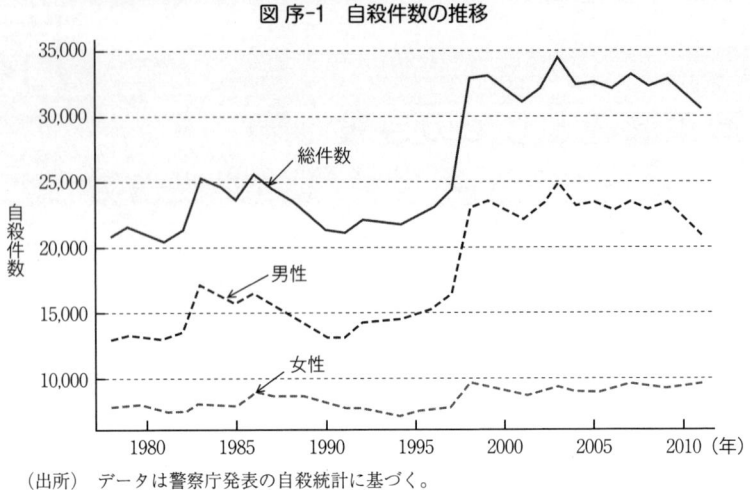

図 序-1 自殺件数の推移

（出所）データは警察庁発表の自殺統計に基づく。

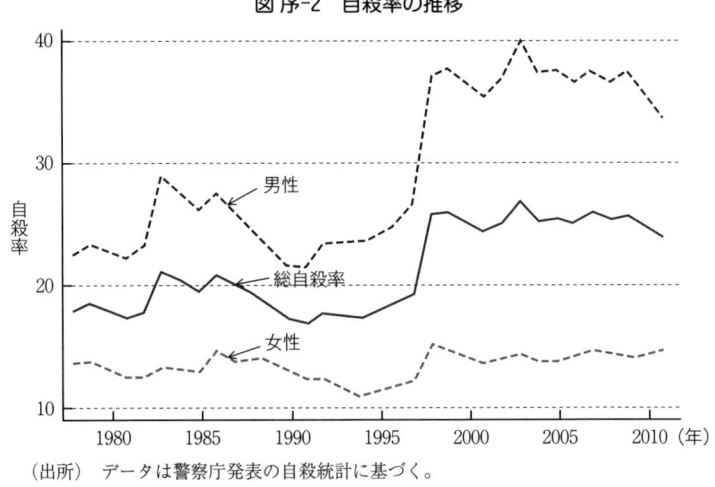

図 序-2 自殺率の推移

（出所）データは警察庁発表の自殺統計に基づく。

自殺件数と自殺率が増加傾向にあること，とくに1997年から98年にかけて急増し，それ以来14年連続で年間3万人もの人々が自殺してきたことが見てとれる。つまり，14年間，毎日およそ90人もの人々が自殺しているということになる。また，男性の自殺が数のうえで大きな割合を占めていることも大きな特徴の1つである。たとえば，2013年1月の警察庁の発表（暫定値）によると，2012年の日本の全自殺者数は，2万7766人で，うち男性が1万9216人を占め

ている。

　経済状況が比較的類似している他の OECD（Organisation of Economic Co-operation and Development，経済協力開発機構）加盟国と比較しても，日本の自殺率は高い。2009 年以降のデータによると，日本の総自殺率は全 34 カ国中で韓国，ハンガリーについで 3 番目に位置づけられている。また，男女別に自殺率を分けた場合，男性自殺率は OECD 諸国のなかで 3 番目，そして女性の自殺率は 2 番目に高い（より詳しくは第 2 章参照）。

　このように，自殺は現代日本を特徴づける深刻な社会的問題であるといえるが，そもそも自殺は社会が全体で取り組むべき政策課題だといえるのだろうか。個人の自殺を社会全体で防止しようとする根拠はどこにあるのだろう。日本では伝統的に切腹や自決が行われていたという歴史もあり，自殺を容認・肯定するような見方もある[4]。また，歴史的に見ても自殺は個人の自由であり，個人の意思に委ねられるとする考え方も根強い[5]。さらに，現代においても自殺は精神疾患などを直接的な原因とした個人の問題であるという認識も根強く，自殺にいたる社会経済的な背景や原因，そして精神疾患や自殺に対する社会全体での取組については，最近まで本格的な議論がなされてこなかった。

　本書は，このような「個人の問題としての自殺」という立場から離れ，自殺とは社会的あるいは経済的な背景やメカニズムの解明と社会全体での政策介入を必要とする政策課題であることを，エビデンス（科学的根拠）に基づいて論じる。政策介入による自殺防止の根拠については第 1 章以降で詳しく議論していくが，ここではその根拠をいくつかを挙げたい。

　まず，自殺者数や自殺率の増加は社会の健康状態や生活の質が悪化している 1 つの現れであるといえることだ。国民の幸福を一定程度維持することが政府の役割であると考えるのであれば，自殺の増加は対策を要する重要な政策課題であるといえる。

---

[4] 新渡戸稲造『武士道』第 12 章「自殺および復仇の制度」などがその代表であるといえる。

[5] たとえば，16〜17 世紀の詩人ジョン・ダンによる，ヨーロッパ最初の自殺弁護論がそうした考え方の代表である。

また第2章で詳しく述べるが，自殺が大きな負の外部性や社会的費用を伴うものであれば，経済学の観点からも自殺対策は重要な政策課題となる。自殺によって家族を失った遺族の経済的・精神的負担は計り知れない。インターネットによる自殺手法の共有や，政治家や芸能人など著名人の自殺をきっかけとした自殺は，自殺が個人や家族の枠を越えてより広範囲に悪影響をもたらす可能性があることを示している。さらに，日常的に発生する鉄道人身事故は，鉄道会社や鉄道利用者の経済活動に大きな悪影響を与えている。また，約3万人もの人々が自殺することによって失われる経済活動の損失は莫大なものになりうる。

　自殺対策が重要な政策課題であるという立場をとるのであれば，次に考えなければならないのはどのような政策介入が望ましいか，そして望ましい政策をどう実現するかということであり，政治学の観点が重要になってくるということである。これまで北欧諸国，アメリカ，オーストラリア，イギリスなどで自殺を削減するための大規模な国家レベルの自殺予防プログラムが導入されてきた。また，日本においても2006年に自殺対策基本法が制定され，国を挙げて自殺対策を推進することとなった。従来，自殺はうつ病など精神疾患の結果として引き起こされると考えられてきたため，主に精神医療の観点から，自殺がなぜ起こるのかを解明する研究が多く行われ（Mann et al. 2005），それに基づいた自殺防止へのさまざまな対策が取り組まれてきた。しかしながら，自殺実態対策プロジェクトチーム（2008）や近年の研究が指摘するように，多くの場合，自殺や精神疾患の主要因の1つは不景気などによる経済的困窮（economic insecurity）であり（Catalano 1991），貧困層ほどそうした状況に追い込まれる可能性が高い（Dominitz & Manski 1997）。とりわけ失業がうつ病に結びつくことは，さまざまな国のデータを用いた多くの実証研究で見出されている（Paul & Moser 2009; Dooley, Catalano & Wilson 1994; Jin, Shah & Svoboda 1995; Frese & Mohr 1987; Vinokur, Price & Caplan 1996）[6]。とはいえ，精神疾患をもたらす社会的背景にまで直接踏み込んだ自殺原因が注目されることは，これまであまりなかった。

　また，これまで日本においてさまざまな自殺対策が行われてきたが，そもそもそうした対策がエビデンスに基づいたものであったかどうかははなはだ疑問

---

[6] また，失業と幸福度の間には負の関係があることが多くの国の実証研究結果からわかっている（大竹・白石・筒井 2010）。

である。さらに，実施された政策が自殺予防にどの程度効果があったかを，データに基づいて緻密に評価・検証し，政策改善を目指す作業が行われてきたとは必ずしもいえない。エビデンスに基づいた自殺対策を行うためには，そもそも自殺に関する基礎研究の環境を整えることが必要であるが，現時点では自殺に関する研究には改善可能なさまざまな制約がある。たとえば，日本には厚生労働省の人口動態統計，および警察庁の自殺統計原票など自殺死亡者についての詳細なデータが存在するにもかかわらず，両者とも研究者によるアクセスは厳しく制限されている（日本における自殺統計の概要に関して，詳しくは章末の補論〔10頁〕を参照されたい）。本書では，自殺予防政策においては，エビデンスに基づきつつ，効果があると認められる施策をより積極的に実施する必要があること，そしてその前提として質の高いエビデンスの蓄積，すなわち政策の効果を事後的に検証する取組が不可欠であること，さらには，そうしたエビデンスを蓄積するための研究を推進していくことの重要性を論じる。

2　本書の目的

　これまでの日本における自殺研究は，①社会学的・心理学的研究，②疫学的研究，③医学的研究の3つに大別することができる（本橋・渡辺 2005；石井 2003）。第1の社会学的研究においては，『自殺論』を著したエミール・デュルケームの流れから，自殺が個人と社会との関係性のなかで生み出されるという視点で研究がなされている。また，密接に関連するアプローチとして，社会心理学的研究は精神分析の立場から人が自殺に至る要因を調べている。たとえば斎藤ほか（1998）は，個人が孤立しがちな地域において自殺率が高くなる傾向を見出しているし，さらに，高橋（1998）らは，そうした個人の孤立という社会的適応の問題がとくに高齢者において生じており，自殺リスクが高くなる傾向があることを示している。他方，岡・山内（2010）は，高齢者自殺希少地域である徳島県旧海部町（現海部郡海陽町）の調査から，個人のストレスが低く抑えられるような社会構造があると，社会経済的要素に起因する高齢者自殺の危険因子が小さくなりうることを見出している。

第2の疫学的研究[7]では、自殺につながりうる健康状態について、集団を単位として統計的に把握し、予防・対策につなげることが目的とされている（本橋 2010）。日本のデータを用いた例としては、藤野ほか（2003）などコーホート・データを用いた研究や人口動態統計・警察統計などを用いた研究、さらには特定の地域における自殺者の特性に焦点を当てた研究などがある（高橋・佐藤 1999；本橋 2010）。また、予防・対策に重心を置き、地域において健康を軸とした総合的な自殺対策を実施することで、自殺率が減少するという「介入疫学」の研究成果もすでにいくつか報告されている（本橋 2010）。

　第3の医学的研究では、とくに精神疾患との関連で生物学的側面・脳科学的側面から自殺を分析した研究が多く見られる（石井 2003）。医学的には、自殺者はうつ病患者と同様に脳内の神経伝達物質であるセロトニンが低下していることが観察されるため、自殺はうつ病と関連があると推論されることが多い（本橋・渡辺 2005; Wasserman, et al. 2009）。さらに、日本の警察統計データからも、自殺の要因がとくにうつ病を代表とする健康問題であると考えられることから、そうした議論が幅広く見られる。ただし、日本のケースでは、そうした推論を必ずしも支持しない統計分析結果もある（前田ほか 2002；西口ほか 1997）。

　以上のように、さまざまなアプローチに基づいて、主に健康の側面から自殺を研究し、有効な対策を立てようとしてきた優れた研究がすでに蓄積されている。これらの研究からも浮かび上がってきたのは、自殺リスクにつながるうつ病など精神的な健康の背後には、個人が社会のなかで置かれている関係性や、事業・雇用の問題など経済的困窮が存在する可能性が高いということである。

　これらをふまえ本書では、自殺や精神疾患の多くが個人の特質のみに由来するのではなく社会経済的要因にも由来する問題である可能性を検証し、そうした観点から適切な社会経済政策や予防策を講ずることの重要性を、経済学・政治学のアプローチから議論する。とくに、社会経済的な観点から自殺の決定要

---

[7] 健康を増進し、疾病を予防するための地域や社会の組織的な活動を実践・評価・研究する学問として、公衆衛生学がある。疫学とは、この公衆衛生学の1つの主要なツールを提供するものであり、特定の集団における健康状態とその決定要因を主に統計的な手法によって把握し、健康の問題を予防・制御しようとする学問分野である。

因を明らかにするため，経済危機や自然災害などの人災・天災が自殺率にどのような影響を与えるかについて，日本や諸外国のデータを用いつつ実証的な議論を展開する。そのうえで，人災・天災が人々に与える経済的・精神的負担の影響を和らげる方法として，経済・福祉政策が果たす役割を明らかにし，これら既存の政策枠組みも活用していくことにより，政府が経済的困窮の影響を緩和し自殺を予防していくことが可能であることを示す。最後に，日本におけるこれまでの自殺対策を概観したうえで，それらの対策が自殺防止の成果を挙げてきたかどうかについてをケース・スタディや統計分析など，さまざまな角度から検証を加える。

　本書には主として 3 つの目的がある。第 1 に，学術的に有意義な成果を示すことはもちろん，実際の政策提言につながる研究成果を提示することも目指している。2012 年の自殺件数は 15 年ぶりに 3 万人を下回ったが，これは 2006 年以降の政府や自治体による自殺予防策が実を結んだ可能性が高い。しかし，今後も対策を実施していくうえで，国全体や個別の取組については改善の余地があるかもしれない。そのために，自殺対策の効果を具体的に研究し，国レベルや自治体レベルでの今後の自殺対策に役立つような研究成果を示すことが本書の最終目的の 1 つである。また，この研究成果は日本だけでなく世界の国々の自殺対策に役立てることも可能であろう。

　第 2 の目的は，エビデンスの重要性を強調することにある。これまで日本では，諸外国と比べても自殺問題についてエビデンスに基づいた政策評価が決定的に欠けてきた。政策介入を求める以上，どれだけの成果が得られるかを理解することは不可欠であることから，本書では，できる限り緻密な実証分析の結果を提示し，エビデンスに基づく政策提言を目指す。

　第 3 に，本書は，自殺問題そのものについての貴重な学際的研究を目指している。自殺対策のためには自殺につながる要因を詳細に理解することが必須であるが，これまでは医学的および文化的要因が強調される傾向があり，自殺研究は限られた分野の研究者のみが取り組んできた。そのため，自殺の背後にあるより根本的な社会経済的要因には十分に目が向けられてこなかった。本書では，社会経済的要因がどのように自殺リスクに影響するかを明示して分析することにより，これまでの研究とは異なる角度から自殺の原因とその防止につい

てわれわれの理解を深化させ，よりバランスのとれた学際的視点から有効な自殺対策を明らかにしていく。

　経済学とは，広い意味での人々の合理的な行動を定式化し，それに基づいて財やサービスのみならずさまざまな資源が市場メカニズムを通じて配分される仕組みを論ずるものである。とくに近年の経済学は，市場メカニズムが万能ではないという「市場の失敗」に注目してその要因を実証的に明らかにし，より望ましい社会を築くために政府がいかに介入すべきかという規範的な議論を展開している。

　他方，政治学は，代表民主制における世論や選挙の役割や政府の政策決定過程などを実証的・規範的に論ずる学問分野である。また，さまざまな分野における政府の政策介入の有無やその方法が，人々の経済活動や生活にどのような影響を及ぼすかについても分析の対象とする。

　経済学と政治学は，そもそもの研究の目的が異なるものの，政府のさまざまな施策が有効であったかどうかを厳密に検証し，エビデンスを蓄積するという点ではアプローチが大きく重なっている。また，個人のインセンティブや市場メカニズムに重心をおく経済学と，政府の政策決定そのものに重心をおく政治学とは相互に補完的な分析が可能である。この点が，まさに本書において経済学者と政治学者がエビデンスの蓄積という協同作業を行う最大の理由である。

3　本書の構成と要約

　本書は大きく分けて2つの内容から構成される。第1章〜第3章では，自殺問題に対しなぜ政策の介入が必要なのかをさまざまな角度から論じる。第1章では，主に経済学的視点から政策介入の根拠を示す。とくに自殺がもたらす負の外部性，社会的費用の問題，インセンティブの歪み，そして市場の不完全性という問題に注目し，データを交えながら自殺は社会全体で取り組むべき問題であることを示す。

　第2章および第3章では，自殺の発生が社会経済的な問題に起因することを示し，さらに自殺が個人の問題にとどまらず社会全体の問題であり，政策介入

を必要とすることを提起する。既述の通り，これまで日本では，自殺はうつ病などの精神疾患や健康問題を原因とする各個人の要因に起因する問題だとみなされる傾向にあった。しかし，多くの個人が抱えるうつ病の背後には，うつ病を生み出す社会経済環境があると考えられる。たとえば不景気によって職を失ったため生活苦に陥り，その結果うつ病を発生し自殺に至ってしまうというケースがある。この場合，不景気が引き起こす経済ショックの影響を何らかの政策介入によって和らげることができれば，うつ病の発生を未然に防ぎ結果的に多くの自殺を防止できるかもしれない。

そこで，社会経済環境と自殺の関係を検証するために，第2章では人的災害としての経済危機，そして第3章では自然災害が生み出す影響に焦点を当てる。日本のデータを統計的に分析した結果より，経済危機や大規模な自然災害の発生後に自殺率が上昇する傾向があることを示す。とくに第2章では，1997〜98年の金融危機時に自殺率が急増したこと，その時期にはとくに中高年男性の経済問題を理由とする自殺が多かったこと，そして無職者の自殺率は他の職業グループを大きく上回っていたことを示す。第3章では，2011年3月11日に発生した東日本大震災を受けて，とくに被災地での自殺対策が喫緊の政策課題となっていることをふまえ，自然災害が自殺に与える影響についての既存研究を概観したうえで，日本の県別データを用いた分析結果を紹介する。筆者らの分析によると，大規模な自然災害の発生から1〜3年後に被災地域で男性65歳未満人口の自殺率が上昇するという傾向が発見された。第2章と第3章の結果は社会経済的問題が自殺に与える影響が大きいことを示しており，経済危機や自然災害被害による経済的・精神的ショックが自殺に結びつく可能性を低減すべく，政府が施策を講じる根拠となりうる。

これらの結果を受け，第4章〜第6章では自殺者数を少しでも減らすための政策を，国際比較データや日本のデータを用いて検討する。第4章では，政府が実施する政策全般の総合指標として政権与党の党派性・イデオロギーの指標を用い，政策が人々の生活満足度や自殺率に与える影響を検証する。ヨーロッパ諸国を中心とした国際比較データを用いた分析によると，福祉政策や所得再分配政策を通じて経済的地位の低い有権者の経済状況を改善しようとする左派政権やキリスト教民主政権下では人々の生活満足度は高まり，また自殺率も減

少する傾向があることを示す。さらに第5章では，日本の都道府県データを用いて，公共事業の拡充や福祉政策の充実は自殺率の低下と結びつくことを示す。第4章と第5章の分析結果は，生活の困窮を和らげるような政策が拡充された場合，自殺率が低下する傾向がみられることを示している。

第6章では，日本の政府や自治体におけるこれまでの自殺対策の内容を概観し，さらに政府の地域自殺対策緊急強化基金や自治体による個別の取組の効果を検証する。2006年の自殺対策基本法の制定以降，政府は自殺総合対策大綱の制定や地域自殺対策緊急強化基金の創設によって自殺対策に積極的に取り組んできた。また，政府の方針や財政支援を受けて自治体がさまざまな個別の取組を行ってきた。そこで，第6章ではこれまでに行われた自殺対策が自殺件数や自殺率の抑制に一定の効果を与えたことを統計分析から示す。

終章は，第1章～第3章と第4章～第6章の内容をまとめ，得られた知見をもとに日本におけるこれまでの自殺対策の評価および今後の対策への提言を行う。とくに，2012年に日本全体の自殺件数が15年ぶりに3万人を切ったことをふまえ，2007年以降の政府や自治体による取組の政策効果を検討する。さらに本書における実証分析の結果や諸外国の自殺対策事例を参考にして，今後の対策には政府の積極的な介入が引き続き必要であること，精神疾患への対策だけでなく精神疾患の原因となりうる経済危機などの人的災害および自然災害が人々に及ぼす悪影響を軽減するような対策が必要であること，そしてより効果的な自殺対策のためにエビデンスに基づいた政策が不可欠であることを論じる。最後に，今後にあるべき自殺対策研究の方向性について議論する。

なお，第1章～第6章ではさまざまな統計分析を行っている。これら各章の本論では技術的な説明をできるだけ避け，分析結果の意味や得られた含意をできるだけ丁寧に記述した。統計分析の技術的な内容やデータについては各章末の補論をあわせて参照されたい。

補論　日本の自殺統計について

自殺に関する統計としては，警察庁の「自殺統計原票」に基づく自殺者数と，

厚生労働省の「人口動態調査」による自殺死亡者数がある。警察庁の自殺統計原票には自殺者の発見地，生前の住居地（2009年以降），自殺および発見の日時，性別，年齢，同居人の有無，自殺の場所と手段，職業，原因・動機，自殺未遂歴の有無が記載されている。このうち，原因・動機については判断資料があるものに限り記載され，該当するものを3つまで記入者が選択することとなっている[8]。

警察庁の自殺統計原票に基づく自殺統計の場合，毎月の自殺者数の速報値を警察庁が翌月に速報値（都道府県別）として発表しているのに加えて，2010年以降は警察庁から提供を受けたデータを内閣府がさらに詳細に集計したものを「地域における自殺の基礎資料」として，同様に最新月の翌月に発表している。「地域における自殺の基礎資料」では自殺者の年齢別，同居者の有無別，職業別，原因・動機別など詳細な条件で集計されたものが男女別・都道府県および市区町村別に公表されている[9]。警察庁のデータは基本的に自殺者の発見地をもとに集計されているが，2009年の自殺統計原票の改訂により自殺者の住居地も記録されるようになったことを受けて，内閣府による公表では自殺者の住居地に基づく集計値も公表されるようになった[10]。なお，2008年以前の警察庁の自殺統計原票には発見地の管轄警察署の情報しか記載されておらず，自殺者が発見された市町村名を知ることは不可能である[11]。さらに，警察庁の自殺統計原票には発見日時と自殺日時の両方が記載されていることから，内閣府による公表では発見日と自殺日の2通りの集計・公表が行われている。

人口動態調査に基づく自殺死亡者数は，「人口動態調査死亡票」に記載された死因の分類で自殺に当てはまるものについて抽出したものである[12]。「死亡票」には死亡日時，年齢や性別といった基本的な情報に加え，死亡したときの住所，

---

8 原因・動機の計上方法は2007年に変更されており，06年以前は遺書等で原因・動機が明確な場合のみ主な原因・動機を1つだけ選択する形式となっていた。また原因・動機の分類も変更されたため，変更前後の比較はできない。

9 なお，個人情報の識別を防ぐため，集計エリア内に一定数以下の自殺者しかいない場合，原因・動機など一部の情報が秘匿されている。また，過去の月別の数値についても2009年までさかのぼって公表されている。

10 警察庁は従来通り発見地をもとにした集計値を公表している。

11 警察署の管轄の境界線は市区町村の境界線とは必ずしも一致しない。

配偶者の有無，国籍などの情報が含まれている。死因分類には手段についての情報が含まれることから，自殺の手段についても記録されていることになるが，手段の分類は警察庁によるものとは異なっている。警察庁の自殺統計では職業の情報は常に含まれているが，人口動態調査では5年間に1回のみ，国勢調査実施年度に「死亡したときの職業・産業」について調査が行われている。職業の分類も警察庁の分類方法とは異なっている。

　同調査に基づく自殺死亡者数の最新の月別データに関しては，「人口動態統計月報（概数）」によるデータが「政府統計の総合窓口（e-Stat）」サイトおよび内閣府自殺対策推進室の「自殺の統計」ページにおいて数カ月遅れで公表されている[13]。前述したように，2008年以前の警察庁の自殺統計によって自殺死亡者が居住していた市区町村を知ることは不可能であるが，人口動態統計には死亡者の生前の住居地の情報が含まれているため，市区町村別の時系列分析をするためには人口動態統計が適している。市区町村レベルのデータは「政府統計の総合窓口（e-Stat）」サイトにおいて，「保管統計表　都道府県編（報告書非掲載表）」の第6表（死亡数，性・死因・都道府県・市区町村別）として公表されている[14]。

　警察庁の自殺統計原票に基づく自殺者数と人口動態調査に基づく自殺死亡数には差異があり，たとえば2011年中の自殺者数は警察庁のデータによると，3万651人であるが，人口動態調査に基づく自殺統計は，2万8896人となっている。この差は，以下の違いによって説明される。まず，人口動態統計は，日本における日本人を対象としているのに対し，警察庁の自殺統計は，日本の外国人も含む総人口を対象としている[15]。また，人口動態統計は，住所地をもとに死亡時点で計上しているが，警察庁の自殺統計は基本的には発見地をもとに自

---

[12] ICD-10（国際疾病分数第10版）コードの基本分類番号X60-X84（故意の自傷および自殺）。なお，Y87（故意の自傷の続発・後遺症）は1958（昭和33）～94（平成6）年には自殺の合計に含まれていたが，95（平成7）年以降は含まれていない。

[13] 都道府県別。「政府統計の総合窓口」においては21大都市別についても掲載されている。

[14] 2013年4月時点では1999年以降のデータがCSV形式でダウンロード可能となっている。最新の確定値については約1年遅れで公表されている。

[15] 人口動態調査の年報（確定数）には「日本における外国人」および「外国における日本人」についても別掲で集計されている。

殺死体発見時点で計上している[16]。加えて，人口動態統計は，自殺，他殺あるいは事故死のいずれか不明のときは自殺以外で処理しており，調査票の作成者から自殺の旨訂正報告がない場合は，自殺に計上していないが，警察庁の自殺統計は，捜査等により自殺であると判明した時点で，自殺統計原票を作成し，計上している。さらに，調査時点も異なっている。人口動態統計は各年1月1日から翌年1月14日までに届け出られたもののうち，1月1日から同年12月31日までの期間に事件が発生したものをその年の死亡者数として扱っている。したがって，たとえば2012年中に自殺した者の死亡票が，発見の遅れなどの何らかの理由で2013年1月14日までに提出されなかった場合，2012年の自殺死亡者数には含まれないことになる。ただし，それ以降に死亡票が提出された場合，届出があった年の年報（確定数）に「前年以前発生のもの」として別掲で公表される。警察庁の自殺統計は，前述したように，速報値（暫定値）が自殺発生月の翌月に発表されるが，それ以降も過去のデータの更新を行っているため，どの時点においてデータ集計を行ったかによって数値が異なる可能性があることに注意が必要である。内閣府は最新の年別の数値を翌年の3月頃に「確定値」として発表しているが，便宜上の「確定値」であって，警察庁がこの期限をもってデータの更新を止めているということではない。

◆ 参 考 文 献

石井敏弘，(2003)「自殺に関する研究の現状：国内」『保健医療科学』第52巻4号，261-271頁。
大竹文雄・白石小百合・筒井義郎編著（2010）『日本の幸福度——格差・労働・家族』日本評論社。
岡檀・山内慶太（2010）「高齢者自殺希少地域における自殺予防因子の探索——徳島県旧海部町の地域特性から」『日本社会精神医学会雑誌』第19号，199-209頁。
厚生労働省「人口動態調査——調査の概要」。
　（http://www.mhlw.go.jp/toukei/list/81-1.html）
厚生労働省（2005）「自殺死亡統計——人口動態統計特殊報告（第5回）」。
斎藤直子・中村健二・吉村公雄・山内慶太・大野裕（1998）「青森県における自殺率と心理社会的背景について」『ストレス科学』第13号2巻，55頁。
自殺実態対策プロジェクトチーム（2008）『自殺実態白書（第2版）』。

16　住居地をもとにした集計，自殺日時点で集計した統計も内閣府によって発表されている。

(http://www.lifelink.or.jp/hp/whitepaper.html)
高橋邦明・佐藤新 (1999)「老年期の自殺の疫学」『老年精神医学雑誌』第 10 巻 8 号,932-939 頁。
高橋祥友 (1998)「老年期の社会適応と自殺」『老年精神医学雑誌』第 9 巻 4 号,389-394 頁。
内閣府(各年)『自殺対策白書』。
西口直希ほか (1997)「自殺者におけるセロトニントランスポーター及びセロトニン 2A 受容体遺伝子多型」『日本神経精神薬理学雑誌』第 17 巻 6 号,308 頁。
藤野義久・溝上哲也・徳井教孝・吉村健清 (2003)「社会心理学的要因と自殺に関する住民コホート研究」『産業衛生学雑誌』第 45 巻(臨時増刊),251 頁。
前田潔・白川治・小野久江ほか (2002)「新しい診断・治療法開発に向けた精神疾患の分子メカニズム解明に関する研究 自殺者におけるセロトニン神経系遺伝子多型に関する研究」『厚生省精神・神経疾患研究委託費による 12 年度研究報告集』578 頁。
本橋豊 (2010)「自殺の疫学——自殺対策と支える自殺統計と介入疫学」『臨床精神医学』第 39 巻 11 号,1371-1375 頁。
本橋豊・渡邊直樹編著 (2005)『自殺は予防できる——ヘルスプロモーションとしての行動計画と心の健康づくり活動』すぴか書房。
Catalano, R. (1991) "The Health Effects of Economic Insecurity," *American Journal of Public Health*, 81: 1148-1152.
Dominitz, J. & Manski, C. F. (1997) "Perceptions of Economic Insecurity: Evidence from the Survey of Economic Expectations," *The Public Opinion Quarterly*, 61 (2): 241-287.
Dooley, D., Catalano, R. & Wilson, G. (1994) "Depression and Unemployment: Panel Findings from the Epidemiologic Catchment Area Study," *American Journal of Community Psychology*, 22 (6): 745-765.
Frese, M. & Mohr, G. (1987) Prolonged Unemployment and Depression in Older Workers: A Longtudinal Study of Intervening Variables," *Social Science and Medicine*, 25 (2): 173-178.
Jin, R. L., Shah, C. P. & Svoboda, T. J. (1995) "The Impact of Unemployment on Health: A Review of the Evidence," *Canadian Medical Association Journal*, 153 (5): 529-540.
Mann, J. J., Apter, A., Bertolote, J., Beautrais, A., Currier, D., Haas, A., Hegeri, U., Lonnqvist, J., Malone, K., Marusic, A., Mehlum, L., Patton, G., Phillips, M., Ruts, W., Rihmer, Z., Schmidtke, A., Shaffer, D., Silverman, M., Takahashi, Y., Varnik, A., Wasserman, D., Yip, P. & Hendin, H. (2005) "Suicide Prevention Strategies: A Systematic Review," *Journal of American Medical Association*, 294 (16): 2064-2074.
Paul, K. I. & Moser, K (2009) "Unemployment Impairs Mental Health: Meta-Analyses," *Journal of Vocational Behavior*, 74 (3): 264-282.
Vinokur, A. D., Price, R. H. & Caplan, R. D. (1996) "Hard Times and Hurtful Partners: How Financial Strain Affects Depression and Relationship Satisfaction of Unemployed Persons and Their Spouses," *Journal of Personality and Social Psychology*, 71 (1): 166-179.
Wasserman, D., Marcus, S., Wasserman, J. & Rujescu D. (2009) "Neurobiology and the Genetics of Suicide," in Wasserman, D. & Wasserman, C. (eds.), *Oxford Textbook of Suicidology and Suicide Prevention*, Chapter 26, Oxford University Press.

第 1 章

なぜ自殺対策が必要なのか？

◆ はじめに

　はたして，自殺を止めることの根拠はどこにあるのだろうか？　日本国憲法第 25 条 1 項は「すべて国民は，健康で文化的な最低限度の生活を営む権利を有する」と定めている。ところが，自殺についてのデータから浮かび上がってくる実態は，すべての国民が「健康で文化的な最低限度の生活」を営む権利を必ずしも享受していない可能性だ。たとえば，厚生労働省が 2011 年 7 月に発表した「生活保護受給者の自殺者について」によると，2008, 09, 10 年の生活保護受給者の自殺率は，10 万人当たりそれぞれ 54.8 人，62.4 人，55.7 人であり，全人口の自殺率それぞれ 25.3 人，25.8 人，24.9 人の 2 倍以上にのぼっている（厚生労働省社会・援護局保護課 2012）[1]。また，警察庁の自殺統計原票に基づくデータによると，2010 年中に「経済・生活問題」を原因・動機とした自殺は 7438 件あり，そのなかでも「生活苦」を原因・動機として自殺した人は 1649 人にのぼっており（警察庁生活安全局生活安全企画課 2011）[2]，さらに「生活苦」を理由に

---

[1] 報告書が指摘しているように，生活保護受給者のなかに精神疾患を有する者が非受給者よりも多く含まれていることが受給者と全人口の自殺率の差につながっている可能性は存在する。しかしながら，報告書に掲載されているデータのみではこの点を検証することはできない。

[2] 原因・動機は 3 つまで計上可能であり，たとえばある自殺者が 1 つのカテゴリー（「経済・生活問題」など）のうち 2 つ（「生活苦」と「事業不振」など）を原因・動機としていた場合，2 件と計上されている。一方，「生活苦」は「経済・生活問題」カテゴリーのなかの最小分類であるため，延べ人数ではなく，実際の人数である。

自殺した1649人のうち，1049人は無職者であった。また，第2章で紹介するように，失業者や年金生活者を含む無職者の自殺率は有職者に比べて格段に高い。これらの事実は「生活の困窮」が「健康で文化的な最低限度の生活」を阻んでいる可能性を示しており，憲法に基づいて，「非経済（学）的理由」からも政策介入が正当化されるといえるかもしれない。

本章では，さらに，なぜ自殺対策が必要であるのかを，主に経済学の3つの視点から議論する。すなわち，第1に負の外部性と社会的費用，第2に個人を失うことによる社会的損失，第3に市場の不完全性とインセンティブの歪み，という視点から見てみることにしよう。

1 自殺がもたらす負の外部性と社会的費用

まず，負の外部性と社会的費用という視点から，なぜ自殺「対策」が必要かを検討する。第1に，自殺が同時に遺族を生み出し，遺族に対して及ぼす深刻な心理的精神的影響・経済的な負担という「負の外部性」を生み出すという点がある。自死遺族はしばしば，極度の心理的ストレスにさらされているうえ，さらには故人の残した負債，自殺によって生じた損害に対する多額の賠償請求といった法的・経済的な負担を負わされていることも少なくない（全国自死遺族総合支援センター 2008）。また，病気などの原因で家族を亡くした場合に比べて，自殺で亡くした場合には遺族への精神的影響が大きいことが知られており，とくに自殺に対するスティグマ（汚名）の存在によって自死遺族への心理的負担は増加する傾向がある（Cvinar 2005）。

このような自殺の「負の外部性」は心理的あるいは経済的な負担にとどまらず，最悪の場合には遺族の自殺につながる可能性がある。日本においてどれだけの自死遺族が後日自殺にいたったかについての統計は存在しないため，この可能性を検証することはできない。一方，政府の公式統計によってこの点を検証することができるデンマークにおける研究では，自死遺族は他の条件を比較可能にした対照群[3]と比べて，自殺する可能性が高いことが明らかになっている（Qin, Agerbo & Mortensen 2002）。自殺者はそもそも家庭内に複数の精神疾患

等保有者を抱えるハイリスク家族の一員であることが多いため，自殺者が出た家族はそのこととは無関係に本来の自殺のリスクが高い可能性もある。したがって，家族の構成員の精神疾患の有無などの要因を統御したうえで，家族の一員の自殺そのものが他の家族の自殺につながる可能性があるかどうかを検証する必要がある。Qinらの研究では，デンマークにおける個人の精神疾患既往歴に関するデータベースと死亡票のデータとを組み合わせ，8万人以上のデータを分析することを通じて，精神疾患既往歴等に関わらず自死遺族の自殺リスクは一般市民に比べて2倍以上高いことを示している。スウェーデンやカナダで行われた同様の調査も，自死遺族が自殺未遂あるいは実際に自殺をする確率は，属性の違いを同様に統制した対照群よりもはるかに高いという結果を示している（Runeson & Åsberg 2003; Kim et al. 2005）。さらに，親を自殺によって亡くした未成年者は，親が健在な若者よりも自殺によって死亡するリスクが3倍近く高いが，このような差は親が事故や病気によって死亡した場合にはほとんど見られない（Wilcox et al. 2010）。日本においては，小規模の調査ではあるが「心理学的剖検データベースを活用した自殺の原因分析に関する研究」（こころの健康科学研究事業 2010）が自殺者の群（49名）および性別，年齢，居住地域をマッチさせた対照群（145名）の双方を対象に詳細な調査を行い，自殺者の群では，そうでない対照群と比較して，家族，親戚，友人，知人の自殺や自殺未遂を経験している人が多いことを示している。また，同研究の遺族を対象とした調査では，調査対象の遺族のうち半数（10名）が後追い自殺願望を訴えていた。

　自殺によって生み出される，遺族に対するこうした深刻な負の外部性の存在自体が，国や地方自治体が自殺対策を行うことの根拠となりうるであろう。実際に，自殺対策基本法においても，自殺者の親族等に対する支援が明記されており，自殺が遺族に及ぼす深刻な心理的影響を国や地方自治体が緩和する責務を負っているとしている。

3　ここでいう対照群とは，研究対象のグループ（ここでは自死遺族）がそれ以外のグループと統計的に有意な差を持っているかどうかを比較・検証するために選ばれた，研究対象グループと同様の属性を持ったグループのことである。広義には，環境変化（たとえば投薬）が導入された被験者グループ（処置群）に対して，導入されていない被験者グループのことである。

◆ 自死遺族数はどのくらいか？

しかし，自死遺族の実態については現在，個別の報告例などの限られた情報しか存在せず，自死遺族の規模についてすら公開された公式統計は存在しない。自死遺族の全貌を算出する試みとして副田（2001, 2002）が自死遺児数（すなわち自殺により親を亡くした未成年者の数）を推計しているが，より幅広い遺族一般に関する試みは従来見られない。そこで，Chen *et al.* (2009)，森ほか（2008）は，自死遺族の範囲を一親等（すなわち配偶者・両親・子ども）に兄弟姉妹を加えた範囲に限り，日本におけるその総数の推計を試みている。これら研究では，自死遺族数を以下の枠組みで推計している。

自殺者1人当たりの自死遺族数
　　　　　＝ 人口動態統計特殊報告から得られた自殺者の有配偶者比率
　　　　　　＋各年齢階層において生存している親の平均数
　　　　　　＋各年齢階層において生存している兄弟姉妹の平均数
　　　　　　＋各年齢階層において生存している子どもの平均数

これら研究における推計を通じて，2006年時点の日本における自死遺族数について主に3つの結果が得られている。第1に，自殺者1人当たり4.78人の遺族が存在するということ，第2に，親を自殺で失った未成年者である自死遺児はおよそ8万6230人いるということ，第3に，自死遺族全体の総数は約292万人〜346万人にものぼるということ，である。この推計に基づけば，日本の人口当たりおよそ37人〜44人に1人が遺族ということになり，より広い親族・友人・同僚・近隣住民などを含めると国民全体にかなりの規模の負の外部性を生み出していることがわかる。

◆ ウェルテル効果

さらに，自殺の「負の外部性」は遺族や知り合いだけにとどまらず，非常に広範囲に及ぶこともある。とくに，著名人の自殺や一家心中，いじめ自殺などの大きく報道されるような自殺の場合，報道をきっかけに自殺が広がっていく

可能性がある。

　著名人の自殺が一般の人の自殺に与える影響については社会学者を中心に 1970 年代ごろから研究が行われてきた。たとえば Phillips（1974）は，アメリカの新聞の 1 面に自殺報道が掲載された月とそうした報道がなかった月の自殺者数を比べ，新聞報道があった場合には自殺者数が上昇する傾向があることを明らかにしている。ゲーテの小説にちなんで命名されたこの「ウェルテル効果」はその後の研究でも確認されている（たとえば，Wasserman 1984; Stack 1987）。総じてこれらの研究は，著名人が自殺した後に自殺率は上昇する傾向があるということ，そして自殺に関する報道が大量になされたときにその影響はとくに大きいということを示している。

　しかし，過去の研究では自殺者数の月次データを用いて検証が行われていることが多く，実際に自殺報道があった直後に自殺件数の増加があったのかどうかは必ずしも明らかではない。また，従来の研究では分析対象を数名の著名人のケースに限っていることが多いため，それら特定の著名人の自殺の影響はわかっても，より一般に著名人の自殺が広範囲の人に影響を与えるのかどうかが明らかになっているとはいえない。さらに，日本における著名人の自殺の影響を分析した研究は限られている（Ishii 1991; Stack 1996）。これらの点をふまえて，Matsubayashi, Mori & Ueda（2013）は 1989〜2010 年の 22 年間分の人口動態統計の日次データを用い，日本における 136 名の著名人（芸能人，スポーツ選手，政治家，作家など）の自殺が総自殺者数に与える影響を回帰分析という手法を用いて推定している[4]。具体的には，自殺報道の前後約 3 週間の毎日の自殺者数を自殺報道がなかった時期と比較した。推定の際には，季節・曜日や経済状況などが自殺に与える影響をできる限り排除している。主な推定結果を図 1-1 に示している。図に示した結果は 1989〜2010 年に自殺した全著名人のデータを用いた分析結果であり，著名人の自殺報道の平均的な影響を示している。縦軸は著名人の自殺に関する報道があった場合，著名人の自殺がなかった時期と比較してどの程度総自殺者数に差があるかを示している。横軸には自殺報道からの

　4　回帰分析とは，複数の変数に関するデータがあるとき，それら変数間の関係を統計的に調べるために幅広く用いられている手法の 1 つである。つまり，ある変数群 $\{X_1, X_2, \cdots, X_N\}$ が他の変数 Y に与える影響について検証するために用いられる。

図1-1 著名人の自殺が総自殺者数に与える影響

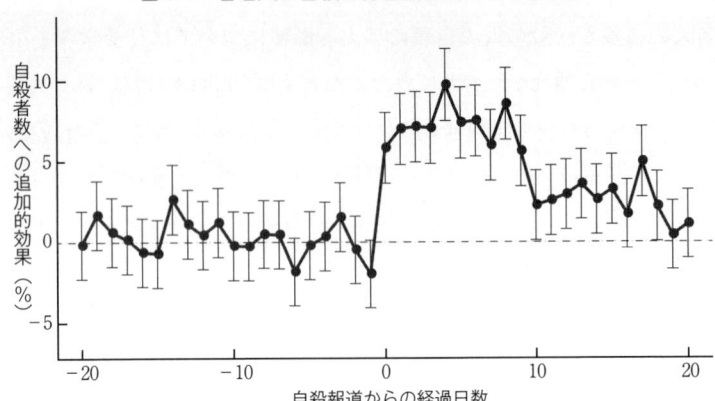

経過日数が表示されている。もし著名人の自殺が総人口の自殺者数に影響を与えるのであれば，著名人の自殺が起こった後に自殺者数は増えるであろう。一方，著名人の自殺の前において自殺者数は普段と変わらないレベルで推移すると考えられるため，追加的な効果はゼロであるはずである。各推計値の周りの縦線は95％信頼区間を示しており，縦線が横軸の0と交わっていなければ統計的な意味で，著名人の自殺には影響があると結論できる。

推定結果によると，自殺報道の直後に，自殺者数は自殺報道がなかったときと比べて約7％上昇し，その効果は約7日間続く。報道から1週間が経つと，その影響は約半分（4％程度）に減少するが，それでも自殺報道の20日後くらいまで自殺者数の上昇傾向は継続する。対照的に，自殺報道の前（図の左半分）では，自殺者数の増加は起きていないことがわかる。2010年時点の自殺平均件数は1日につき約82人であるので，仮に著名人の自殺が年間5.5人（22年間分のデータの中央値）だとすると，著名人の自殺に影響を受けて毎年約450件の自殺が追加的に起きていることを示唆している。この分析結果は，日本における「ウェルテル効果」の存在を示すものである[5]。

結果はここに掲載していないが，男女別に同様の推計をしたところ，女性よりも男性の自殺者数のほうが著名人の自殺の影響を受ける傾向がみられる。著名人のタイプ別に推計した結果によると，芸能人，そして政治家による自殺の

---

[5] Hong & Lee（2012）は，韓国の日次データを用い，韓国におけるウェルテル効果がかなり大きいことを示している。

影響が一番強いという結果になっている[6]。

このように，自殺は遺族に対してはもちろんのこと，それ以外の人にも多大な影響を与える負の外部性を持っている。自殺対策を行うことは，自殺願望を持つ人々だけではなく，それ以上に多くの人々に影響を与える可能性がある。

◆ 鉄道自殺のコスト

さらに，自殺が生み出す負の外部性・社会的費用として深刻と考えられるのが，鉄道自殺によって生み出される，社会経済活動に対する直接の悪影響である。日本では，鉄道自殺は大きな社会問題の1つとなっており，その数は近年増加傾向にある。国土交通省鉄道局（2007, 2011）によると，自殺による輸送障害（列車の運休や30分以上の遅延など）は2006年度に534件であったものが，2009年度には682件と3年間に3割近くも増えている。これには自殺かどうか判断できず，人身障害事故，踏切障害事故として別カテゴリーに計上された件数は含まれていないため（国土交通省鉄道局 2010），実際の鉄道自殺の数はこれより多いと考えられる。列車への飛び込み自殺は安全な鉄道の運行を妨げるだけでなく，多くの場合，長時間の列車遅延を引き起こし，多数の旅客の日常活動に対して多大な負の外部性を生み出す。表1-1は2010年に首都圏の1都3県（東京都，千葉県，神奈川県，埼玉県）で起きた列車への飛び込みのうち，『読売新聞』に記事が掲載されたものすべてを示している。このリストは影響が大きかったものに偏っている可能性がある点に注意をする必要があるものの，人身事故が起きると列車は運休を余儀なくされ，運転再開には多くの場合1時間以上かかっており，さらに列車の運休・遅延の影響を受ける乗客の数が2〜3万人にのぼることもめずらしくないことがわかる。

2009年に国土交通省鉄道局調査検討委員会が実施した「鉄道輸送トラブルによる影響に関する調査」（国土交通省鉄道局 2009）では，三大都市圏における詳細な鉄道事故・自殺データを分析している。この調査によると，2007年度の三大

---

[6] 詳しい分析結果はMatsubayashi, Mori & Ueda（2013）を参照されたい。

表1-1 列車への飛び込み事故（一部）と列車運行への影響（2010年に東京都，千葉県，神奈川県，埼玉県で発生したもの）

発生日	発生時刻	発生地	発生場所	運休本数	運転見合わせ	遅れ本数	遅れ時間	影響	備考
1月 6日	18時10分	東京	駅間	63				1万8000人	
1月 9日	10時37分	東京	駅	21				5000人	
1月13日	19時30分	東京	駅	36	120分			3万9000人	
1月19日	14時40分	東京	駅		70分			3万8500人	
2月11日	22時20分	東京	駅		45分			1万3000人	
2月24日	16時40分	東京	駅		59分			3万5000人	
3月 1日	20時45分	横浜	駅		30分				
3月 2日	20時45分	埼玉							
3月 5日	18時15分	埼玉	駅	12		17		2万9000人	
4月 4日	21時35分	神奈川	駅	4		11	65分	4400人	
4月13日	15時15分	千葉	駅	10				1万1000人	
4月16日	20時30分	東京	駅間		70分			3万人	
4月24日	7時	神奈川	駅間	10		16	55分	2万2000人	時刻は発見時
5月 2日	10時10分	神奈川	駅	17			120分	2万4000人	
5月10日	14時25分	神奈川	駅	32				2万4000人	
5月30日	21時30分	神奈川	駅間	16				7000人	
5月30日	7時45分	神奈川	駅間	23*				2万5000人*	*2件をあわせた影響
5月30日	15時	神奈川	駅						
6月12日	17時 5分	東京	駅					8万9500人	
6月21日	10時	埼玉	駅間	2		15	55分	1万4000人	
7月12日	10時14分	神奈川	駅	28				2万3000人	
7月26日	21時35分	神奈川	駅	2		16	58分	1万4000人	
8月 2日	8時55分	東京			95分			3万2000人	
9月 2日	15時45分	埼玉	駅	6		10	44分	7900人	
9月20日	15時45分	神奈川	駅	27				3万人	
10月 1日	7時20分	東京	駅間	62	70分			8万5000人	
10月 2日	23時20分	神奈川	駅間			14	30分	5000人	
10月 5日	20時50分	神奈川	駅	10		12	60分	1万3000人	
10月13日	16時40分	埼玉	駅	6		16	60分	1万500人	
10月20日	11時45分	神奈川	駅	8		14	60分	1万5000人	
10月21日	6時35分	東京	駅間		45分			2万1000人	
11月 1日	7時 5分	神奈川	駅	14		22	64分	8万2000人	
11月19日	8時30分	東京	駅					6万3000人	
11月21日	17時	埼玉	駅	2			50分	2万1000人	
11月24日	18時35分	神奈川	駅	8		13	80分	1万3000人	
11月25日	10時35分	神奈川	駅	8		15	80分	1万3000人	
11月25日	6時	神奈川	駅間	20		18	60分	5万人	
12月14日	10時45分	埼玉	駅			12	64分	1万1000人	
12月18日	7時 8分	埼玉	駅	10		18	105分	2万6000人	

（出所）『読売新聞』（2010年）より筆者ら作成。

都市圏の 30 分以上 1 時間未満の鉄道遅延の理由のうち 61％ が自殺によるものである。また，同調査では自殺によって影響を受けた乗客の総時間費用を推計しており，首都圏の 1 件の自殺当たりの影響額は，平均値が 8900 万円，中央値が 7700 万円となっており，高額にのぼっている[7]。ただ，この概算では影響を受けた列車の輸送人数は 2000 人と仮定されており，仮に列車のなかにいる乗客が 2000 人だったとしても，実際には表 1-1 が示しているように，運休や遅延によって影響を受ける乗客ははるかにそれを上回るケースが多いと考えられる。また，この推計では 30 分以上 1 時間未満の遅延のみを分析しているが，実際には 1 時間以上の遅延も多いことから，かなり少なめに見積もられた額であると思われる。さらに，これらのコストは鉄道自殺によって生じたさまざまな直接被害額を含んでいないため，下限の推計額であり，鉄道利用者が負担する実際の社会的費用はかなりの高額になると考えられる。

　鉄道自殺は鉄道利用者だけではなく，鉄道会社にも多大なコストを負担させる。人身事故の遺族に車両破損の際の修理代や振替輸送代を請求するかどうかは鉄道会社によって異なるようであるが，請求をしない会社ではそれらの費用は鉄道会社が負担することになる。また，2012 年 6 月に筆者の 1 人が行った首都圏のある鉄道会社へのヒアリングによると，飛び込み自殺が発生した場合，とくにそれが終電間近であった場合，翌日の始発までに完了しなくてはならない列車の配置作業などがずれ込んでしまうため，駅員は終電後も残業を強いられ，その人件費も大きな負担になるということである。

　加えて，鉄道自殺は運転手をはじめとした鉄道会社の社員への精神的悪影響も大きいだろう。とくに，飛び込みに遭遇した運転手の心理的負担は大きいことは既存の研究によっても知られている（Weiss & Farrell 2006; Farmer *et al.* 1992）。また，ヒアリングを行った鉄道会社によると，人身事故が起こった際に駅員や鉄道会社のカスタマーセンターに（時には理不尽な）苦情を寄せる乗客も少なからず存在し，対応する社員の精神的負担も非常に大きいということである。

　国土交通省は，自殺による運行障害を減らすため，自殺防止効果があるとさ

---

[7] 概算では，利用者の時間価値を 1 分当たり 51.3 円と想定し，これに列車当たりの輸送人員や遅延時間などをかけて影響額が求められている。

れる青色灯やホーム柵の設置などを鉄道各社に呼び掛けており，JR 東日本は2018 年春までに山手線全 29 駅にホーム柵設置を決定している。この山手線におけるホーム柵設置の総費用は約 500 億円にものぼる見込みである[8]。とはいえ，鉄道事故によって生み出される多額の社会的費用は，こうした高額の自殺対策をも正当化しうると考えられる。

2 個人を失うことによる社会的損失

　ここまで，自殺がもたらす周囲への負の外部性について検討してきたが，次に自殺によって個人を失うことの意味を考えてみたい。自殺によって社会の構成員を失うということは，それ自体が社会にとっての損失であり，さらにその構成員が経済活動に参加できないことで国の経済全体にも影響を及ぼすと考えられる。

　本節でははじめに，自殺によって社会の構成員を本来の時期より早く失うということの意味を考察することとする。そのうえで，個人を失うことによる社会的な損失を議論したい。

◆ 損失生存可能年数（PYLL）

　社会の構成員を，その人の寿命よりも早く亡くすことに起因する影響を計る指標として「損失生存可能年数」（Potential Years of Life Lost: PYLL）という指標がしばしば使われる。PYLL は自殺だけではなく，他の疾病による早世の損失の程度を測るためにも使われている。自殺のケースでは，自殺をした人が仮に自殺をしなかった場合に，平均的に残りどれくらいの年数生存することができたかをもとに，自殺による「失われた年数」を測るものである。しばしば自殺率を補完する指標として使われており，具体的にはすべての自殺者の余命を足し上げて求める。年齢や性別によって平均余命は異なることから，PYLL は自殺

---

[8] ホーム柵に比較して設置費用が少なくて済む青色灯の自殺抑制効果については第 6 章にて検討されている。

者の年齢や性別を考慮に入れたうえで算出される。たとえば，仮に昨年と今年で自殺者数が同数であったとしても，昨年より若年層の自殺が増えればPYLLは大きくなる。これは若者の平均余命が高齢者に比べて長いことによる。本書におけるPYLLの計算では，まず年齢ごとに，自殺者数と平均余命を掛けあわせることで年齢別のPYLLを求めた。そのうえで，年齢別PYLLをすべての年齢層について足し上げることで，各年のPYLLの総計を求めた。

自殺者数のデータとしては，1950（昭和25）～2010（平成22）年の5年ごとの人口動態統計に基づいた自殺者数を用い，平均余命には，自殺者数データに対応する年の生命表（厚生労働省 各年）を用いた[9]。たとえば，1950年のPYLLを計算する際には，1950年当時の人口の余命データを用いている。生命表には年齢ごとに平均余命が掲載されているが，自殺者については5歳区切りの年齢階層別のデータしか手に入らないため，たとえば40～44歳の自殺者については45歳の平均余命を用いるなど，それぞれの年齢階層の上限に1歳を足した年齢の平均余命のデータを用いることとした。この方法をとることによって，PYLLは若干過小に推計されることになる[10]。なお，9歳以下および99歳以上については自殺者数がきわめて少ないことから計算から除いた。

まず，最新のデータである2010（平成22）年の年齢別・性別自殺者数データに基づくPYLLの推計結果によると，全年齢のPYLL総計は男性約59万年，女性約26万年となっている。つまり，1年間の自殺によって日本全体で将来にわたり実に85万年分もの人生が失われていることになる。

次に，2010年のPYLLを男女別に5歳ごとの年齢階層別に見てみることにしよう。図1-2と図1-3は2010年に発生した自殺によって失われた年数を男

9　PYLLにはいくつか種類があり，ここでは平均余命を使用しているが，65歳までなど一定の年齢までの余命を使うPYLLも存在する。

10　PYLLの解釈の際には，この指標が一定の仮定のもとに算出されていることに注意が必要である。計算の際には自殺者が仮に自殺をしなかった場合，全員が平均余命まで生きるという仮定をおいているが，平均余命とはあくまで平均であり，実際には自殺しなかったとしても，それよりも早世する，あるいは長く生存する人がいるであろう。自殺者のなかに健康問題を抱えている人が多いことを考えると，この側面から見ればPYLLは過大推定されている可能性もある。

女別に掲載したものである。男性のPYLLを示した図1-2によると，男性では，35〜39歳のPYLLが最も多く，自殺によって失われた余命はこの年齢階層だけでも7万年にのぼる。図1-2には2010年の年齢階層別自殺率（10万人当たり）もあわせて掲載している（右軸）。自殺率だけを見ると高齢者の自殺率が高いが，PYLLに注目すると30代，40代前半のPYLLのほうが高齢者のPYLLよりも圧倒的に高く，若い世代の自殺が社会へ与える影響が非常に大きいことがわかる。自殺率だけを見ていては，こうした点は明らかにならない。

同時期の女性の自殺者数をもとに求めたPYLLを載せた図1-3によると，女性の場合，自殺者数が相対的に少ないことから（女性は8626人，男性は2万1028人，2010〔平成22〕年人口動態統計による），PYLLの値が全体的に男性よりも少ない。また，女性の場合も男性と同様に，30代のPYLLが一番高い。30〜34歳の女性の自殺によって失われる年数の合計は約3万年であり，30代全体では6万年近く，20代女性のPYLLは5万年近くに及ぶ。さらに，20代，30代の女性が自殺をするということは，将来出産する可能性のある社会の一員が自殺に追い込まれるということであり，本推計には入っていないものの，この点に起因する次世代のPYLLも短くないと予想される。男性の場合と同様，女性の若年層の自殺率は他の年齢層より低いが，世代を超えた社会への影響の大きさという観点から女性の若年層への自殺対策が重要であることがわかる。20代，30代女性が自殺に追い込まれ，PYLLが大きいということは，いわゆる「リプロダクティブ・ヘルス／ライツ（性と生殖に関する健康・権利）」，すなわち性に関する健康を享受する権利が損なわれている状況に追い込まれている可能性があると考えることもでき，そうした権利を保護する観点も自殺対策の根拠になりうるだろう。

2010年のデータによると，男女とも30代のPYLLが一番高いことが明らかになったが，このような傾向は過去にも認められるものなのであろうか。まず，過去60年間のPYLLの傾向を把握するために，男性の1950〜2010年のPYLLの推移を紹介する（図1-4）。参考までに，図1-4には人口の年齢構成の変化の影響を排除し，比較ができるようにした「年齢調整済み自殺率」も掲載されている。図1-4によると，過去においては1955年におけるPYLLが1つのピー

図 1-2　PYLL と自殺率（男性，2010 年）

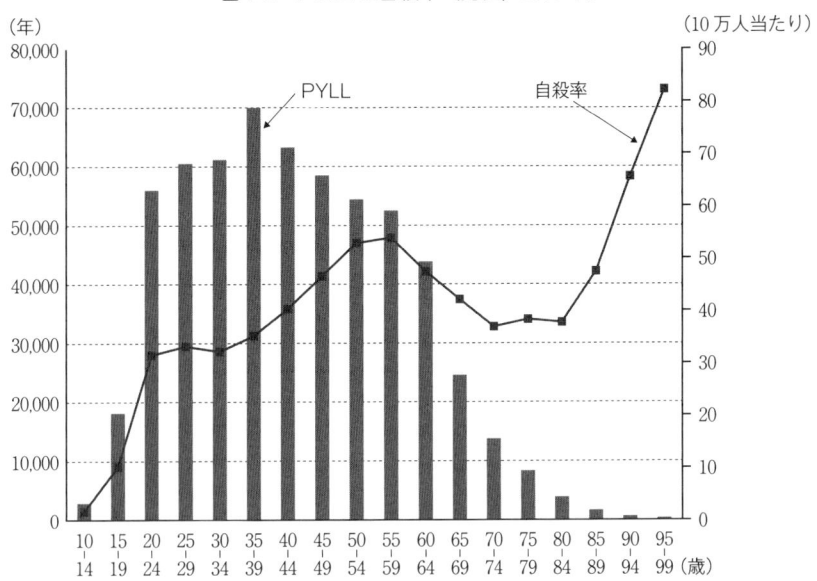

図 1-3　PYLL と自殺率（女性，2010 年）

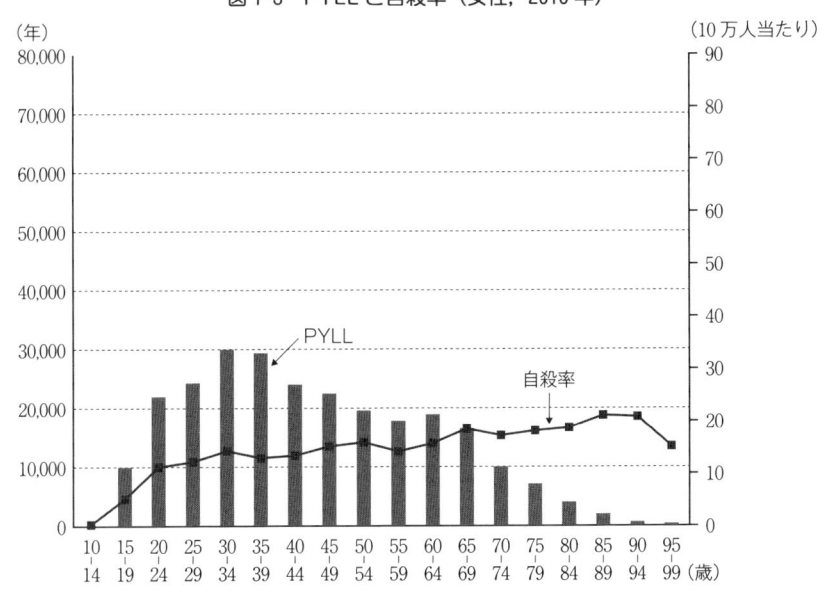

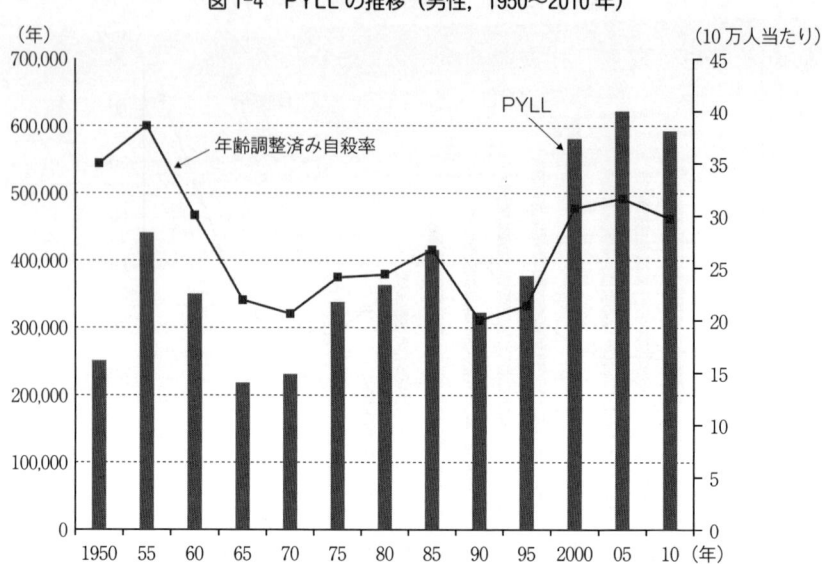

図 1-4 PYLL の推移（男性，1950〜2010 年）

クを形成している。これは当時 20 代の若者の自殺が多かったことによる。

次に，自殺者の年齢分布の推移を見るために，10 歳ごとの年齢階層別の PYLL と自殺者数の割合を図 1-5 と図 1-6 に示す。図 1-5 によると，10 代や 20 代の若者の自殺は 1955 年頃が最も多く，図 1-6 によると，55 年には 10 代，20 代の自殺者は全自殺者の 50% 近くを占めていた。また，同年齢層は平均余命が長いことから，10 代，20 代の PYLL が全体の PYLL に占める割合は当時 70% にも達していた（図 1-5）。これら若年層の自殺は 1955 年をピークに減り続けているが，その一方で 30 代，40 代の自殺は増加し，彼らの平均余命も比較的長いことから，40 代以下の年齢層の PYLL は 1980 年以降全体の 40〜50% 近くを占めている。さらに近年に目を向けると，1997〜98 年の自殺者数急増に伴って，PYLL も 1995 年から 2000 年の間に急増している。1995 年に約 38 万年であった男性の PYLL は 2000 年に約 58 万年に達し，この間の増加率は 53% となっている。ちなみに，同時期に女性の PYLL は約 19 万年から約 25 万年に増加しているが，増加率は男性ほど高くない値（32%）となっている。2000 年以降の男性の PYLL は毎年 60 万年に近い水準で推移しており，1998 年からこの水準が維持されてきたと仮定すると，1998〜2010 年の 13 年間の男性

図1-5　年齢階層別PYLLの推移（男性，1950～2010年）

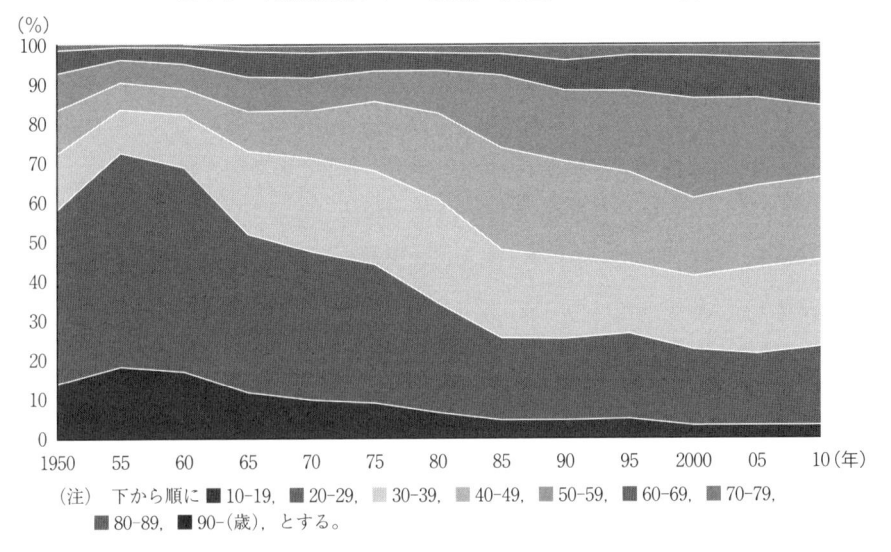

(注) 下から順に ■10-19, ■20-29, ■30-39, ■40-49, ■50-59, ■60-69, ■70-79, ■80-89, ■90-(歳), とする。

図1-6　年齢階層別自殺者数の割合の推移（男性，1950～2010年）

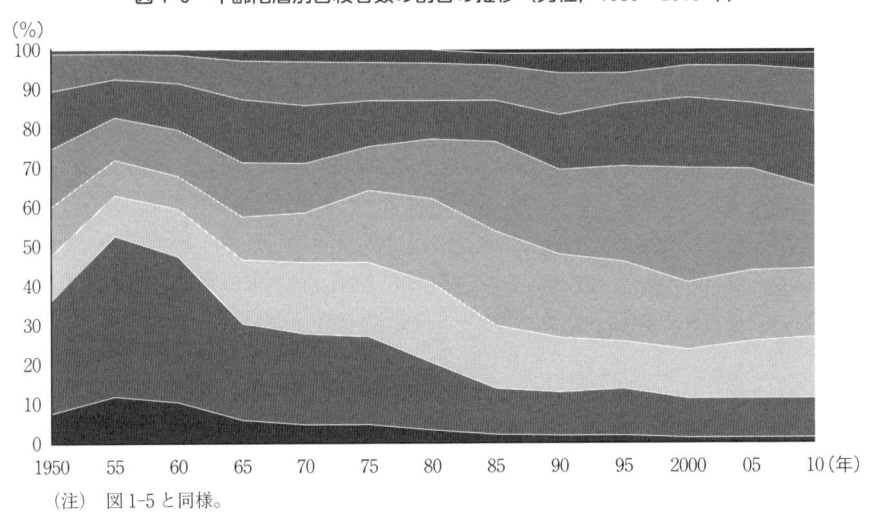

(注) 図1-5と同様。

の累積PYLLは実に800万年近くになる計算になる。これほどの規模の人生が失われているということ自体が，自殺対策をする根拠になりうるであろう。

◆逸失利益としての自殺の社会的費用

自殺によってこれだけの人生が将来にわたって失われるということは、自殺者が生存していれば参加できたであろう経済活動が失われていることをも意味している。これは社会にとっての損失であり、自殺の間接的な費用と考えることができる。さらに社会が実際に負担する直接的な費用としては、自殺が発生した場合に必要となる医療行為や警察の実況見分にかかる費用などが含まれるであろう。このような自殺に関して社会が負担する金銭的損失額を計算する試みは、これまでさまざまな国や地域で行われており（たとえば、Clayton & Barceló 2000; Knox & Caine 2005 を参照）、多くの研究では、自殺に関連する多額の費用が示されており、そうした費用の存在を自殺対策実施の根拠としている。具体的には、自殺の費用は直接的費用と間接的費用に分けて計算される。直接的費用とは、救急車出動や検死の費用、治療などにかかる費用である。間接的費用とは、自殺によって将来にわたって稼得できなくなった生涯所得のことを指している。間接的費用の概念には仕事を通じて稼ぐ所得だけではなく、家事や介護、ボランティア活動などを含めることもあるが、これらの活動を金銭的に換算することが難しいため、実際の推計には入っていないことが多い。

自殺の費用の規模の大きさを見るために、アメリカの政府機関であるアメリカ疾病予防管理センター（Center for Disease Control & Prevention: CDC）が 2011 年に発表した、2005 年時点の自殺（既遂）および自殺未遂に関するコストの推計を紹介する。CDC のウェブサイトでは自殺・殺人・傷害等の傷害コストについての詳細な情報が提供されており、それぞれの種類（自殺、殺人、意図しない怪我など）や負傷者の年齢階層、性別、手段（銃器、転落など）等を入力すると費用推計結果が表示される仕組みになっている[11]。CDC の推計では、直接的費用として医療費のみを計算に入れている。表 1-2 は医療費、逸失生涯所得額のそれぞれについて、1 件当たりの平均額および国全体の総額を示している。総費用とは、医療費と逸失生涯所得額を合算したものである。逸失生涯所得額の算出に際しては、自殺既遂者の場合、死亡者が将来生存している確率を将来の年齢

---

[11] http://www.cdc.gov/injury/wisqars/

2 個人を失うことによる社会的損失

表1-2 自殺に関わる費用の推計（アメリカ，2005年，単位：米ドル）

		自殺者（既遂者）	自損者（自殺未遂者）	
			入院患者	救急病院に搬送後帰宅したケース
人数／件数		32,637	250,222	114,311
医療費	平均額	3,056	8,183	1,187
	総額	10千万	205千万	13千万
逸失生涯所得額	平均額	1,058,114	17,012	868
	総額	3453千万	425千万	10千万
総費用	平均額	1,061,170	25,194	2,055
	総額	3463千万	630千万	23千万

のそれぞれについて求め，その時点での平均所得を掛けたものを102歳まで足し上げ，逸失所得の期待値を計算している。未遂者の場合，怪我などによって労働時間が低下することによる費用が計算されている。さらに，推計には家事などの価値も所得として含まれている。なお，賃金および生存確率に男女差があるため，推計は性別を考慮したものである。

表1-2によると，自殺（既遂）件数1件当たりにかかる医療費は平均で約3000ドル（2013年3月の為替レートで約28万円），将来にわたって失う累積所得額は1人当たり約100万ドル（同約1億円）となっている。アメリカでは2005年に3万2637件の自殺が発生しており，国全体でのコストの総額は346.3億ドル（約3.2兆円）と推計されている。さらに，同時期にアメリカでは自殺未遂は少なくとも36万件（つまり既遂件数の10倍強）発生していると見積もられており（表1-2），自殺未遂の総費用は実際に死亡したケースに比べて比較的少ないものの，それでも国全体で65億ドル（約6080億円）の総費用がかかっている。自殺未遂者の治療費だけでも総額22億ドル（約2030億円）の費用がかかっているのである。

PYLLの場合と同様に，自殺に関する費用は年齢や性別によって異なる。アメリカにおける男性の自殺（既遂）に関する総費用（医療費と逸失生涯所得額の計）の推計を示したものが図1-7である。自殺に関する費用は20～40代の自殺によるものが圧倒的に多く，これらの年齢層の自殺は社会へ多大な影響を与えていることがわかる。

CDCによる推計はあくまで自殺による死亡者あるいは自殺未遂者の所得の

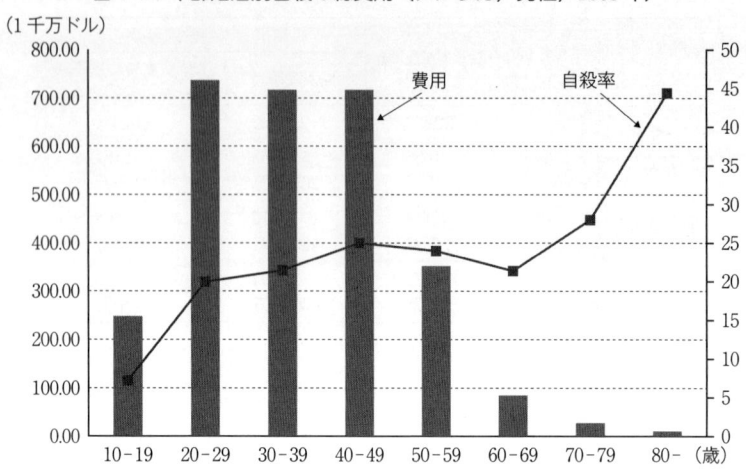

図 1-7　年齢階層別自殺の総費用（アメリカ，男性，2005 年）

みに注目しており，彼らが経済活動に参加しないことによるマクロ経済への影響までは考慮に入れられていない。したがって，実際の社会的費用は上記推計よりもはるかに大きくなる可能性がある。この点を改善した推計が，日本における自殺の社会的費用の計算として国立社会保障・人口問題研究所社会保障基礎理論研究部の金子能宏氏・佐藤格氏によって行われている。彼らの推計は自殺によって失われる生涯所得，すなわち自殺死亡時点以降にその人が生きていたならば得られたはずの賃金総額をもって自殺死亡による逸失利益とし，それだけでなく，自殺した人の消費活動や労働市場への参加の影響も考慮に入れている点において，他の推計よりも包括的なものである[12]。マクロ経済モデルに基づいた推計によると，自殺がゼロになることによる国全体の稼得所得の増加は 2009 年で 1 兆 9028 億円にものぼっており，自殺やうつ病がなくなった場合，2010 年で 1 兆 7000 億円にものぼる GDP 引き上げ効果があるという。

しかしながら，こうした推計結果は，自殺による逸失利益を失われた生涯所得をもとに推計するものであり，命が失われたことによる遺族の精神的苦痛など，より広い損失を数量化しているものではないことに注意が必要である。したがって，これらの逸失利益の推計額は経済的損失の「下限」と捉えるべきか

12　http://www.mhlw.go.jp/stf/houdou/2r9852000000qvsy.html

もしれない。

　自殺対策には当然費用がかかるため，自殺対策に財源を振り向けるべきかどうかを疑問視する意見も存在するかもしれない。また，財政状況が厳しいなか，自殺対策に予算をまわすことが困難な地方自治体も存在するであろう。しかし，これまで見てきたように自殺は個人の問題として完結するものではなく，多大な影響を広範囲にもたらす社会全体の問題である。自殺対策が有効となれば，自殺に関連する多くの社会的・経済的費用や損失を削減することが可能となる。本節で紹介したデータは，自殺者数の減少がもたらす便益が自殺対策にかかる費用を上回る可能性を示唆している（実際の自殺対策の費用については第6章で検討する）。

3　市場の不完全性とインセンティブの歪み

　経済学の基本的な理論においては，市場が十分に機能していれば，市場の価格調整機能が社会にとって望ましい方向に働くことが知られている。しかし，市場がうまく機能しない場合には，さまざまな問題が起こりうる。これを経済学では「市場の失敗」と呼んでいる。本節では，そうした「市場の失敗」が自殺を誘発している可能性を議論する。一般にそうした市場機能の不完全性・市場の失敗に対しては，政府が介入し，より望ましい状況に社会を持っていくことが正当化される。ここでは，市場の不完全性が自殺を促進している可能性があることが，市場の失敗を補正するための自殺対策の根拠となる点を議論したい（澤田 2012）。

　まず，労働市場の摩擦によって非自発的失業が起きている可能性があり，また図1-8のように，失業率と自殺率とは強い相関関係を持っている（この点は第2章でも詳述する）。さらに，Chen et al. (2011) の研究によれば，失業率と自殺率の関係が失業から自殺への因果関係である可能性が高いということも指摘しておきたい。これらのエビデンスは，直接的な失業対策が必要であるとともに，澤田・崔・菅野（2010）が論じているように，失業理由の自殺を未然に防ぐため，ハローワークにおいて雇用相談のみならず，心と法律の相談を行うような政策

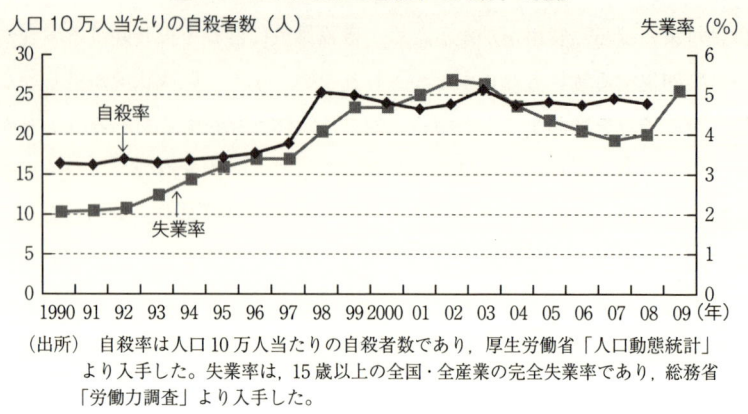

図1-8 日本における自殺率と失業率の推移

（出所） 自殺率は人口10万人当たりの自殺者数であり、厚生労働省「人口動態統計」より入手した。失業率は、15歳以上の全国・全産業の完全失業率であり、総務省「労働力調査」より入手した。

を支持しうるであろう。

◆ **信用市場の不完全性**

また、信用市場の不完全性と、それによる流動性制約、つまり資金を借り入れたいがそれができない状況も自殺の問題と関連している可能性がある。Chen, Choi & Sawada (2010) は、連帯保証人契約と自殺との関係を、事後的な厚生損失という観点から理論的に論じている。日本では、中小零細企業・自営業の融資において、経営者個人あるいは経営者の親族などの第三者が借り手の連帯保証人になることが一般的となっており、経営や金融の専門家でない第三者が連帯保証人となってしまうという問題が指摘されている（瀬尾・田渕 2003）。

理論的には、こうした日本の連帯保証人制度は、グラミン銀行のムハマド・ユヌス博士が創始したマイクロファイナンスと同様のメカニズムを持っており、貸し手と借り手の間に情報の非対称性があることで市場が不完全となり、担保を持たない借り手が流動性制約に直面してしまうという状況において、そうした流動性制約を緩和し、無担保融資における逆選択（アドバース・セレクション）、モラルハザード、戦略的債務不履行問題を軽減する優れた仕組みであるということもできる[13]（Armendáriz & Morduch 2010）。しかしながら、Chen, Choi & Sawada (2010) が示したことは、連帯保証人制度のもとでは、事後的に「悪い状

況 (bad state)」が起こった場合に主債務者が負う社会的スティグマ (汚名) が大きく，連帯保証人に対する利他性を強く持っているタイプの主債務者に対して過度の負担を強いる可能性がある。それにより事実上の無限責任となるため，主債務者が自殺してしまう可能性があるということである。事実，NPO法人ライフリンクが実施した「1000人の"声なき声"に耳を傾ける自殺実態調査」でも，自営業の調査対象52ケースのうち，17ケースが連帯保証人問題による自殺であり，他方非自営業の253ケースのうち，連帯保証人の問題が原因であった自殺は9ケースにとどまっていた[14]。同様の契約履行強制メカニズムを持っている回転型貯蓄信用講 (ROSCAs) においても，自殺がもたらされるケースが報告されている (Besley 1995; Ardener 1964)。連帯保証人の問題は，信用市場の不完全性を緩和するための特異な契約形態によって生み出されているといえる。しかし，そうした「特異」な契約形態が，ある状況下で，かなりの程度必然的に自殺を誘発しうるということであれば，自殺対策の対象として契約形態のあり方を再検討すべき余地がある。

　もう1つの事例が，消費者金融の団体生命保険である。これは，流動性制約に直面している借り手に対して，消費者金融を供与する融資契約と生命保険契約とのインターリンケージ契約 (複合契約) として解釈することができる。Braverman & Stiglitz (1982) などの研究を通じて，こうした契約のインターリンケージは，一般に，市場の不完全性によるインセンティブの歪みを是正する仕組みであると考えられている。しかし，消費者信用団体生命保険は，債務者の流動性制約を緩和すると同時に，債務返済のために自殺をするインセンティブを高める可能性がある契約であり，必ずしも望ましい契約形態であるとは言い切れない。2006年10月金融庁の「消費者信用団体生命保険の調査結果につ

---

13 「逆選択 (アドバース・セレクション)」とは，買い手が売り手のリスクを判別できない場合，リスクの高い売り手が市場に残り，リスクの低い売り手が市場から出て行ってしまう状況のことをいう。他方，「モラルハザード」とは，リスクに備えるために何らかの保険に参加した個人が，かえってリスクを増やしてしまうという行動変化のことをいう。たとえば，自動車保険を購入したために安心してしまい，安全運転を怠り，事故のリスクをかえって増やすような場合である。

14 http://www.lifelink.or.jp/hp/research.html

いて」は，大手消費者金融5社のデータを集約している[15]。この調査結果によると，当保険の保険金受取りにおいて，2004，05，06（平成16，17，18）年の自殺による保険金支払いは実に6110件，5074件，3476件となっており，死因等が判明している保険金支払いのケース，それぞれ2万6388件，2万2804件，1万7928件に占める割合は23.15%，22.25%，19.39%にものぼっている。こうした自殺が元来信用市場に由来する不完全性にあり，さらにそうした不完全性を克服するための生命保険契約から生じているとすれば，自殺対策の観点からはこうした「特異な」契約を用いるのではなく，そもそもの資金市場の不完全性をより直接是正するための他の手段を用いることが求められるであろう。

◆生命保険市場の不完全性

また，生命保険市場において保険供給者と保険需要者との間に情報の非対称性の問題が存在すると，逆選択，モラルハザードが生み出され，生命保険の存在によって自殺が誘発されうるという理論的な可能性が生じる[16]。日本では，民間の生命保険金は自殺免責期間経過後に支払われる。日本の大手生命保険会社の自殺免責期間は1999年までは1年間，2000年から2年間，2005年以降は3年間と延長されてきた。ある大手生命保険会社の自殺関連保険金支払いは1995年から2004年までに50%増加し，保険金の全支払いのうちの10%が自殺関連死に対して支払われているとする報告がある[17]。白水（2011）の図1-9によれば，免責期間の延長に伴い，免責期間中の低自殺率期間が左へシフトしていることがわかる。このことは，自殺と生命保険の間に密接な関係があることを示している[18]。

自殺と保険契約の関係を論じた研究は，Tseng（2006）と Chen, Choi &

---

15 http://www.fsa.go.jp/news/18/20061006-1.html
16 1つの例であるが，インドのアーンドラ・プラデシュ州を中心とした地域において，債務に苦しむ農家の農薬自殺が大きな問題となってきた（Gruère, Mehta-Bhatt & Sengupta 2008）。とくに，世帯主が自殺した場合，その遺族に対して州が一種の公的な生命保険金である弔慰金を支給したことが自殺率を上昇させたとする報告がある（"but not always unstoppable," *The Economist*, 21, June, 2007）。
17 「自殺者急増で生保が免責延長」『毎日新聞』2005年10月4日付。

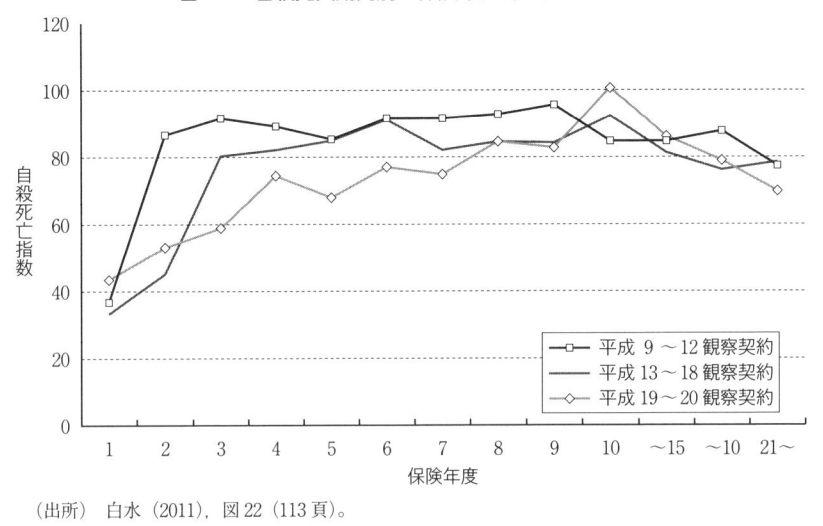

図1-9 自殺免責期間別・保険年度別自殺死亡指数

(出所) 白水（2011），図22（113頁）。

Sawada（2008）を除き，筆者らの知る限り皆無である（Villeneuve 2000）。Tseng（2006）は，アメリカのSociety of Actuaries（SOA）のデータを用い，生命保険免責期間終了後自殺率が3倍になっていることを発見している。

Chen, Choi & Sawada（2008）は，OECD 26カ国の1980～2002年における保険金支払免責期間の独自調査を行い，国別の国際比較データを用いて自殺率と生命保険平均保険料との関係を分析している。この研究結果によると，両変数の間には正の相関関係があることがわかる（図1-10）[19]。また，この研究では生命保険の免責期間が短いほど1人当たりの生命保険契約料が増えることも示し

---

[18] 白水（2011）で引用されている月足（2001）では（275頁），免責期間1年の時期における日本生命保険協会のデータによると，保険契約数に対する自殺件数の比率は契約後13カ月目に12カ月目に比べて50％以上増加しており，生命保険の存在が自殺を誘発しているという仮説を支持している。また，2011年公開の韓国映画「Suicide Forecast」は，生命保険免責期間（韓国では2年）の終了直後に自殺し，遺族に保険金を与えようとする生命保険顧客を，保険外交員の主人公が懸命に食い止めるというストーリーを描いたものである。

[19] 図1-10は，国別の固定効果を含めたセミパラメトリック回帰と呼ばれる手法の推定結果に基づく。セミパラメトリック回帰とは，この図のように回帰線の関数形を特定化せず，フレキシブルに曲線をフィットさせる手法である。データの出所やより詳しい推定結果についてはChen, Choi & Sawada（2008）を参照されたい。

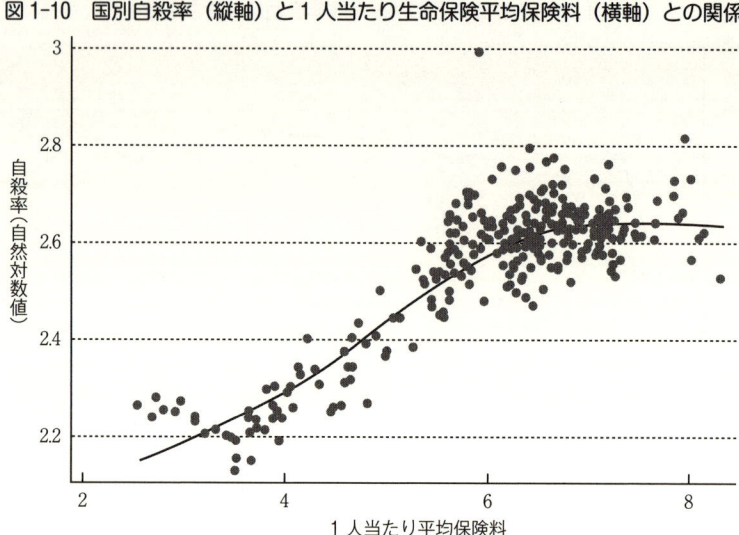

図1-10 国別自殺率(縦軸)と1人当たり生命保険平均保険料(横軸)との関係

[図：散布図。縦軸「自殺率(自然対数値)」2.2～3.0、横軸「1人当たり平均保険料(米ドル・自然対数値)」2～8]

(出所) Chen, Choi & Sawada (2008).

ている。これらの分析結果は，保険契約が自殺リスクの高い被保険者を増加させ(逆選択の問題)，保険契約後の自殺リスクを高める(モラルハザードの問題)という仮説と整合的である。こうした結果は，1999年以降，多くの生命保険会社が自殺による保険金支払いの免責期間を延長してきたという点とも軌を一にする結果となっている。したがって，自殺免責期間延長の経済学的な問題は，生命保険の存在そのものが自殺を誘発しているという観点ではなく，自殺免責期間を延長することによって「自殺によって保険金を得ることを目的とした加入」を未然に防ぐ効果はどの程度か，をもって評価すべきかもしれない。

いずれにしてもこれらの分析結果は，市場の機能を補完してきた，現在の連帯保証人制度や保険契約のあり方を，いま一度自殺対策という観点から慎重に再考する必要性を示していると言えよう。

4　おわりに

　自殺対策を行うことの根拠は，日本国憲法で定められているように，まず，健康で文化的な最低限度の生活を保障し，生活の困窮が自殺リスクを高めてしまうことへ介入するという点が挙げられる。生活保護受給者の自殺率は，全人口の自殺率の2倍以上にのぼっており，そうした見地から自殺対策を正当化しうる。しかし，議論はそれにとどまらず，自殺が生み出す深刻な負の外部性や社会的費用の存在，あるいは市場の不完全性などからも自殺対策は正当化されうる。本章では，こうした側面から「なぜ自殺対策が必要なのか」を議論した。

　多面的な議論から，自殺の根源となる諸要因が，自殺対策の根拠となりうることがわかった。とくに本章では自殺が遺族の自殺リスクを有意に高めると考えられること，著名人の自殺が後追いを生むという「ウェルテル効果」，鉄道自殺による膨大な社会的費用の存在，自殺によって社会の構成員を本来の時期より早く失うことを示す PYLL（損失生存可能年数，Potential Years of Life Lost）が膨大になっていることやその社会的な逸失利益の深刻さを挙げて議論した。また，労働市場の不完全性によって生まれる非自発的失業が自殺につながっていると考えられること，融資における連帯保証人・消費者金融の団体生命保険契約や生命保険における免責期間の存在など信用市場の不完全性・生命保険市場の不完全性に起因する自殺の可能性があることはいずれも積極的な自殺対策を正当化しうることも述べた。まとめれば，自殺は，単純に個々人の問題のみに起因するものではなく，社会のなかでさまざまな市場の不完全性などから生み出され，深刻な負の外部性を生み出すものであるため，積極的に介入し予防することが求められるということである。

　とはいえ，いくつか慎重に解釈すべき点もある。たとえば，失業が自殺を生んでいる因果関係について言えば，日本の総人口が約1億2700万人，労働力人口6500万人でそのうちの失業者が5%，自殺者数3万人というデータをもとにすれば，自殺がすべて失業を経由するという極端な仮定を立てたとしても，総人口を分母とした自殺率は0.024%であり，自殺者数は全失業者数の0.9%で

ある。つまり、失業者のなかでも、自殺する人は圧倒的に少数なのであるから、失業と自殺の間にたとえ因果関係があったとしても、失業が自殺に結びつくまでの間には、さまざまな個別要因が介在していると考えられる。したがって、一般的な失業対策のみならず、今後は、失業者の自殺実態を把握し、失業状態と自殺の意思決定との間に介在するさまざまな要因を捉えたうえで、より踏み込んだ対策を設計・実施することが求められよう。

また、融資における連帯保証契約や消費者金融の団体生命保険契約についても、これらの担保補完制度がなかったとすると、そもそもローンが借りられず、当事者がより悪い事態に陥っていた可能性もある。また、生命保険契約はそもそもの目的が、死因がどうであれ残された遺族が被る困窮のリスクから生活を守るための保障手段を提供することにある。したがって、これらの制度の妥当性については、それが自殺という不幸な帰結につながってしまう事態との比較衡量が必要となってくる。

いずれにしても、こうした制度・契約の是非を慎重に評価していくためには、実態を詳細に捉えた質の高いエビデンスが不可欠である。今後は、質の高いデータを収集することでエビデンスを蓄積し、自殺対策の根拠についての厳密な検証を進めていくことが不可欠である。

◆ 参考文献

厚生労働省社会・援護局保護課（2012）「生活保護受給者の自殺者数について」。
厚生労働省大臣官房統計情報部人口動態・保健統計課（各年）「生命表」。
警察庁生活安全局生活安全企画課（2011）「平成22年中における自殺の概要資料」。
国土交通省鉄道局（各年）「鉄軌道輸送の安全にかかわる情報」。
国土交通省鉄道局（2009）「鉄道輸送トラブルによる影響に関する調査結果の概要——大都市圏の1時間未満の輸送トラブルについて」。
　（http://www.mlit.go.jp/report/press/tetsudo08_hh_000003.html）
こころの健康科学研究事業（2010）『心理学的剖検データベースを活用した自殺の原因分析に関する研究』平成21年厚生労働科学研究費補助金。
　（http://www.ncnp.go.jp/nimh/keikaku/kisochousa/pdf/1003193.pdf）
澤田康幸（2012）「自殺対策の経済学」大垣昌夫・小川一夫・小西秀樹・田渕隆俊編『現代経済学の潮流2012』東洋経済新報社。
澤田康幸・崔允禎・菅野早紀（2010）「不況・失業と自殺の関係についての一考察」『日本労働研究雑誌』第598号、58-66頁。

白水知仁（2011）「昨今の自殺動向と生命保険」『日本保険医学会誌』第 109 巻 2 号，102-119 頁。

全国自死遺族総合支援センター編（2008）『自殺で家族を亡くして──私たち遺族の物語』三省堂。

瀬尾佳美・田淵悦子（2003）「連帯保証人の経済学──中小企業金融の再デザイン」『週刊エコノミスト』2003 年 12 月 23 日号，52-55 頁。

副田義也（2001）「自死遺児について」副田義也編『死の社会学』岩波書店，195-210 頁。

副田義也（2002）「自死遺児について・再考」『母子研究』第 22 号，21-37 頁。

月足一清（2001）『生命保険犯罪──歴史・事件・対策』東洋経済新報社。

森浩太・陳國梁・崔允禎・澤田康幸・菅野早紀（2008）「日本における自死遺族数の推計」CIRJE Discussion Paper J-207, 東京大学経済学部。
　(http://www.cirje.e.u-tokyo.ac.jp/research/dp/2008/2008cj207.pdf)

Ardener, S. (1964) "The Comparative Study of Rotating Credit Associations," *The Journal of the Royal Anthropological Institute of Great Britain and Ireland*, 94 (2): 201-229.

Armendáriz, B. & Morduch, J. (2010) *The Economics of Microfinance*, 2nd edition, MIT Press.

Besley, T. (1995) "Savings, Credit and Insurance," in Chenery, H. & Srinivasan, T. N. (eds.), *Handbook of Development Economics*, 1st ed., Vol. 3, Elsevier, chapter 36, 2123-2207.

Braverman, A. & Stiglitz, J. E. (1982), "Sharecropping and the Interlinking of Agrarian Markets," *American Economic Review*, 72 (4): 695-715.

Chen, J., Choi, Y. J., Mori, K., Sawada, Y. & Sugano, S. (2009) "Those Who Are Left Behind: An Estimate of the Number of Family Members of Suicide Victims in Japan," *Social Indicators Research*, 94 (3): 535-544.

Chen, J., Choi, Y. J. & Sawada, Y. (2008) "Suicide and Life Insurance," CIRJE Discussion Paper, F-558, Graduate School of Economics, University of Tokyo.
　(http://www.cirje.e.u-tokyo.ac.jp/research/dp/2008/2008cf558.pdf)

Chen, J., Choi, Y. J. & Sawada, Y. (2010) "Joint Liability Borrowing and Suicide: The Case of Japan," *Economics Letters*, 109 (2): 69-71.

Chen, J. Choi, Y. J., Mori, K., Sugano, S. & Sawada, Y. (2011) "An Analysis of Suicides in Japan, 1997-2007: Changes in Incidence, Persistence, and Age Profiles," mimeo, Faculty of Economics, University of Tokyo.

Clayton, D. & Barceló, A. (2000) "The Cost of Suicide Mortality in New Brunswick, 1996," *Chronic Diseases in Canada*, 20 (2): 89-95.

Cvinar J. G. (2005) "Do Suicide Survivors Suffer Social Stigma: A Review of the Literature," *Perspectives in Psychiatric Care*, 41 (1): 14-21.

Gruère, G. P., Mehta-Bhatt, P. & Sengupta, D. (2008) "Bt Cotton and Farmer Suicides in India: Reviewing the Evidence," IFPRI Discussion Paper, 808.
　(http://www.ifpri.cgiar.org/sites/default/files/publications/ifpridp00808.pdf)

Farmer, R., Tranah, T., O'Donnell, I. & Catalan, J. (1992) "Railway Suicide: The Psychological Effects on Drivers," *Psychological Medicine*, 22 (2): 407-414.

Hong, S. C. & Lee J. (2012) "Celebrity Suicide," A paper presented at Workshop "Economics of Suicide Prevention in Korea and Japan," held at University of Tokyo on March 23.

Ishii, K. I. (1991) "Measuring Mutual Causation: Effects of Suicide News on Suicides in Japan," *Social Science Research*, 20 (2): 188-195.

Kim, C. D., Seguin, M., Therrien, N., Riopel, G., Chawky, N., Lesage, A. D. & Turecki, G. (2005)

"Familial Aggregation of Suicidal Behavior: A Family Study of Male Suicide Completers from the General Population," *American Journal of Psychiatry*, 162 (5): 1017-1019.
Knox, K. L. & Caine E. D. (2005) "Establishing Priorities for Reducing Suicide and its Antecedents in the United States," *American Journal of Public Health*, 95 (11): 1898-1903.
Matsubayashi, T., Mori, K. & Ueda, M. (2013) "The Effects of Media Reports of Suicides by Well-Known Figures between 1989 and 2010 in Japan," mimeo.
Runeson, B. & Åsberg, M. (2003) "Family History of Suicide among Suicide Victims," *American Journal of Psychiatry*, 160 (8): 1525-1526.
Phillips, D. P. (1974) "Influence of Suggestion on Suicide: Substantive and Theoretical Implications of Werther Effect," *American Sociological Review*, 39 (3): 340-354.
Qin, P., Agerbo, E. & Mortensen, P. B. (2002) "Suicide Risk in Relation to Family History of Completed Suicide and Psychiatric Disorders: a Nested Case-control Study Based on Longitudinal Registers," *Lancet*, 360 (9340): 1126-1130.
Stack, S. (1987) "Celebrities and Suicide: A Taxonomy and Analysis, 1948-1983," *American Sociological Review*, 52 (3): 401-412.
Stack, S. (1996) "The Effect of the Media on Suicide: Evidence from Japan, 1955-1985," *Suicide and Life Threatening Behavior*, 26 (2): 132-142.
Tseng, S. H. (2006) "The Effect of Life Insurance Policy Provisions on Suicide Rates," in Chapter 2, Ph. D. dissertation, Three Essays on Empirical Applications of Contract Theory, Department of Economics, University of Chicago.
Villeneuve, B. (2000) "Life Insurance," Dionne, G. (ed.) *Handbook of Insurance*, Kluwer Academic Publishers, Chapter 27.
Wilcox, H. C., Kuramoto, S. J., Lichtenstein, P., Långström, N., Brent, D. A. & Runeson, B. (2010) "Psychiatric Morbidity, Violent Crime, and Suicide Among Children and Adolescents Exposed to Parental Death," *Journal of the American Academy of Child and Adolescent Psychiatry*, 49 (5): 514-523.
Wasserman, I. M. (1984) "Imitation and Suicide: A Reexamination of the Werther Effect," *American Sociological Review*, 49 (3): 427-436.
Weiss, K. J. & Farrell, J. M. (2006) "PTSD in railroad drivers under the Federal Employers' Liability Act," *Journal of the American Academy of Psychiatry and the Law*, 34 (2): 191-199.

第 2 章

自殺の社会経済的要因

◆ はじめに

　経済的困窮が自殺につながるという事例は多くある。たとえば，日本においても 1998 年の金融危機時に自殺者数が 1 年間で 30％ 以上の急増を見せた。2012 年 4 月 15 日付の『ニューヨーク・タイムズ』紙の記事では，ユーロ危機によって経済問題を抱えた人々が自殺したというイタリアやギリシャなどの事例が示されている。また，学術研究においても，Barr et al. (2012) は，2008 年リーマン・ショック後のイギリスでは不況によって自殺増がもたらされたことを示しているし，Reeves et al. (2012) は，アメリカでも失業率の上昇が自殺者数の上昇のかなりの部分を説明できるとしている。また，Hanigan et al. (2012) と Klonner & Lindes (2012) は，それぞれオーストラリアとインドにおいて，干ばつの発生による経済状況の悪化が自殺を増加させることを見出している。これらの議論は，自殺の傾向や決定要因を考える際には社会経済的状況の影響を無視できないことを示している。

　日本では，自殺に至る直接の原因で最も多いのがうつ病であることが知られているため，これまで，自殺は主にうつ病などの精神疾患によって引き起こされる問題であると考えられてきた。しかしながら，『自殺実態白書 2008』（自殺実態解析プロジェクトチーム 2008）で詳細に分析されているように，実は「健康問題」および「うつ病」は，自殺に至る最終段階と考えられ，自殺に至る原因はうつ病だけではなく，その背後に自殺者が追い込まれる社会経済的背景や構造的問題から生み出される「危険因子」が潜んでいる可能性がある。もしそうで

あるとすれば，うつ病の治療と同時にその他の「危険因子」への対策も行っていかなければ根本的な自殺予防とはならない。そこで次節では，既存の研究結果を整理し，自殺の危険因子である社会経済的要因について議論する。次に国際比較データを用いて，日本の自殺率は高水準にあること，そして他国に比べ日本では社会経済的要因が自殺に与える影響が大きいことを明らかにする。また，日本の時系列データを用いた分析から，日本の自殺には，①1997～98年の「急増」，②98年から14年間にわたり年間の自殺者数が3万人を超え，なおも高水準であるという「恒常性」，③時間を通じて進行している自殺者の「若年化」という特徴があることを示し，これら3つの特徴と経済状況が密接に関連していることを明らかにする。

1　経済学から見た自殺の要因

　まず本節では，これまで経済学分野で行われてきた自殺に関するさまざまな実証研究の結果を紹介する。自殺に関する個票データを研究者が使用することは困難であるため，基本的に地域や国単位で集計されたマクロデータを用いて実証研究が行われている。多くの既存研究は，説明変数として社会経済変数を，被説明変数として国や地域別の自殺率を用い，社会経済変数と自殺率との間の関係を回帰分析によって説明しようとしてきた。社会経済変数にはさまざまなものがあるが，主には1人当たり所得水準など所得や富を表す変数，失業率・有効求人倍率など労働市場の状況を表す変数，人口構造や家庭の状況，健康状態を表す変数が多く使われてきた。これらのデータは個票データではなく国や地域レベルのマクロデータであるため，個人の経済状況と自殺率の関係自体を必ずしも正確に把握することはできない。このような制約があるものの，多くの研究でマクロの経済変数と地域や国単位で集計された自殺率との相関関係が明らかになっている。以下，後述の表2-1（46頁）にもまとめられているように，既存研究におけるいくつかの中心的な経済変数——所得とその不平等度，経済成長と経済危機，雇用状況——を順に挙げて検討する。

◆所得とその不平等度

経済学の分野で自殺研究の先駆的論文は Hamermesh & Soss（1974）である。彼らの論文は，自殺は人々の合理的判断の結果として選択される行動であると考え，個人の生涯効用の期待値がある閾値を下回ったとき，その人は自殺を行うとしている。一般的に，経済学では，所得が高くなるほど効用も高くなると考えるので，この理論に基づけば，所得が高くなるほど自殺をする可能性は低くなる。言い換えれば，高所得であれば生活水準も高くなり，人生により満足することができるので自殺しにくくなるということである。既存の実証研究では，所得を表すデータとして，1人当たり GDP や 1 人当たり実質所得が使われており，これまで多くの研究で，所得が低い国や地域ほど自殺率が高いことが明らかにされてきた（表2-1）。他方，所得と自殺率の関係は性別や年齢によっても異なることもわかっている。Chen, Choi & Sawada（2009）では，どの性別・年代でも所得と自殺率は負の関係にあるが，とりわけ 45〜64 歳の男性と 65 歳以上の女性の自殺率に対してより強い負の関係を持つことが示されている。

所得そのものに加えて，所得の不平等度や格差も自殺に影響すると考えられてきた。所得の不平等度を表す変数としてはジニ係数が使われていることが多い。多くの研究で，所得が不平等な国や地域ほど，より高い自殺率が見出されている（表2-1）。

◆経済成長と経済危機

総所得や所得の不平等度に加えて，経済成長あるいは景気動向も自殺率に影響を与えうる。というのは，経済が成長しているときには，将来の雇用や家計の見通しが明るいため，そうした経済状況が自殺率の低下に寄与すると考えられるからである。事実，多くの実証研究は経済成長と自殺率の間に有意な負の相関関係を見出しており，経済が成長している国や地域ほど自殺率が低いことを示している。他方，すでに触れたように，Barr *et al.* (2012) のイギリスに関する研究，Hanigan *et al.* (2012) のオーストラリアに関する研究，Klonner &

表 2-1　自殺の決定要因に関する主な既存研究

論文	対象地域	対象期間	1人当たり所得	所得不平等（ジニ係数）	失業率
Barnes (1975)	アメリカ	N.A.	+*, −*, +, −		
Burr et al. (1994)	アメリカ	1980	+*		+, −
Chen et al. (2009)	OECD諸国	1980-2002	−*	+*, −*	+, −
Chew & McCleary (1995)	28カ国	1960s-1980s,	+*		
Chuang & Haung (2003)	台湾	1983-2001	−*, +		+*, −
Cutler, Glaeser & Norberg (2001)	アメリカ	1989-1991	−*, −*, −		
Daly & Wilson (2006)	アメリカ	1990, 2000	−*	+*, −*, −	+*, +
Faupel, Kowalski & Starr (1987)	アメリカ	1974, 1975, 1976	−*, −	+*, +	+*, +
Fischer & Rodriguez-Andres (2008)	スイス	1980-1998	−		−
Freeman (1998)	アメリカ	1959-1993	+*	+*, +	+*, +
Helliwell (2007)	50カ国	1980s-1990s	−*		
Huang (1996)	48カ国	1990	−		+*
Kimenyi & Shughart (1986)	アメリカ	1940-1980	−*		+*
Klick & Markowitz (2006)	アメリカ	1981-2000			+*
Lester (1995)	アメリカ	1959-1961	+*, +		+, −
Leigh & Jencks (2007)	12カ国	1903-2003	+	−	
Mäkinen (1997)	ヨーロッパ諸国	1977-1979			−
Mathur & Freeman (2002)	アメリカ	1970-1997	−*		+*
Minoiu & Rodríguez (2008)	アメリカ	1982-1997	−		+
Rodríguez (2006)	40カ国	1947-2001	−	+, −	
Simpson & Conklin (1989)	71カ国	1970	+*		
Whitman (2002)	アメリカ	1996			+, −

（注）　表中の記号 +，−，* はそれぞれ，変数が自殺に与える影響が正・負・統計的に有意であることを示す。回帰分析に含まれる変数の違いによって異なる結果が得られている場合，それら異なる結果を併記した。このような場合，必ずしも頑健な結果が得られていないということもできる。
（出所）　Chen et al. (2012a).

Lindes (2012) のインドに関する研究や，Reeves et al. (2012) のアメリカに関する研究など，経済的な困窮・経済危機が自殺につながっているとする研究もある。とはいえ，必ずしもすべての既存研究で一貫した頑健な結果が得られているわけではないことにも留意が必要である。

◆雇用状況

失業は自殺の決定に大きく影響する。なぜならば，失業は今日や明日の生活が苦しいばかりか，将来の収入見通しが立たないことや生涯所得の低下をも意

味するからである。そのため，Hamermesh & Soss (1974) の理論に基づけば，失業率が高くなることが自殺・自殺未遂の増加要因となることが予想される。さらに失業は精神的・肉体的疾病と同時に起こっていることも多く，複合した深刻な自殺の危険因子になりうる。実際，多くの実証研究において，失業率が高いことと自殺率が高いこととの相関関係が明らかになっている（表2-1）。

　Chen et al. (2012a) は Stanley, Doucouliagos & Jarrell (2008) のメタ回帰分析 (meta regression analysis) と呼ばれる手法[1]を用いて，表2-1 にまとめられているような既存研究が報告している実証研究結果の頑健性を検証している（詳しくは章末の補論1〔62頁〕を参照）。この研究では，既存研究に共通して見られる主な傾向として主に次の3つの点が明らかになっている。第1に，既存研究において，所得が自殺率に与える影響は過大評価されている傾向があること，第2に，総じて所得の不平等が拡大すると自殺率が増える傾向にあること，第3に，失業と自殺率の間には正の相関関係があること，である。とりわけ，既存研究には「学術研究で出版される研究結果の偏り（出版バイアス，publication bias）」が見られている。具体的には，所得と自殺率が負の関係を持っていることや，所得不平等度・離婚率が自殺率と正の関係を持っていることなどについて，それらの関係がとくに統計的に有意であることを発見する偏りが見出されている (Chen et al. 2012a)。したがって，研究結果を解釈する際には，報告されている分析結果の頑健性について注意することが必要である。

2 国際比較による日本の自殺の傾向

　まず，2011（平成23）年版『自殺対策白書』に基づき，日本における自殺の傾向を，年齢階級別死因順位をもとに把握してみる。この統計では，自殺が20〜44歳男性と15〜34歳女性の死因第1位，15〜19歳・45〜49歳男性と35〜49歳女性の死因第2位となっている。つまり，日本の死亡統計から見ると，

---

1 メタ回帰分析とは，表2-1 に示されているような回帰分析の結果を基本データとしてさらに回帰分析を行う手法のことである。

とくに若年・中年の自殺は男女を問わず最も深刻な死因ということになる（内閣府 2011）。

　この点をふまえつつ，国際的に見た日本の自殺の特徴を概観してみよう。対全人口比では，日本の自殺率は10万人中約24人であるが，これは国際的に見てもきわめて高い深刻な水準である。2009年のデータによると，日本の男女総計の自殺率は世界で第8位，OECD諸国では韓国・ハンガリーについで第3位となっている（図2-1）。男性自殺率については，日本は世界で第10位（OECDでは第3位）となっているが（図2-2），女性自殺率は世界全体では第3位，OECD諸国では韓国に次ぎ第2位という深刻な状況になっている（図2-2）。

　では，時系列の傾向ではどうだろうか。図2-3は，日本・韓国・オーストリアとOECD諸国全体の人口10万人当たりの自殺率推移を示している。とりわけ1990年代終盤，97年から98年にかけて日本の自殺率が上昇し，日本を除くOECD諸国の2倍近くに急増した。さらに目を引くのが，1997, 98年の金融危機以降の韓国における自殺率の急増傾向である。図2-1からわかるように，韓国は現在OECD諸国では最も自殺率が高い国になっている。他方，従来自殺率がOECD諸国平均の2倍程度であったオーストリアでは自殺率が継続して低下しており，日本・韓国とは対照的である。こうした違いを説明できる自殺の決定要因を探ることは，有効な自殺対策を考えるうえでの大前提となろう。

　Chen, Choi & Sawada（2009）は，世界保健機関（WHO）のデータを用い，国際比較から日本の自殺の社会経済的要因に迫っている。この研究は，1980〜2000年の21のOECD諸国に関する国際比較データを用い，自殺率を被説明変数，さまざまな社会経済指標を説明変数とした線形重回帰分析を行っている[2]。説明変数群には，1人当たりGDPの水準，1人当たりGDPの成長率，失業率，女性の労働参加率，出生率，離婚率，所得格差を示すジニ係数を用いている[3]。さらに，この論文では，日本の効果が他の国々とは異なると仮定したうえで回帰分析による推定を行い，それに基づいた国際比較によって日本と世界の自殺に

---

　[2] データの出所や分析の詳細については，Choi, Chen & Sawada（2009）を参照のこと。

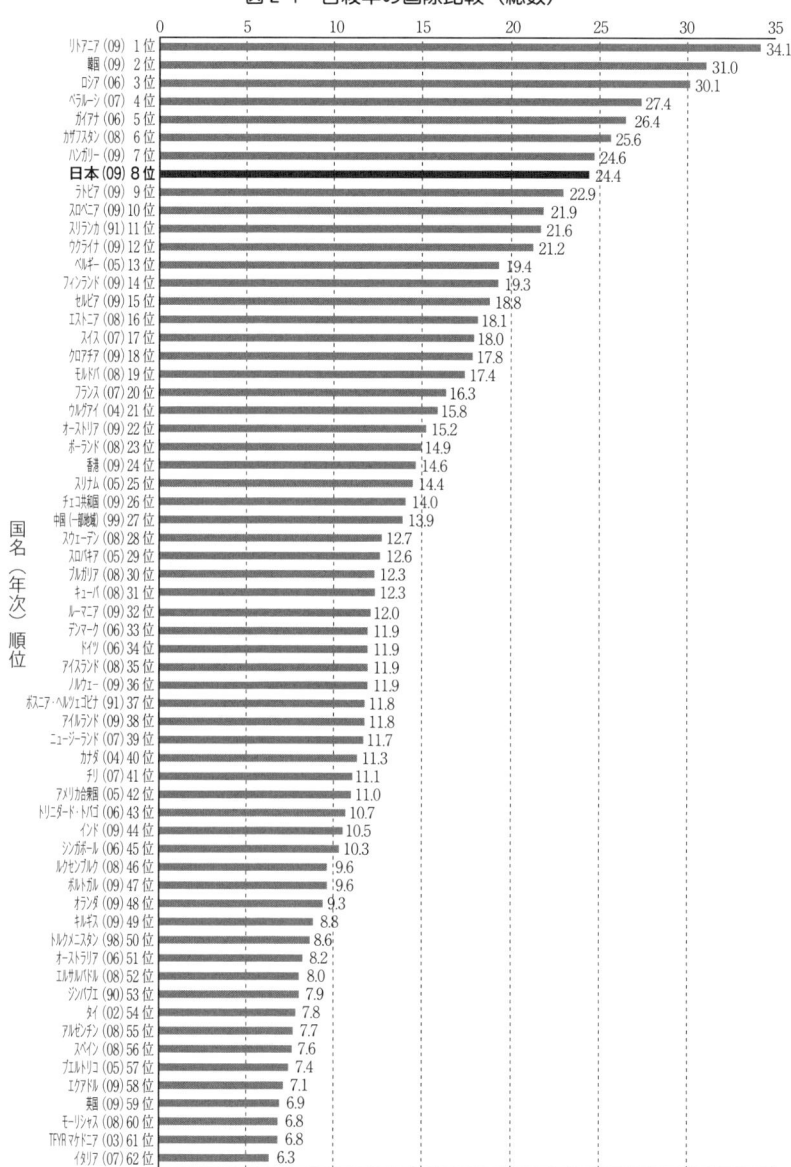

2 国際比較による日本の自殺の傾向　49

図 2-1　自殺率の国際比較（総数）

順位	国名（年次）	自殺率
1位	リトアニア (09)	34.1
2位	韓国 (09)	31.0
3位	ロシア (06)	30.1
4位	ベラルーシ (07)	27.4
5位	ガイアナ (06)	26.4
6位	カザフスタン (08)	25.6
7位	ハンガリー (09)	24.6
8位	**日本 (09)**	24.4
9位	ラトビア (09)	22.9
10位	スロベニア (09)	21.9
11位	スリランカ (91)	21.6
12位	ウクライナ (09)	21.2
13位	ベルギー (05)	19.4
14位	フィンランド (09)	19.3
15位	セルビア (09)	18.8
16位	エストニア (08)	18.1
17位	スイス (07)	18.0
18位	クロアチア (09)	17.8
19位	モルドバ (08)	17.4
20位	フランス (07)	16.3
21位	ウルグアイ (04)	15.8
22位	オーストリア (09)	15.2
23位	ポーランド (08)	14.9
24位	香港 (09)	14.6
25位	スリナム (05)	14.4
26位	チェコ共和国 (09)	14.0
27位	中国 (一部地域) (99)	13.9
28位	スウェーデン (08)	12.7
29位	スロバキア (05)	12.6
30位	ブルガリア (08)	12.3
31位	キューバ (08)	12.3
32位	ルーマニア (09)	12.0
33位	デンマーク (06)	11.9
34位	ドイツ (06)	11.9
35位	アイスランド (08)	11.9
36位	ノルウェー (09)	11.9
37位	ボスニア・ヘルツェゴビナ (91)	11.8
38位	アイルランド (09)	11.8
39位	ニュージーランド (07)	11.7
40位	カナダ (04)	11.3
41位	チリ (07)	11.1
42位	アメリカ合衆国 (05)	11.0
43位	トリニダード・トバゴ (06)	10.7
44位	インド (09)	10.5
45位	シンガポール (06)	10.3
46位	ルクセンブルク (08)	9.6
47位	ポルトガル (09)	9.6
48位	オランダ (09)	9.3
49位	キルギス (09)	8.8
50位	トルクメニスタン (98)	8.6
51位	オーストラリア (06)	8.2
52位	エルサルバドル (08)	8.0
53位	ジンバブエ (90)	7.9
54位	タイ (02)	7.8
55位	アルゼンチン (08)	7.7
56位	スペイン (08)	7.6
57位	プエルトリコ (05)	7.4
58位	エクアドル (09)	7.1
59位	英国 (09)	6.9
60位	モーリシャス (08)	6.8
61位	TFYRマケドニア (03)	6.8
62位	イタリア (07)	6.3

（出所）　総務省行政評価局（2012）。

図 2-2 自殺率の国際比較（男女別）

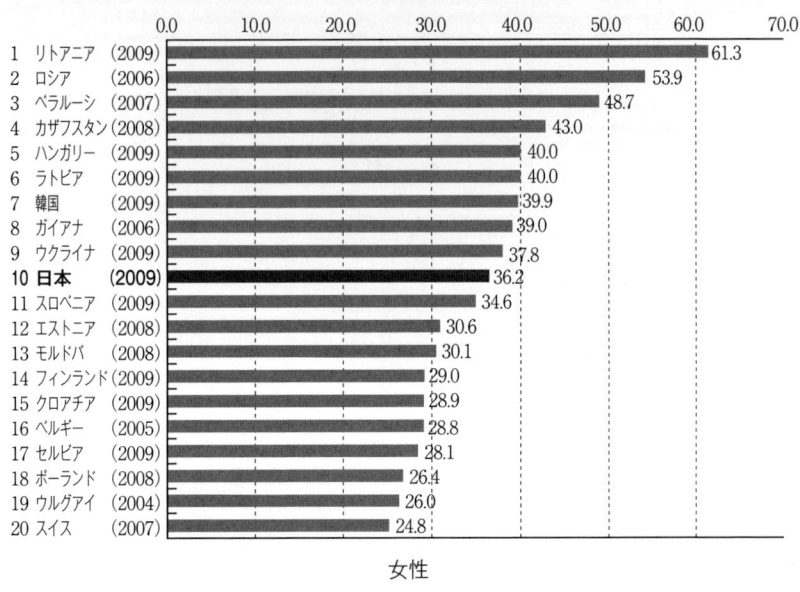

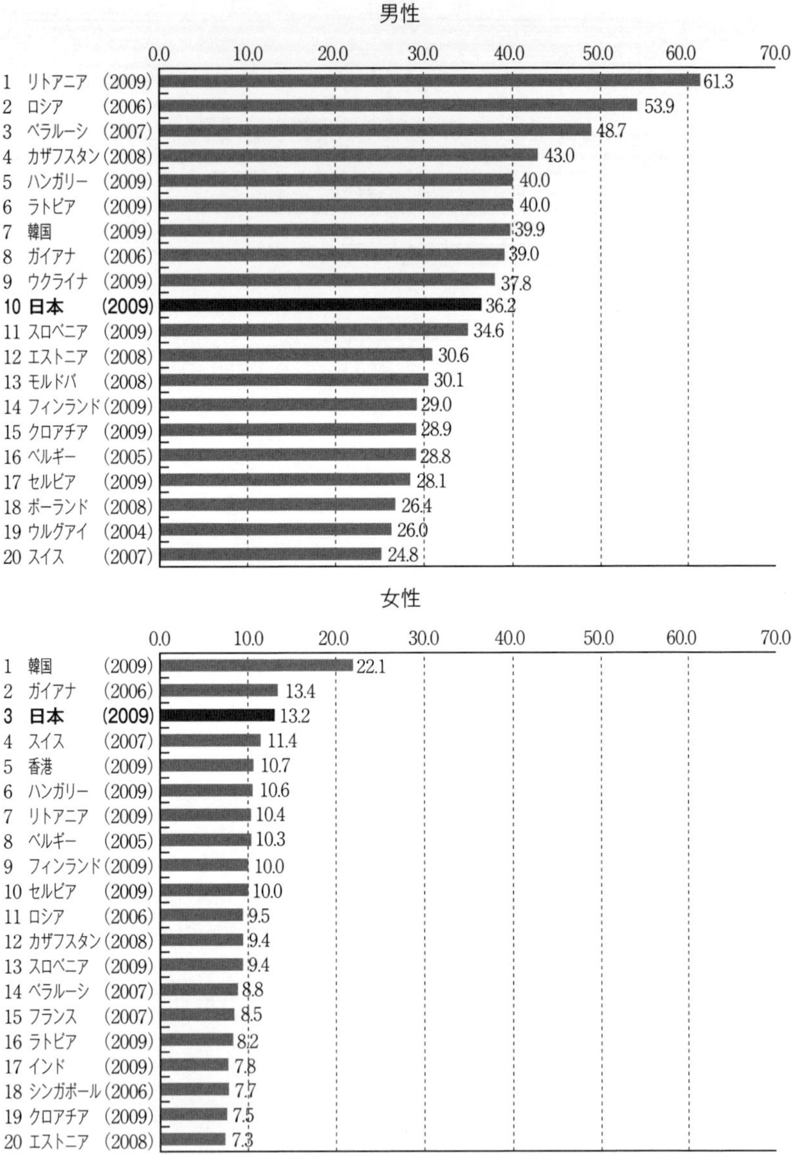

男性

順位	国	年	自殺率
1	リトアニア	(2009)	61.3
2	ロシア	(2006)	53.9
3	ベラルーシ	(2007)	48.7
4	カザフスタン	(2008)	43.0
5	ハンガリー	(2009)	40.0
6	ラトビア	(2009)	40.0
7	韓国	(2009)	39.9
8	ガイアナ	(2006)	39.0
9	ウクライナ	(2009)	37.8
10	**日本**	**(2009)**	36.2
11	スロベニア	(2009)	34.6
12	エストニア	(2008)	30.6
13	モルドバ	(2008)	30.1
14	フィンランド	(2009)	29.0
15	クロアチア	(2009)	28.9
16	ベルギー	(2005)	28.8
17	セルビア	(2009)	28.1
18	ポーランド	(2008)	26.4
19	ウルグアイ	(2004)	26.0
20	スイス	(2007)	24.8

女性

順位	国	年	自殺率
1	韓国	(2009)	22.1
2	ガイアナ	(2006)	13.4
3	**日本**	**(2009)**	13.2
4	スイス	(2007)	11.4
5	香港	(2009)	10.7
6	ハンガリー	(2009)	10.6
7	リトアニア	(2009)	10.4
8	ベルギー	(2005)	10.3
9	フィンランド	(2009)	10.0
10	セルビア	(2009)	10.0
11	ロシア	(2006)	9.5
12	カザフスタン	(2008)	9.4
13	スロベニア	(2009)	9.4
14	ベラルーシ	(2007)	8.8
15	フランス	(2007)	8.5
16	ラトビア	(2009)	8.2
17	インド	(2009)	7.8
18	シンガポール	(2006)	7.7
19	クロアチア	(2009)	7.5
20	エストニア	(2008)	7.3

（注） 2000年以降のデータがある国で、上位20位のみ掲載。
（出所）『平成24年版 自殺対策白書』。

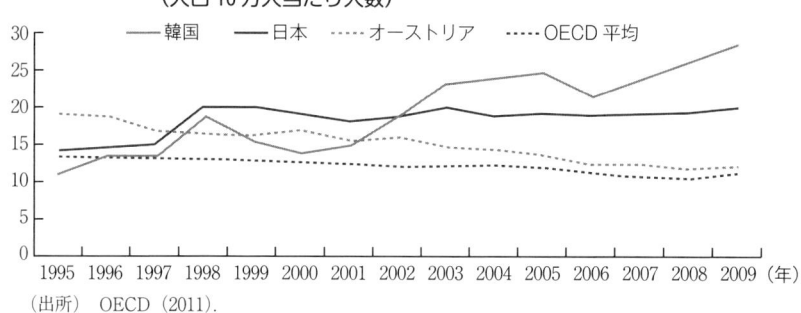

図 2-3　日本・韓国・オーストリアと OECD 諸国における自殺率
　　　　（人口 10 万人当たり人数）

（出所）　OECD（2011）．

関する 3 つの傾向を得ている。

　第 1 に，世界全体として，性別や年齢によって社会経済変数と自殺率との相関関係が異なっていることがわかる。とくに，男性の自殺率は社会経済変数とより強い相関を示している。他方，女性や高齢者の自殺率と社会経済変数との関係は比較的薄い。

　第 2 に，一般に高所得であったり高い経済成長を達成していたりするなど，経済状況が良い国ほど自殺率は低く，さらに所得が平等な国ほど自殺率が低い。所得水準と自殺率との負の相関については，中高年男性（45～64 歳，65 歳以上）においてより強く見られる。さらに，経済成長率が低いことと自殺率が高いことの間には相関関係が見られ，その傾向はとくに中高年男性（45～64 歳，65 歳以上）のケースと 25～44 歳の女性のケースで強く見出される。これらの層は，所得低下のリスクに対して脆弱である可能性が高い。

　第 3 の点は，他の OECD 諸国と比べて，日本の自殺率が経済状況とより強い相関関係を持っているということである。すなわち，日本においては，1 人当たり GDP の低水準・高い所得格差・景気後退・高い失業率などの経済変数と自殺率との相関関係が他国よりも有意に強い[4]。特筆すべきは，日本では，他の OECD 諸国と比べて所得格差と自殺率との相関がとくに高いことである。こ

---

[3] さらに，時間のトレンドや各国固有の特徴による見せかけの相関を排除するため，国の固定効果や年の直線トレンドも加えた。分析の詳細やデータの出所については Chen, Choi & Sawada（2009）を参照されたい。

[4] 一方，離婚率は 24～44 歳の男性の自殺率のみについて統計的に有意な関係があった。

れは日本において，所得の格差に起因するスティグマ（汚名）がより強く自殺と関連している可能性を示している。また，これらの分析結果は，観察可能な経済指標をターゲットにするという観点から，日本の自殺対策において政府が果たすべき役割・余地が大きいという可能性を示唆している。

この Chen, Choi & Sawada (2008) の分析結果に基づくと，日本における高失業率と高自殺率の正の相関関係について，男性に対しては完全失業率の1％ポイントの上昇が10万人当たり約25人の自殺者数増加につながると考えられる。とくに65歳以上の男性高齢者の場合には完全失業率の1％ポイントの上昇が10万人当たり約39人もの自殺者数増加につながりうることが示されている。一方，女性の場合には，この関係は統計的に有意ではない。また，1980～2000年の日本と他のOECD諸国との自殺率の違いのうち，約19％が，日本における自殺率の失業率に対する反応度の高さによって説明できるとされている。

さらに，日本においては自殺率と女性の就業率との間には正の相関関係があり，とくに高齢男性（65歳以上）の自殺率と若年女性（25～44歳）の自殺率において，女性の就業率と強い正の関係が見られる。小原（2007）の研究では，世帯主（夫）が非自発的に失業すると配偶者（妻）の労働供給が増える傾向が，とくに金融資産の保有水準が低い貧困層で強く発見されている。したがって女性の就業率は，世帯の経済的困窮度を強く反映している可能性があり，ここで見られる女性の就業率と自殺率の正の相関関係は，配偶者の失業によってもたらされた経済的困窮と自殺率との相関関係を間接的に捉えている可能性がある。

3　時系列で見た日本における自殺の傾向：急増・恒常性・若年化

こうした日本の自殺の傾向について時系列の動きをより精査すると，冒頭でも述べたような3つの特徴が浮かび上がる。第1に，1997～98年の「急増」，第2に，98年から14年間にわたり年間の自殺者数が3万人を超え，なおも高水準であるという「恒常性」，第3に，時間を通じて進行している自殺者の「若年化」である (Chen *et al.* 2011)。こうした自殺の「急増・恒常性・若年化」という状況を受け，現代の日本において，自殺は最も深刻な社会問題の1つとして認識さ

れており，さまざまな自殺防止の取組が行われ始めている。ここではまず，これらの3点の特徴について詳しく見てみることにしよう。

◆ 自殺の「急増」

先に図2-3に示された日本における自殺率の推移において特徴的であるのは，1997〜98年の，いわゆる金融危機時に自殺者数が2万4391人から3万2863人へと約35%もの「急増」を見せたことである[5]。1997年にはバブル崩壊後の長引く不況により，日本長期信用銀行や山一證券が破綻した。月間データによればとくに，1998年の3月に自殺者数が目立って増えていることがわかる。1998年3月は決算期であることに加え，この時期は，金融当局の金融機関に対する自己資本比率検査が強化されつつあった時期でもあり，多くの金融機関は，「貸し渋り」「貸し剥し」を行い，多数の中小零細企業の破綻の引き金となったと言われている。事実，1997年7月〜2004年12月の男性自殺者の月次時系列データを分析した京都大学（2006）や Watanabe et al.（2006）の実証研究によれば，月次の男性完全失業者数，負債総額1000万円以上の倒産件数は，男性自殺者数の月次推移との相関が非常に大きい。これらの研究から，とくに1998年3月決算期前後の失業・倒産の増加と並行して男性自殺者数が1998年3月に急増したことがわかっている。このように，1997〜98年の金融危機時に日本の自殺が急増していることは，自殺の社会経済的背景を正しく捉えることの重要性を示唆している（澤田・崔・菅野 2010）。

1997〜98年の日本の金融危機の特徴であると言われる，「貸し渋り」の実態を把握する手法として，日本銀行が四半期に1度公表している，企業に対する統計調査，「全国企業短期経済観測調査」，いわゆる「短観」のDI（diffusion index）データを見ることが有益である。図2-4は，短観データにおいて，金融機関の貸出態度が「緩い」と回答した調査対象社数構成比（%）から「厳しい」と回答した社数構成比（%）を引いたものであり，この指数が低いほど金融機関の貸出態度が厳しいことを示している。1998年第1四半期にこの指数は大幅な

---

[5] 警察庁「平成20年度中における自殺の概要資料」（平成21年5月）による。

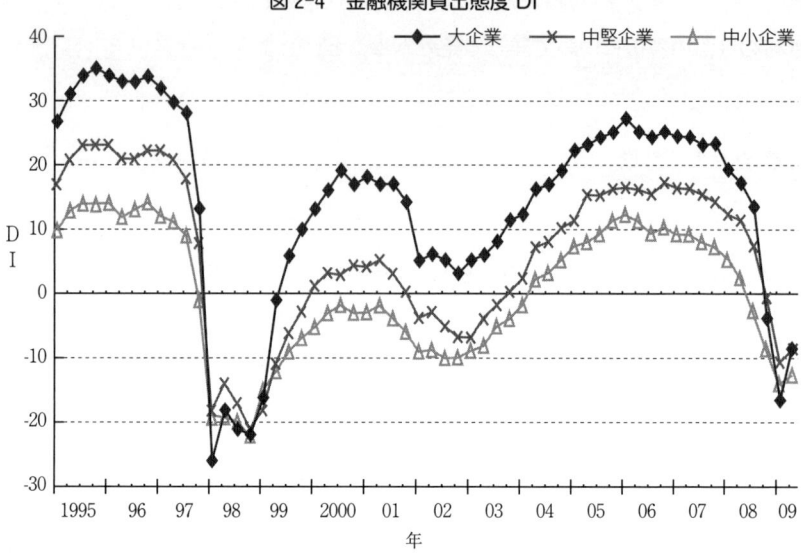

図 2-4　金融機関貸出態度 DI

（出所）　日本銀行「全国企業短期経済観測調査」(http://www.boj.or.jp/theme/research/stat/tk/)。

落ち込みを見せており，「貸し渋り」「貸し剝し」と呼ばれる事態を反映したものと考えられる。また，同様の傾向は，調査対象企業の資金繰りに関するDIからも見出すことができる。

　1998年以降の日本の自殺率上昇は，後述の図2-5（58頁）に見られる失業率の上昇のみならず，図2-4に見られるような「貸し渋り」「貸し剝し」による債務問題の悪化と軌を一にしている。とくに1998年3月決算期前後の失業・倒産の増加と並行して男性自殺者数が98年3月に急増したことがわかっている。「貸し渋り」「貸し剝し」が，1998年初頭における中小企業事業主，自営業者，無職者の自殺急増と直接・間接の「因果関係」を持っているかどうかについては，今後も精査する必要があるが，「相関関係」は強く認められる[6]。

　それでは，1997〜98年の，35％もの日本の自殺者数「急増」は，どの年齢・職業層によってもたらされたのであろうか。ここでは，自殺増加率を各層の寄与度に分解することで数量的な把握と考察を試みる（自殺実態解析プロジェクト

---

[6] また，第1章でも触れたChen, Choi & Sawada (2010) が指摘するような，融資における連帯保証制度と自殺の関連についてもさらなる検証が必要である。

表 2-2　1997～98 年における自殺増加率の分解（職業別自殺者数）

年	自殺者数（人）	自殺者数増加率（%）	自営者	管理職	被雇用者	主婦・主夫	無職者	学生・生徒	不詳
					寄与度（%）				
1997	24,391								
1998	32,863	34.73	5.44	0.81	9.28	2.02	15.07	0.82	1.29

（出所）　自殺実態解析プロジェクトチーム（2008）。

表 2-3　1997～98 年における自殺増加率の分解（動機別自殺者数）

年	自殺者数（人）	自殺者数増加率（%）	家庭問題	健康問題	経済生活問題	勤務問題	男女問題	学校問題	その他	不詳
					寄与度（%）					
1997	24,391									
1998	32,863	34.73	3.36	12.75	10.26	2.65	0.68	0.31	2.24	2.48

（出所）　自殺実態解析プロジェクトチーム（2008）。

チーム 2008；Chen *et al.* 2011）。まず，1997～98 年の自殺増加率を年齢層別に分解してみると，全体の自殺増加率約 35％ のうち，約 25％ は 45 歳以上の年齢層によるものであり，とくに中高年の自殺率の増加の寄与が大きいことがわかっている。また，表 2-2 は自殺者数の増加率 34.73％ を職業別の寄与度に分解したものである。無職者の寄与が 15.07％ と最も高く，続いて被雇用者が 9.28％，自営者が 5.44％ と高めの数字になっている。とくに無職者は，失業者のみでなく退職した高齢層を含んでいるため解釈には注意が必要であるが，金融危機時の日本における自殺の急増が失業と強く結びついていること示唆する結果である。

表 2-3 は同じく自殺者数の増加を動機別の自殺者数の寄与に分解したものである（Chen *et al.* 2011）。全体の約 35％ のうち健康問題による自殺の寄与度が 12.75％，次いで経済生活問題による自殺の寄与度が 10.26％ と高くなっている。このことは，日本における自殺の直接の原因で最も多いのがうつ病であることと整合的であるが，同時にこの経済生活問題の寄与度の大きさは，うつ病の背後に，失業や負債，生活苦，職場環境といった社会経済的背景・構造的問題が潜んでいる可能性とも整合的である。

まとめれば，1997〜98 年の日本の自殺率急増は，図 2-4 に見られるような「貸し渋り」「貸し剥し」による債務問題の悪化と，後述の図 2-5 で見られる失業率の上昇と軌を一にしている。「貸し渋り」「貸し剥し」そして失業率の増加と自殺者数の急増，図 2-5 に見られる 1997〜98 年の人員削減等によって増えた無職者の自殺急増や自営業・被雇用者の自殺増加が「因果関係」として理解できるかどうかについては，より慎重な分析が必要だが，これらの変数間には明らかに強い「相関関係」が見られる。

◆自殺の「恒常性」と「若年化」

Chen *et al.* (2011) は，さらに 1998 年から 14 年にわたって年間の自殺者数が 3 万人を超え，なおも高水準であるという「恒常性」と，時間を通じて進行している「若年化」についても分析している。1997〜98 年の自殺の「急増」期以降の自殺率の推移を見てみると，1999〜2007 年に自殺者数は，約 1.5% 低下した。これを分解してみると，中高齢層の自殺率への寄与はマイナスであり，中高年齢層は，全体としての自殺率・自殺者数を押し下げている。しかしながら，この自殺変化率 −1.5% の性別・年齢別分解では，この −1.5% のうち，+1.8% は 20〜39 歳の男性による自殺率増加，0.74% は 20〜39 歳の女性による自殺率増加となっており，20 代，30 代の自殺率への寄与が，中高齢層のマイナスを打ち消す形になっている。これこそが日本における自殺の第 3 の特徴「若年化」であり，中高年自殺が減少する一方で，この「若年化」の進行が日本における自殺の「恒常性」を生み出していると言える。さらに，Chen *et al.* (2011) の研究では，この時期の自殺の「恒常性」の背後に，男女ともに健康理由，男性の場合には経済理由があることを見出している。

経済問題に関連して，失業は，現代日本の労働市場における深刻な課題の 1 つとなっている。戦後日本における完全失業率は，他の OECD 諸国に比べてきわめて低い水準を維持してきたが，後述の図 2-5 (58 頁) で見るように，とりわけ 1997〜99 年に急激な上昇をみた。また，2001〜02 年の景気後退期においても，さらに完全失業率が上昇した。その後の低下を経て，2008 年末以降完全失業率は再び上昇に転じ，09 年 7 月には 5.6% まで上昇した。2010 年 1 月には

4.9％まで微減したものの，高止まっている状態である。年齢別に完全失業率の動きを見ると，男女ともに1990～2003年に，15～24歳，25～34歳の完全失業率が継続して上昇し，さらに2009年7月にはそれぞれ10.1％，7.1％にまで上昇した。また，有効求人倍率についても2008年以降，大幅に低下しており，派遣・非正規労働者の雇止めなど雇用調整の動きも急速に広がりつつある（玄田 2010）。自殺の恒常性・若年化の背後には若年層の失業の問題があると言えるのかもしれない。

◆ **失業と自殺**

　こうした事態を受けて，日本においても，雇用や失業の決定要因に関する経済学における理論的・実証的研究は大きな深化を見せた（玄田 2004；今井ほか 2007; Esteban-Pretel, Nakajima & Tanaka. 2009; Genda, Kondo & Ohta. 2010）。こうした研究は，日本における失業率や若年無業者の増加，派遣・非正規雇用化の進行，自営業・中小企業の減少など，1990年代に急激に変化した日本の労働市場の構造を実証的に明らかにしようとする重要なものである。とはいえ，失業そのものが個人・世帯・社会に及ぼすさまざまなコスト自体についての実証研究は，日本における個票データ不足の問題もあり，必ずしも深まったとは言えない。仮に失業したとしても，失業保険などの公的セーフティーネット，あるいは個人・世帯・組織からの失業に対する支援などさまざまな私的セーフティーネットが十分に機能していれば，個人に課される失業のコストは大きくならないであろう。他方，そうした公的・私的セーフティーネットが不十分にしか機能していなければ失業のコストは個人に集中し，個人のリスク負担能力を超えてしまうであろう。そのような個人への失業コストの集中は，自殺という悲劇的な結末をもたらしうる。

　前述の通り，Hamermesh & Soss（1974）によれば，失業率が高くなると所得リスクの上昇や生涯所得の低下を通じて自殺が増加することが予想される。また，失業は精神的・肉体的疾病のリスクも上昇させ，複合された深刻な自殺の危険因子になりうる。既存の実証研究の多くにおいても，失業率と自殺率との相関関係が発見されている（Chen *et al.* 2011, 2012a；澤田・菅野 2009）。とくに図

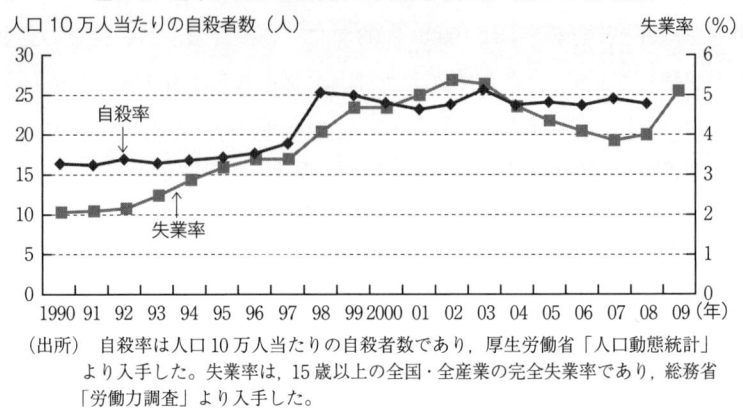

図 2-5 日本における自殺率と失業率の推移（図 1-8 を再掲）

（出所）自殺率は人口10万人当たりの自殺者数であり、厚生労働省「人口動態統計」より入手した。失業率は、15歳以上の全国・全産業の完全失業率であり、総務省「労働力調査」より入手した。

2-5 から見てとれるように、日本では、失業率と自殺率との間に強い相関関係がある。さらに、Chen, Choi & Sawada (2009) では、失業率と自殺の相関関係が日本においては、他の OECD 諸国に比べて大きいことが発見されている。また、Kuroki (2010) は、1983～2007 年の市区町村データを用い、失業率と自殺率の関係を分析している。この分析によれば、男性の就業年齢層（35～64歳）では、失業率の変化に対する自殺率の反応度が強く、失業と自殺との間に強い関係がある。つまり、図 2-5 に見られる自殺率と失業率の相関関係は、とくに働き盛りの男性においてより明確に見出される。

実際、失業者の自殺率は有職者に比べて非常に高い。図 2-6 は 2010 年における 40 代および 50 代男性の職業別自殺率を示したものである。職業別人口は 2010（平成 22）年の国勢調査に基づいている。（　）内は警察庁のデータによる自殺者数を表している。たとえば、40 代男性全体の自殺率は 10 万人当たり 45.13 であるが、無職者（失業者および非労働力人口を含む）の自殺率は約 230、そのうち失業者は約 105 と他の職業に比べて突出している。同様に 50 代男性の場合も、失業者の自殺率は有職者の自殺率の 2 倍以上となっている。このような傾向は最近になって始まったわけではない。1980～2005 年における 30～50代男性の職業別自殺率を 5 年ごとに報告している Wada et al. (2012) によると、失業者の自殺率は約 200 という高い水準を 25 年間にわたって維持している。

3 時系列で見た日本における自殺の傾向

図 2-6　40代・50代男性の職業別自殺率（2010年）

40代男性

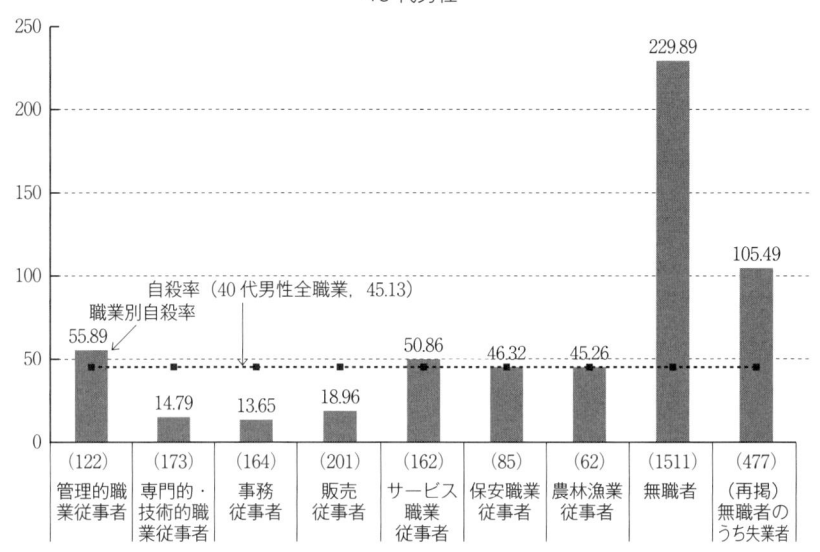

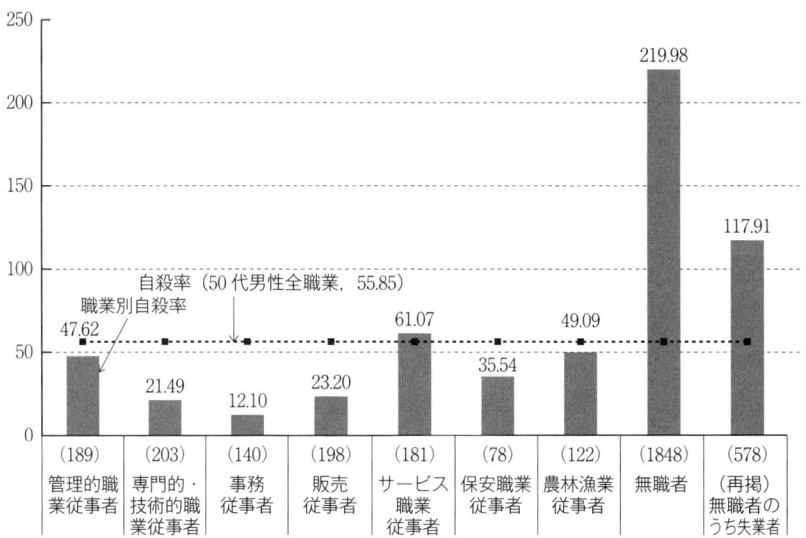

職業	自殺者数	職業別自殺率
管理的職業従事者	(122)	55.89
専門的・技術的職業従事者	(173)	14.79
事務従事者	(164)	13.65
販売従事者	(201)	18.96
サービス職業従事者	(162)	50.86
保安職業従事者	(85)	46.32
農林漁業従事者	(62)	45.26
無職者	(1511)	229.89
（再掲）無職者のうち失業者	(477)	105.49

自殺率（40代男性全職業、45.13）

50代男性

職業	自殺者数	職業別自殺率
管理的職業従事者	(189)	47.62
専門的・技術的職業従事者	(203)	21.49
事務従事者	(140)	12.10
販売従事者	(198)	23.20
サービス職業従事者	(181)	61.07
保安職業従事者	(78)	35.54
農林漁業従事者	(122)	49.09
無職者	(1848)	219.98
（再掲）無職者のうち失業者	(578)	117.91

自殺率（50代男性全職業、55.85）

（注）　（　）内は警察庁のデータによる自殺者数を示す。
（出所）　職業別人口は国勢調査（平成22年）より。

彼らが指摘するように，1995〜2000年に管理職・専門職の自殺率は急増しているものの，失業者の自殺率にははるかに及ばない水準であり，失業者が自殺のハイリスク・グループであることは明らかである[7]。

◆因果関係の識別

以上，相関関係を中心に議論してきたが，金融危機・失業が自殺を生み出しているという因果関係に迫るため，次に都道府県別のパネルデータを用い，自殺率と失業率・倒産との関係を回帰分析によって明らかにすることにしよう。ここでは，四半期のパネルデータと年次パネルデータの2種類のデータを用いた研究を紹介する。

まずChen et al. (2012b) は，日本の1997〜2005年における県別年次パネルデータを用い，自殺率を被説明変数，企業倒産率・個人自己破産率・失業率を説明変数とした線形重回帰分析を行っている。しかしながら，これらの説明変数は回帰式の誤差項と相関する可能性が高く，回帰分析を行う際に内生性のバイアスと呼ばれる問題を生み出しうる。そのため，金融機関の貸出DI・企業の資金繰りDIに関する変数群を，倒産率・破産率・失業率を説明する変数（操作変数と呼ばれる）として用い，さらに県の個別要因を制御するための固定効果と呼ばれる項を含めた推定を行っている。

ホリオカほか (2007) の研究展望やWoo (2003)，Sawada et al. (2011) の分析結果によると，1990年代末における日本の信用逼迫は資金供給側の要因で起こっていると見られる。これが正しければ，個人の自殺率を被説明変数とした回帰式の誤差項と，金融機関の供給側の要因で変化している金融機関の貸出態度DI・企業の資金繰りDIは相関しないと考えられるため，DIを倒産率・失業率の操作変数として用いることは妥当であろう。

---

7 Wada, et al. (2012) が指摘する管理職・専門職の自殺の急増について，太田 (2012) は背後に2つの要因があることを指摘している。第1に，不況による業績悪化や企業の資金繰り悪化が経営責任を負う役員に対して大きな負担となり，自殺リスクを高めた可能性があること。第2に，若年層失業の裏側で，企業の人材削減が管理職にとっての部下の減少・業務負担増につながる一方，派遣・契約社員の増加が管理職の業務に大きな変化をもたらしたことがストレスにつながっている可能性である。

こうした操作変数法を用いた分析結果から，Chen *et al.* (2012b) は全般的に失業率と個人自己破産率が男性の自殺率の上昇につながっているということを見出している。とりわけ40〜59歳の中高年における自己破産が与える自殺への影響は大きく，金融危機時に中高年の自営業主が貸し渋りに直面し，破産に追い込まれたことが自殺を生み出したという因果関係を支持する結果となっている。

　次に，章末の補論2（63頁）に詳述されているように，1998年第1四半期（Q1）から1999年第4四半期（Q4）までの2年間の四半期データを用いた分析により，Chen *et al.* (2012b) は，1997〜98年にかけての自殺率の「急増」がどのような要因で生み出されているかを分析している。分析結果によれば，おおむね，失業率の急増と貸し渋り・倒産増加と強い関連を持ちながら自殺の増加が生じたことが示唆される（詳しくは，補論2の表2-4〔64頁〕参照）。

4　おわりに

　日本の自殺率はOECD諸国のなかでも最も高い水準にあり，その特徴は1997〜98年の「急増」，98年から14年間にわたり年間の自殺者数が3万人を超え，なお高水準であるという「恒常性」，自殺者の「若年化」という3つの特徴がある。本章で既存研究を紹介したように，とくに日本における自殺の背後には，自営業の資金繰り問題，失業や生活困窮などの経済的要因があると考えられる。他方，日本では自殺は主にうつ病などの精神疾患によって引き起こされる問題であると考えられてきたが，精神疾患をもたらす社会的な背景まで踏み込んだ原因が注目されることはあまりなかった。仮に自殺の背後には自殺者が追い込まれる社会経済的背景・構造的問題が潜んでいるとすれば，そうした背景・構造を明らかにしなければ有効な自殺対策を立てることは難しいだろう。本章で述べたように，国際比較データ・日本の県別データを用いた統計解析の結果から，日本の自殺が社会経済的な要因と連動していることが示されている。

　本章の議論をふまえると，自殺対策として，うつ病等への対策を実施すると同時に，経済問題に対処するための経営相談，法律相談や失業対策を連動して

行っていくことが不可欠と考えられる。たとえば，失業して住む家も追われ，多重債務に陥ってうつ病を発症してしまったとすれば，精神科でうつ病の治療をしつつ法律の専門家のもとで債務の法的整理を行い，さらにはハローワークで雇用促進住宅への入居手続きをしながら求職活動もしなければならない。失業状態で住居を失った人が，自力でこうした複数の課題に取り組むことを期待するのは非現実的と言わざるをえない。これらの窓口を統合し，たとえばハローワークに心の相談窓口，法律の無料相談窓口を開設し，包括的な取組によって，失業者の自殺を防止することが不可欠であろう。

このような観点からすると，失業者への対策として実施された「ワンストップ・サービス」は注目に値する。この「ワンストップ・サービス」とは，職探しとともに，住宅や生活保護の申請，融資の申し込み，心の相談などの生活支援の相談・手続きがハローワークの1つの窓口で一括して対応できるよう目指したものである。こうした包括的な対策を実施するためには，自殺ハイリスク・グループが抱える諸問題についての正しい理解をもとに，国や福祉行政担当の各地方自治体職員のみならず，NPOなど民間団体の連携協力が欠かせない。

今後も引き続きこうした連携を促進し，自殺の背後にある社会経済問題に対して有効な手立てを実施していくことが自殺対策の課題であろう。これら自殺対策のより現実的な課題については，第6章で議論していく。

補論1　メタ回帰分析

既存研究の頑健性を検証するため，Chen *et al.*（2012a）は Stanley *et al.*（2008）のメタ回帰分析（meta regression analysis）の考え方に基づき，以下の式を推定した。

$$t_j = \beta_0 + \beta \frac{1}{se_j} + \sum_{k=1}^{K} \frac{\alpha_k z_{jk}}{se_j} + v_j \tag{1}$$

この式では注目する変数 j（メタ被説明変数）の各既存研究で報告されている t

値を，定数項，メタ被説明変数の係数 β に関わる標準偏差の逆数 $1/se_j$ と，各既存研究の手法 k についてのダミー変数 z_{jk} をメタ被説明変数の標準偏差で除したもの $\alpha_k z_{jk}/se_j$ の和を説明変数として加えた。ここで，定数項 β_0 の有意性は手法によらず，全体として共通に見られる統計的有意性の傾向，つまり「統計的有意性の偏り」であり，出版バイアスを示すものである。他方，β の値は，注目するメタ被説明変数の「真」の効果を表す。他の説明変数に関わる係数 α_k は特定の手法が生み出す特定の「統計的有意性の偏り」を示すものである。

この研究では，注目する変数として，自殺について研究されてきた多くの要因のなかから，一般的に用いられる以下のような社会経済的要因を表す変数を選択している。つまり，所得，所得不平等度，失業率，女性の労働参加率，離婚率，アルコール飲料の消費という変数である。そのうえで，24 本の既存の論文から 189 個の回帰結果データを得て，それらに基づいたさらなる回帰分析を行っている。

分析結果によれば，第 1 に，所得変数の係数については，正の影響が示されている結果と有意でない結果が混在していることがわかった。さらに，自殺に対する所得の負の影響がより大きくなるような大きな出版バイアスの存在が明らかとなっている。第 2 に，所得不平等度が自殺率に及ぼす影響はおおむね正の係数であることがわかった。第 3 に，ほとんどの定式化において自殺に対する失業の影響は有意に負である一方，そうした結果には強い出版バイアスが発見された。第 4 に，女性の労働参加率の変数の真の相関係数に関しては，すべての定式化において自殺に対する正の影響を発見しているが，統計的な有意性は限定的であり，出版バイアスも見出されている。第 5 に，離婚が自殺を増加させることがおおむね発見されているが，本文中で触れたように強い出版バイアスも見出されている。最後に，自殺率に対するアルコール消費の影響については頑健な結果が見出されていない。

補論 2　四半期の県別パネルデータを用いた Chen *et al.*（2012b）の分析

まず，四半期データは，1998 年第 1 四半期（Q1）〜99 年第 4 四半期（Q4）の 2

表 2-4 県別パネルデー
(被説明変数:人口

	(1)	(2)	(3)
データ	四半期	四半期	四半期
推定方法	OLS	県 FE	IV-県 FE
完全失業率 (%)	0.00106***	0.00424***	−0.00093
	(0.00035)	(0.00106)	(0.00180)
倒産件数#			0.00075***
			(0.00013)
定数項	0.02326***	0.01273***	−0.01759**
	(0.00182)	(0.00362)	(0.00810)
N	376	376	301
R^2	0.04	0.08	
データ内の県の数		47	39

(注) ( ) 内は,頑健な標準誤差である。*, **, *** はそれぞれ
   データを用いた分析では,四半期ダミーを加えて推定を行
   (4) 列では金融機関の貸出態度 DI, (7), (8) 列では,資金
   し,用いた。
(出所) Chen et al. (2012b).

年間のデータであり,被説明変数には,警察庁のデータに基づいた各都道府県別の人口 1000 人当たりの男性自殺者数を用いる。説明変数には,都道府県別完全失業率を「労働力調査参考資料」から得た。さらに,月別の都道府県別倒産件数を中小企業基盤整備機構のデータから入手した。倒産変数が回帰分析の誤差項と相関することによる内生性のバイアスを軽減するため,倒産変数の操作変数として,日本銀行の短観データである,金融機関の貸出態度 DI と資金繰り DI を用いた(いずれも支店別データ)。これらの DI は,金融当局の金融機関自己資本規制などの制度変化による融資供給側の要因によって大きく変化するため,自殺率そのものとの直接の相関は弱いと考えられ,操作変数の候補となりうる。さらに,過小定式化のバイアスを軽減するため,都道府県別の固定効果を含めた推定結果も示している。

分析結果は表 2-4 の (1)〜(4) 列にまとめられている。倒産件数を入れないモデルでは,完全失業率は自殺率と強い正の相関関係を持っている。一方,倒産件数を入れると,倒産件数自体は自殺率と強い正の関係を持つことがわかるが,完全失業率と自殺率との関連は消滅する。このことは,1997〜98 年の自殺率の「急増」が,失業率の急増と貸し渋り・倒産増加と強い関連を持ちながら

タを用いた自殺率の回帰分析
1000 人当たり男性自殺者数)

	(4)	(5)	(6)	(7)	(8)
	四半期	年次	年次	年次	年次
	IV-県 FE	OLS	県 FE	IV-県 FE	IV-県 FE
	−0.00131	0.01927***	0.04828***	0.03531***	0.03727***
	(0.00191)	(0.00378)	(0.00329)	(0.00463)	(0.00398)
	0.00081***			0.0002	−0.0001
	(0.00015)			(0.00013)	(0.00008)
	−0.02043**	0.33424***	0.21063***	0.22414***	0.29694***
	(0.00879)	(0.01612)	(0.01418)	(0.03757)	(0.02687)
	301	423	423	343	343
		0.06	0.36		
	39		47	42	42

10%, 5%, 1% 水準で統計的に有意であることを示している。四半期
っている。#は内生変数を示しており、用いられた操作変数は、(3),
繰り DI を用いている。いずれの DI も日本銀行の支店別の情報を収集

複合的に起こったことを示唆している。

◆ 参考文献

今井亮一・工藤教孝・佐々木勝・清水崇（2007）『サーチ理論――分権的取引の経済学』東京大学出版会.

太田聰一（2012）「なぜ管理職の自殺が増えているのか」『週刊エコノミスト』6月19日号, 50-51頁.

小原美紀（2007）「夫の離職と妻の労働供給」林文夫編『経済停滞の原因と制度』勁草書房, 325-340頁.

京都大学（2006）『自殺の経済社会的要因に関する調査研究報告書』平成17年度内閣府経済社会総合研究所委託調査, 平成18年3月.

玄田有史（2004）『ジョブ・クリエイション』日本経済新聞社.

玄田有史（2010）「2009年の失業――過去の不況と比べた特徴」『日本労働研究雑誌』第598号, 4-17頁.

澤田康幸・菅野早紀（2009）「経済問題・金融危機と自殺の関係について」『精神科』第15巻第4号, 352-356頁.

澤田康幸・崔允禎・菅野早紀（2010）「不況・失業と自殺の関係についての一考察」『日本労働研究雑誌』第598号, 58-66頁.

自殺実態解析プロジェクトチーム（2008）『自殺実態白書2008（第2版）』.
  (http://www.lifelink.or.jp/hp/whitepaper.html)

総務省行政評価局（2012）「自殺予防対策に関する行政評価・監視結果報告書（平成24年6月）」。
内閣府（2011）『平成23年版 自殺対策白書』。
ホリオカ，チャールズ・ユウジ＝伊藤隆敏＝岩本康志＝大竹文雄＝塩路悦朗＝林文夫（2007）「パネル・ディスカッション マクロ経済学は『失われた10年』から何を学んだか」市村英彦・伊藤秀史・小川一夫・二神孝一編『現代経済学の潮流2007』東洋経済新報社。
Barnes, C. B. (1975) "The Partial Effect of Income on Suicide is Always Negative," *American Journal of Sociology*, 80 (6): 1454-1460.
Barr, B., Taylor-Robinson, D., Scott-Samuel, A., McKee, M. & Stuckler, D. (2012) "Suicides Associated with the 2008-10 Economic Recession in England: Time Trend Analysis," *BMJ (British Medical Journal)*, 345: e5142.
(http://www.bmj.com/content/345/bmj.e5142)
Burr, J. A., McCall, P. L. & Powell-Griner, E. (1994) "Catholic Religion and Suicide: the Mediating Effect of Divorce," *Social Science Quarterly*, 75 (2): 300-318.
Chen, J., Choi, Y. J. & Sawada, Y. (2008) "Suicide and Life Insurance," CIRJE Discussion Paper F-558.
(http://www.cirje.e.u-tokyo.ac.jp/research/dp/2008/2008cf558.pdf)
Chen, J., Choi, Y. J. & Sawada, Y. (2009) "How is Suicide Different in Japan?" *Japan and the World Economy*, 21 (2): 140-150.
Chen, J., Choi, Y. J. & Sawada, Y. (2010) "Joint Liability Borrowing and Suicide," *Economics Letters*, 109 (2), 69-71.
Chen, J., Choi, Y. J., Mori, K. Sawada, Y. & Sugano, S. (2009) "Those Who Are Left Behind: An Estimate of the Number of Family Members of Suicide Victims in Japan," *Social Indicators Research*, 94 (3), 535-544.
Chen, J., Choi, Y. J., Mori, K., Sugano, S. & Sawada, Y. (2011) "An Analysis of Suicides in Japan, 1997-2007: Changes in Incidence, Persistence, and Age Profiles," mimeo.
Chen, J., Choi, Y. J., Mori, K., Sawada, Y. & Sugano, S. (2012a) "Socio-Economic Studies on Suicide: A Survey," *Journal of Economic Surveys*, 26 (2): 271-306.
Chen, J., Choi, Y. C., Mori, K., Sawada, Y. & Sugano, S. (2012b) "Recession, Unemployment, and Suicide in Japan," *Japan Labor Review*, 9 (2): 75-92.
Chew, K. S. Y. & McCleary, R. (1995) "The Spring Peak in Suicides: a Cross-National Analysis," *Social Science and Medicine*, 40 (2): 223-230.
Chuang, H.-L. & Huang, W.-C. (2003) "Suicide and Unemployment: Is There a Connection?: An Empirical Analysis of Suicide Rates in Taiwan," National Tsing Hua University, Department of Economics, NTHU Working Paper Series 0217E.
Cutler, D. M., Glaeser, E. L. & Norberg, K. E. (2001) "Explaining the Rise in Youth Suicide," in J. Gruber (eds), *Risky Behavior among Youths: An Economic Analysis*, Chapter 5, University of Chicago Press.
Daly, M. C. & Wilson, D. J. (2006) "Keeping up with the Joneses and Staying ahead of the Smiths: Evidence from Suicide Data," Federal Reserve Bank of San Francisco Working Paper 2006-12.
Esteban-Pretel, J., Nakajima, R. & Tanaka, R. (2009) "Are Contingent Jobs Dead Ends or Stepping Stones to Regular Jobs? Evidence from a Structural Estimation," RIETI Discussion Paper 09-E-002.

Faupel, C. E., Kowalski, G. S. & Starr, P. D. (1987) "Sociology's One Law: Religion and Suicide in the Urban Context," *Journal for the Scientific Study of Religion*, 26 (4): 523-534.

Fischer, J. & Rodriguez-Andres, A. (2008) "Political Institutions and Suicide: a Regional Analysis of Switzerland," Thurgau Institute of Economics and Department of Economics at the University of Konstanz Working Paper No. 33.

Freeman, D. G. (1998) "Determinants of Youth Suicide: The Easterlin-Holinger Cohort Hypothesis Re-examined," *American Journal of Economics and Sociology*, 57 (2): 183-200.

Genda, Y., Kondo, A. & Ohta, S. (2010) "Long-term Effects of a Recession at Labor Market Entry in Japan and the United States," *Journal of Human Resources*, 45 (1): 157-196.

Hamermesh, D. S. & Soss, N. M. (1974) "An Economic Theory of Suicide," *Journal of Political Economy*, 82 (1): 83-98.

Hanigan, I. C., Butler, C. D., Kokic, P. N. & Hutchinson, M. F. (2012) "Suicide and Drought in New South Wales, Australia, 1970-2007," *Proceedings of the National Academy of Sciences of the United States of America*, 109 (35): 13950-13955.

Helliwell, J. H. (2007) "Well-being and Social Capital: Does Suicide Pose a Puzzle?" *Social Indicators Research*, 81 (3): 455-496.

Huang, W.-C. (1996) "Religion, Culture, Economic and Sociological Correlates of Suicide Rates: A Cross-National Analysis," *Applied Economics Letters*, 3 (12): 779-782.

Kimenyi, M. S. & Shughart, W. F. (1986) "Economics of Suicide: Rational or Irrational Choice," *Atlantic Economic Journal*, 14 (1): 120-121.

Klick, J. & Markowitz, S. (2006) "Are Mental Health Insurance Mandates Effective? Evidence from Suicides," *Health Economics*, 15 (1): 83-97.

Klonner, S. & Lindes, S. (2012) "Sources of Agrarian Distress and Farmers' Suicides in Southern India: An Econometric Investigation," mimeo.

Kuroki, M. (2010) "Suicide and Unemployment in Japan: Evidence from Municipal Level Suicide Rates and Age-Specific Suicide Rates," *Journal of Socio-Economics*, 39 (6): 683-691.

Leigh, A. & Jencks, C. (2007) "Inequality and Mortality: Long-run Evidence from a Panel of Countries," *Journal of Health Economics*, 26 (1): 1-24.

Lester, D. (1995) "Explaining Regional Differences in Suicide Rates," *Social Sciences and Medicine*, 40 (5): 719-721.

Mäkinen, I. (1997) "Are There Social Correlates to Suicide?" *Social Science and Medicine*, 44 (12): 1919-1929.

Mathur, V. K. & Freeman, D. G. (2002) "A Theoretical Model of Adolescent Suicide and Some Evidence from US Data," *Health Economics*, 11 (3): 695-708.

Minoiu, C. & Rodriguez, A. (2008) "The Effect of Public Spending on Suicide: Evidence from U. S. State Data." *Journal of Socio-Economics*, 37 (1): 237-261.

OECD (2011) *OECD Factbook 2011-2012: Economic, Environmental and Social Statistics.*

Reeves A., Stuckler D., McKee M., Gunnell D., Chang S. S. & Basu S. (2012) "Increase in State Suicide Rates in the USA During Economic Recession," *Lancet*, 380 (9856): 1813-1814.

Rodríguez, A. (2006) "Inequality and Suicide Mortality: A Cross-Country Study," Institute for Advanced Development Studies, Development Research Working Paper Series 13.

Sawada, Y., Nawata, K., Ii, M. & Lee, M. J. (2011) "Did the Financial Crisis in Japan Affect Household Welfare Seriously?" *Journal of Money, Credit, and Banking*, 43 (2-3), 297-324.

Simpson, M. E. & Conklin, G. H. (1989) "Socioeconomic Development, Suicide and Religion: A Test of Durkheim's Theory of Religion and Suicide," *Social Forces*, 67 (4): 945-964.

Stanley, T. D., Doucouliagos, C. & Jarrell, S. B. (2008) "Meta-Regression Analysis as the Socio-Economics of Economics Research," *Journal of Socio-Economics*, 37 (1): 276-292.

Wada, K., Kondo, N., Gilmour, S., Ichida, Y. Fujino, Y., Satoh, T. & Shibuya, K. (2012) "Trends in Cause Specific Mortality across Occupations in Japanese Men of Working Age during Period of Economic Stagnation, 1980-2005: Retrospective Cohort Study," *BMJ (British Medical Journal)*, 344: e1191.
(http://www.bmj.com/content/344/bmj.e1191)

Watanabe, R., Fukukawa, M., Nakamura, R. & Ogura, Y. (2006) "Analysis of the Socioeconomic Difficulties Affecting the Suicide Rate in Japan," KIER Discussion Paper, No. 626.

Whitman, D. G. (2002) "A Search Theory of Suicide," mimeo, Department of Economics, California State University at Northridge.

Woo, D. (2003) "In Search of "Capital Crunch": Supply Factors behind the Credit Slowdown in Japan," *Journal of Money, Credit and Banking*, 35 (6): 1019-1038.

第3章

自然災害と自殺
日本の都道府県データによる分析

◆ はじめに

前章では，不況や金融危機などによって引き起こされる経済的困窮が自殺の動向に大きな影響を与えうることが明らかになった。経済危機は国内外の人間の経済活動や政府の経済政策の失敗，国際的な経済環境の激変を主な原因とすることから，「人的災害（manmade disaster）」と呼ぶことができる（澤田 2010）。それでは，人間の統制が及ばない地震や洪水など「自然災害」の発生は自殺率にどのような影響を与えるのだろうか[1]。

自然災害の発生が心的ストレスを生み出し，自殺リスクを高めることは従来から指摘されてきた（宮地 2011）。実際，2011 年に発生した東日本大震災後に，被災者や被災者の支援に従事する人々の間で自殺者数が急増するのではないかという懸念から，政府は特段の対策を講じてきた（総務省行政評価局 2012）。しかし一方で，「自然災害の発生後に自殺率が増加する」という仮説に対して，学術的な先行研究では一致した検証結果が得られておらず，自然災害と自殺率の関係について明確な結論は出ていない。したがって，自然災害が自殺率に与える影響を正しく理解することは，災害発生後の被災者支援を考えるうえで非常

---

[1] 一般に，災害は「地域の力だけでは解決できず，国や国際社会からの支援が必要となるような，重大な損害・破壊・人的被害をもたらす，予見不可能な出来事」と定義づけられる（Guha-Sapir *et al.* 2012）。災害はさらに「自然災害」「技術的災害」「人的災害」の3つのカテゴリーに分類することができる。「人的災害」は主に経済危機と暴力（テロ，戦争など）から構成される。

に大きな意味を持つ研究課題である。

そこで，本章では1982～2010年に日本で発生した台風，洪水，地震などさまざまな自然災害のデータを用いて，自然災害の発生と自殺率の関係を分析する。分析は都道府県を単位とし，自然災害の被害が大きかった都道府県において災害の発生後に自殺率が増加する傾向があったかどうかを検証する。結論を先取りして言えば，筆者らの分析結果は，自然災害がこれまで考えられていたよりも複雑な影響を自殺率に与える可能性があることを示している。災害の被害規模を死者数で測定した場合，死者数が大きくなるほど災害発生の翌年や翌々年に自殺率が上昇するという結果が得られた。他方，災害の被害規模を罹災者数で把握した場合，罹災者数が大きくなるほど災害発生の翌年や翌々年に被災地域で自殺率は減少する。とくに，死者数や罹災者数は65歳未満男性の自殺率に対してのみ影響を与えるという分析結果が得られた。

これらの結果から，災害の被害をどのように測定するかにより，自然災害が被災地域の自殺に与える影響についての結論がまったく異なることがわかる。また阪神・淡路大震災の影響を除くために兵庫県を分析から除外した場合，死者数の増加が自殺率を上昇させるという傾向が観察されなくなる一方，罹災者数の増加が被災地域の自殺率を減少させるという結果は保持される。つまり大規模な災害を除けば，自然災害は発生後に地域の自殺率を低下させるという結果が得られている。この説明として，災害発生後に被災地域の社会的つながりが強まり，それが自殺率の低下につながっているという可能性があることをデータに基づいて示す。

筆者らの分析は，死者数の多い大規模災害では自然災害発生直後だけではなく長期的な自殺予防対策が必要であること，男女や年齢別の対策が不可欠であること，そして災害が被害者の心身に与える負の効果を和らげるために，被災地域での住民同士の社会的つながりをサポートすべきことを示している。

1 自然災害とその影響

2011年3月11日午後2時46分，未曾有の大災害が日本の東北地方を襲った。

地震による建物の倒壊や火災，さらに津波などが原因で合計 1 万 8493 人が死亡し，また 2683 人が行方不明となった（消防庁災害対策本部発表，2013 年 3 月 11 日時点）[2]。震災は人命を奪い去るだけでなく，残された人々の生活にも多大な影響を与える。住宅被害は全壊・半壊が約 40 万戸にのぼり，交通網の寸断，田畑，港湾，産業施設の損壊，さらには私有財産の流失や国内外のサプライチェーンへの悪影響など大きな爪あとを残した。

歴史を振り返ると，甚大な人的・物理的被害の原因となる大規模な自然災害はこれまで幾度も国内外で発生してきた。日本の場合，被害規模の大きかった地震として 1923 年の関東大震災をはじめ，近年では 1993 年の北海道南西沖地震，1995 年の阪神・淡路大震災，2004 年の新潟県中越地震および 2007 年の新潟県中越沖地震が挙げられる。もちろん自然災害は地震だけに限定されるわけではなく，火山の噴火，台風や集中豪雨による水害などさまざまな種類の災害が毎年のように発生している。また海外の場合，2004 年のインド洋津波，2005 年におけるアメリカのハリケーン・カトリーナ，そして 2008 年の中国の四川大地震とミャンマーにおけるサイクロン被害，2010 年のハイチ大地震などが記憶に新しい。東日本大震災と同様に，これらの自然災害は多数の死者を生み，また残された人々の生活に大きな影響を与えた。

このような大規模な自然災害は災害発生地域の住民に人的・物理的被害をもたらすだけでなく，心の健康状態に直接あるいは間接的に悪影響を及ぼす可能性がある。災害がもたらした恐怖，家族や友人の喪失，そして生活環境の激変は大きな精神的苦痛を伴うものと考えられる。Norris *et al.* (2002) および Norris (2005) による既存研究の整理によると，災害の後には被災者はなんらかの身体的・精神的苦痛を訴えることがほとんどであるが，なかでも PTSD（心的外傷後ストレス障害）およびうつ病が最も多く被災者の間に観察され，災害の被害が大きければ大きいほど心の健康状態が悪化する傾向がある。また，被災者は被災していない人に比べて身体の不調を訴えたり，睡眠障害に悩む頻度が高い。さらに，宮地 (2011) は災害の影響が被災者だけでなく，被災者の支援や復旧活

---

2 警察庁緊急災害警備本部の広報資料（2013 年 3 月 11 日発表）によると死者数 1 万 5882 人，行方不明者数 2668 人となっている。消防庁発表と警察庁発表の死者数および行方不明者数の差異は資料収集方法の違いが原因であると考えられる（牛山・横幕 2011）。

動に従事する人々，さらに災害の影響を直接には受けていない地域の人々の精神状態にまで及ぶ可能性も指摘している。

　災害が心の健康に及ぼす影響は時間が経つにつれて減少するとされているが，影響が長期間にわたって継続することを示唆する研究結果もある。たとえば，2005年のハリケーン・カトリーナの影響を調べた Kessler et al. (2008) は，精神疾患，PTSDや自殺願望などを抱える被災地の住民の割合が災害発生から1年を経ても減少するどころか上昇していることを示している。日本の場合でも，阪神・淡路大震災から7年が経過した時点においても被災した高齢者や児童の多くにPTSDが見られたという報告がある（総務省行政評価局 2012）。

　また，自然災害が被災者の心の健康状態に与える間接的な影響も無視できない。大規模な自然災害は被災地域の経済基盤にも甚大な被害を及ぼすため，中長期的な経済的活動の停滞が被災者の経済的困窮を深刻化させ，結果として精神的ストレスに追い打ちをかける可能性がある。水産庁の調べによると，2011年の東日本大震災の津波で2万8612の漁船および319の漁港が被害を受け，被害額は1兆2637億円に達している（水産庁 2012）。とくに岩手県，宮城県，福島県では沿岸の漁港や養殖施設が壊滅的な打撃を受けており，復旧・復興の速度は遅い。津波被害を受けた農業の場合，震災1年後の営農再開状況は岩手県で19％，宮城県で45％，福島県で17％にとどまっており，しかも福島県を除き津波で耕地が使用できなくなったケースがほとんどであった（農林水産省 2012）。震災の影響の範囲は被災地の第一次産業にとどまらず，東日本大震災後1年間に震災の影響で倒産した企業（負債額1000万円以上）は全国各地で645社にのぼり，阪神・淡路大震災後に比べて約3.3倍の水準となっている（『読売新聞』2012年1月6日付）。

　そうした状況で災害後に失職する人も多い。たとえば，東日本大震災から1年近く経った2012年2月時点においても岩手県，宮城県，福島県で失業手当を受けている男性は震災前の同月比で1.7倍，女性は2.3倍にものぼっている（厚生労働省 2012）。さらに，2012年8月時点において，失業手当の給付期間が切れた人の6割以上が就職できていないという（『朝日新聞』2012年9月1日付）。基幹産業が大きな被害を受け，職場や職を失うことのストレスは少なくないと考えられる。厚生労働省の調査によると，東日本大震災の被災住民の間で睡眠障

害を訴える人は全国平均を上回る約4割にものぼっているが，失業した人々や経済状況が苦しい人々の間ではその割合がさらに高いことが明らかになっている（林 2012）。

　自然災害の発生を直接的あるいは間接的な原因とするこのような精神的負担が，災害を生き延びた人々の自殺を引き起こすという可能性も最悪のケースとして考えられる[3]。1995年の阪神・淡路大震災の被災者の自殺者数についての公式な統計は存在しないが，少なくとも兵庫県の被災者向けの仮設住宅あるいは災害復興公営住宅の入居者の独居死（つまり1人暮らしで誰にもみとられずに亡くなった人）のうち，2012年までに計93名が自殺によって亡くなっている（『読売新聞』の1996～2012年各年の記事より筆者ら計算）。この数字には公営の仮設住宅あるいは復興住宅で1人暮らしをしている自殺者しか含まれていないことから，公営仮設住宅に住んでいない自殺者，あるいは同居者がいる自殺者を含めると，震災関連の自殺者数はより多いと考えられる。2011年の東日本大震災に関連した自殺については，2011年6月分から警察庁によって実態把握がなされており，2012年7月までに計67名（うち男性55名）が東日本大震災に直接の影響を受けて自殺したと認定されている（内閣府自殺対策推進室 2012）。ただし，実態把握が震災発生から数カ月経った2011年6月から開始されたこともあり，東日本大震災を契機とした自殺件数のすべてがこの数字に含まれていない可能性もある[4]。

2　自然災害と自殺率の関係

　では，自然災害は自殺率を上昇させるというエビデンスは存在するのだろう

---

[3] 第2章でも見たように，一般に失業率と自殺率の間には強い相関関係が見られる（澤田・崔・菅野 2010）。
[4] 2011年4月から6月にかけて全国の自殺者数は前年の同時期に比べて急増しており，内閣府はこの理由について，東日本大震災後に景気が悪化し，全国的に不安が高まったことによるのではないかという見解を発表している（内閣府 2012）。

か。両者の関係についてはこれまでに数多くの研究がなされているが，災害後に自殺率は上昇するという研究結果がある一方，減少するという結果を示しているものもあり，研究者の間で合意ができているとは言えない。たとえば，1999年に台湾中部で発生した地震の影響を調べたいくつかの研究は，地震発生後に自殺率が増加したことを明らかにしている。Chou et al. (2003) の研究は，地震の被災者は非被災者に比べて自殺をするリスクが 1.46 倍高いということを示している。彼らの研究は地震発生前後の同じ地域の自殺率を比較することにより，自殺率に影響を与える可能性のある要因（たとえば地域の社会経済的属性）の影響を統制し，被災による影響そのものを確認している[5]。同様に Yang et al. (2005) は地震発生前後の月次自殺率を比較して，地震により大きな影響を受けた地域では自殺率が 42% 増加した一方で，地震による被害がなかった地域では自殺率に大きな変化がなかったことを報告している。地震発生後の自殺の増加は，災害による心理的ストレスの影響によると考えられている。また，第2章でも紹介したオーストラリアの事例を対象とした Hanigan et al. (2012) の研究は，干ばつが深刻になると農村地区に居住する 30 歳から 49 歳の男性の自殺率が上昇することを示している。この背後には，干ばつという自然災害の発生による農業従事者の経済的困窮があると考えられる。

　一方で，自然災害は自殺率の低下に結びつくとする研究もある。とくに，日本における地震の自殺率への影響を調べた複数の論文は地震発生後に自殺率が低下したという研究結果を報告している。1995年の阪神・淡路大震災の影響について調べた Nishio et al. (2009) と Shioiri et al. (1999) によると，地震の発生後に神戸市では自殺率は低下したという。Nishio et al. (2009) によると，1995～96 年の神戸市の自殺率は 1946～99 年の期間中で最も低く，とくに 40～59 歳の男性の自殺率が低下していた[6]。同様に，2004 年の新潟中越地震前後の自殺率を分析した Hyodo et al. (2010) によると，中越地震の被災 12 自治体では震災後に男性の自殺率が低下していた。被災していない県内の他の地域における男性の自殺率も下がっていたものの，減り方は被災地のほうが大きかった。女性の自

5　さらに地震の影響を受けていない地域を対照群として分析に含めている。

殺率も地震発生後3年間に全体的に低下する傾向にあったが，県内の非被災地に比べて，逆に被災地のほうが自殺率の減り方が少なかった。この結果を受けて，Hyodoらは女性のほうが震災の影響を受けやすいと結論づけている。

　海外の災害を扱った研究に目を向けると，アメリカのロサンゼルス郡のデータを用いたShoaf et al. (2004)の研究は，1994年のノースリッジ地震発生後3年間にわたり同郡で自殺率が低下したことを示している。ただし，この研究は1つの地域だけを分析しており，比較対象（対照群）がないため，彼ら自身も認めているように，自殺率の低下という結果が同地域における長期的な自殺率の低下傾向を反映している可能性を排除できない。ノースリッジ地震は被害が比較的小さかったこと，またこの地震発生後に市民の心の健康状態を調べた研究のほとんどが地震の影響を認めていない（Norris et al. 2002）ことをあわせて考えると，少なくとも研究対象の地震が自殺率へ及ぼした影響は小さかったと考えられる。

　これらの研究とは対照的に，自然災害は自殺率にはまったく影響を与えないと結論する研究もある。アメリカの大規模自然災害を網羅的に分析した研究（Krug et al. 1999）は，自然災害の発生前後で自殺率に大きな変化はないことを示している。また，自然災害ではないが，人的災害である1995年のオクラホマでのビル爆破テロや2001年のニューヨーク世界貿易センタービルへのテロ攻撃の前後でも自殺率の変化はなかったことが報告されている（Pridemore et al. 2009; Mezuk et al. 2009）。また，2004年にスリランカを襲った津波についても，

6　阪神・淡路大震災の後には多くの人が住んでいる市外や県外に避難したため（たとえば内閣府による「阪神・淡路大震災教訓情報資料集」参照），被災者が神戸市以外の場所で自殺している可能性もあるが，その点についてはこの研究において考察されていない。同様に，震災後の混乱で被災者が住民票を移動せずに市外，あるいは県外に避難していた場合，自殺率の算出に用いる神戸市の人口データが必ずしも正確な人口を反映していない可能性がある。住民基本台帳に記載されている人口よりも実際に住んでいる人口が少なかった場合，自殺率の計算に用いる分母が実際よりも大きいことになり，算出された自殺率は実際の自殺率よりも低くなってしまうことに注意が必要である。また，都道府県と比べて，市町村は人口規模が小さいため，人口データが不完全な場合に自殺率の数値に大きな影響が出やすいことも考慮に入れる必要がある。

自殺率には大きな影響を与えなかったとする研究結果がある (Rodrigo, McQuillin & Pimm 2009)。

このように，先行研究では自然災害が自殺率に与える影響について異なる分析結果が提示されており，これらの関係は再検討を必要とする重要な研究課題であると言える。そこで本章では先行研究とは異なるアプローチを用い，自然災害が自殺に与える影響について新たな知見を提示することを試みる。

3　分析アプローチ

本章の実証分析はこれまでの研究と3つの点で大きく異なっている。まず，先行研究の多くは1つの地域における，1つの自然災害のみを取り上げ，それがどの程度自殺者数や心の健康に影響を与えたかを検証してきた。したがって，Norris et al. (2002) が指摘するように，この分野における研究はケース・スタディの寄せ集めのようなものであり，一般的な影響を見いだすことは困難である。そこで，筆者らの分析ではさまざまな自然災害の影響を一括して検討することにより，自然災害のより一般的な影響を考察する。分析対象は日本の47都道府県で，1982～2010年に発生したすべての台風，洪水，地震などのさまざまな大規模自然災害である。日本は地震，津波，火山噴火，台風，洪水，地滑り，雪崩など多種多様な自然災害による被害を毎年のように受けており，2006 (平成18) 年度の『防災白書』によると，世界全体に占める日本の災害発生割合は非常に高い。たとえば，1996～2005年に世界各地で発生したマグニチュード6以上の地震のうち，20.8％が日本で観察されている。日本の国土面積が世界の0.25％であることを考慮すると，災害発生割合の高さは顕著である。したがって日本は，自然災害と自殺率の関係を包括的に分析するための条件がそろっていると考えられる。

本章の分析がこれまでの研究と異なる2点目は，自然災害の規模の違いを考慮に入れていることである。自然災害はその種類や発生時期などによって被害の規模が大きく異なる。しかし，これまでの研究では災害発生の有無の影響のみを考慮しており，災害の被害の規模が大きいほど自殺率がより大きく変化す

るという可能性を無視している。そこで，筆者らの分析では自然災害の被害の規模を測る指標として災害による死者数と罹災者数を用い，被害を受けた住民数が大きいほど自殺率への影響も大きくなる可能性を検証する。なお，罹災者とは災害により家屋が被害を受け，通常の生活を維持できなくなった世帯の構成員を意味する[7]。災害による死者数と罹災者数はそれぞれ災害の影響の異なる側面を代表する可能性があるので，死者数と罹災者数の効果を同時に推定することを試みる。

　また3点目の違いとして，筆者らの分析では自然災害が人々に与える影響が短期のみならず中長期間に及ぶ可能性を考慮していることが挙げられる。先行研究は自然災害発生直後の自殺率のみに注目しており，自然災害の影響が経時的に変化する可能性や，災害から数年後にもその影響が残るという可能性を無視している。しかし，大災害の場合，その影響はすぐに消滅するものではないと思われる。阪神・淡路大震災の例に戻ると，1995年の震災発生から99年までに仮設住宅で少なくとも20名の独居被災者が自殺しているが，震災から5年以上経った2000～04年においても復興住宅で32名もの被災者が自殺により独居死をしているのである（『読売新聞』より筆者ら計算）。

　本章では，前章でも用いた回帰分析によって自然災害による死者数と罹災者数が自殺率に与える影響を推定する。この手法を用いることによって，災害による死者数や罹災者数が増加するにつれて，自殺率が平均的にどれだけ変化するかを測定することが可能になる。もし自然災害が，その発生直後に自殺率を上昇させるのであれば，災害被害が大きい年にはその県の自殺率は総じて高くなるはずである。逆に，もし自然災害は発生後すぐに自殺率を低下させるならば，災害による被害が大きい年にはその県の自殺率は総じて低くなるはずである。各都道府県内における自然災害の発生前後の自殺率の平均値を比較することにより，自然災害が自殺率に与える因果的効果を推定する[8]。もし多くの都道府県で自然災害発生後に自殺率が上昇したならば，「自然災害発生前に比べ，発生後自殺率が増加する」という正の因果的効果が回帰分析の結果に反映され

---

[7] 定義は災害報告取扱要領に基づく。
[8] 本章の分析が因果関係の推定を行っているかどうかについては章末の補論（96頁）参照。

ると考えられる。逆に多くの都道府県で自然災害発生後に自殺率が減少したならば,「自然災害発生前に比べ,発生後には自殺率が減少する」という負の因果的効果が示されるはずである。

また回帰分析の手法を用いることにより,自然災害が中長期にわたって自殺率に影響を与えるかどうかという可能性を検証することが可能になる。具体的には,本章では自然災害が発生した年だけではなく,その発生から5年間にわたって自然災害による被害が自殺率にどのような影響を与えるのかを調べる。回帰分析のより詳細な手続きについては章末の補論（96頁）を参照されたい。

4 データ

本節では分析に用いるデータを紹介する。筆者らの分析では1982〜2010年の47都道府県において各年に発生した自然災害と,各年ごとに計算された自殺率の時系列データを用いる[9]。1982〜2010年という分析期間は,自殺率および自然災害のデータが入手可能かどうかを基準にして決定した。分析の単位は各年の各都道府県で,データ中の各変数の観察数は1363（47都道府県×29年間）である。

自殺率として,各都道府県の各年における人口10万人当たりの自殺者数を用いる。自然災害の影響が性別や年齢ごとに異なる可能性を考慮するため,総人口の自殺率だけでなく,男女別に65歳未満および65歳以上に限定した自殺率も求めた。性別および年齢別の自殺率を求める際には,分母は当該グループの人口を用いた。人口データは総務省統計局の国勢調査報告に基づく。自殺者数のデータは厚生労働省によって発行されている人口動態統計に基づいている[10]。

図3-1は各都道府県における男性65歳未満自殺率（太い黒の破線）,女性65

---

[9] 本書執筆時点では,災害後のデータが十分には得られていないため,東日本大震災については分析データに含まれていない。

[10] データは総務省の発行する社会・人口統計体系（SSDS）より入手した。

歳未満自殺率（太いグレーの実線），男性65歳以上自殺率（細い黒の破線），そして女性65歳以上自殺率（細いグレーの実線）の1982～2010年の時系列の推移を示している。自殺率は性別や年齢により大きく異なること，また都道府県によって自殺率には大きなばらつきがあることがわかる。多くの都道府県において65歳未満の自殺率よりも65歳以上の自殺率は高い傾向にあり，また女性より男性の自殺率のほうが高い。表3-1は各都道府県の年齢別自殺率の平均値，最小値，および最大値をまとめている。1982～2010年の65歳未満および65歳以上の平均自殺率が最も高いのは秋田県である（65歳未満の平均自殺率は28，65歳以上は62）。次に，各都道府県内の自殺率の最小値と最大値を比べた場合，時系列的にも自殺率に大きなばらつきがあることがわかる。65歳未満の自殺率の場合，平均して約13人（10万人当たり）ほどの差が最小値と最大値の間にある。65歳以上の自殺率の場合，最小値と最大値の差は平均して30にもなる。65歳未満人口および65歳以上人口の自殺率の両方で，宮崎県では最小値と最大値の差がとくに大きい。なおデータ全体の平均値などの記述統計は表3-2に示されている。

　自然災害による被害の程度を測定するために2つの方法を用いる。まず，各年の各都道府県における自然災害死者数を用いる。災害死者数のデータは総務省消防庁の発行する『消防白書』より入手した。各年の『消防白書』には都道府県別に各年に発生した自然災害による死者数や行方不明者数が掲載されている。自然災害として含まれているのは，暴風雨，大雨，洪水，大潮，地震，津波，火山噴火，その他の異常な自然現象である。本章における分析の際には行方不明者数も死者数として計上した。表3-3は1982～2010年に各都道府県で発生した自然災害のうち，死者数の多かった10の災害をまとめている。分析期間中の自然災害による死者数の平均は7.677で，標準偏差は170であった。これは，平均で1県当たり毎年7人から8人が災害により死者または行方不明となっていることを意味している。阪神・淡路大震災の死者数を除いた場合，平均は3.071となる。筆者らの分析におけるデータの個数である1363のうち，725のケースにおいて1以上の死者数（行方不明者を含む）が記録されている。

　自然災害の被害程度の2つ目の測定方法として災害による罹災者数を用いる。前節で述べたように，罹災者は災害による家屋の全壊や浸水の結果，通常の生

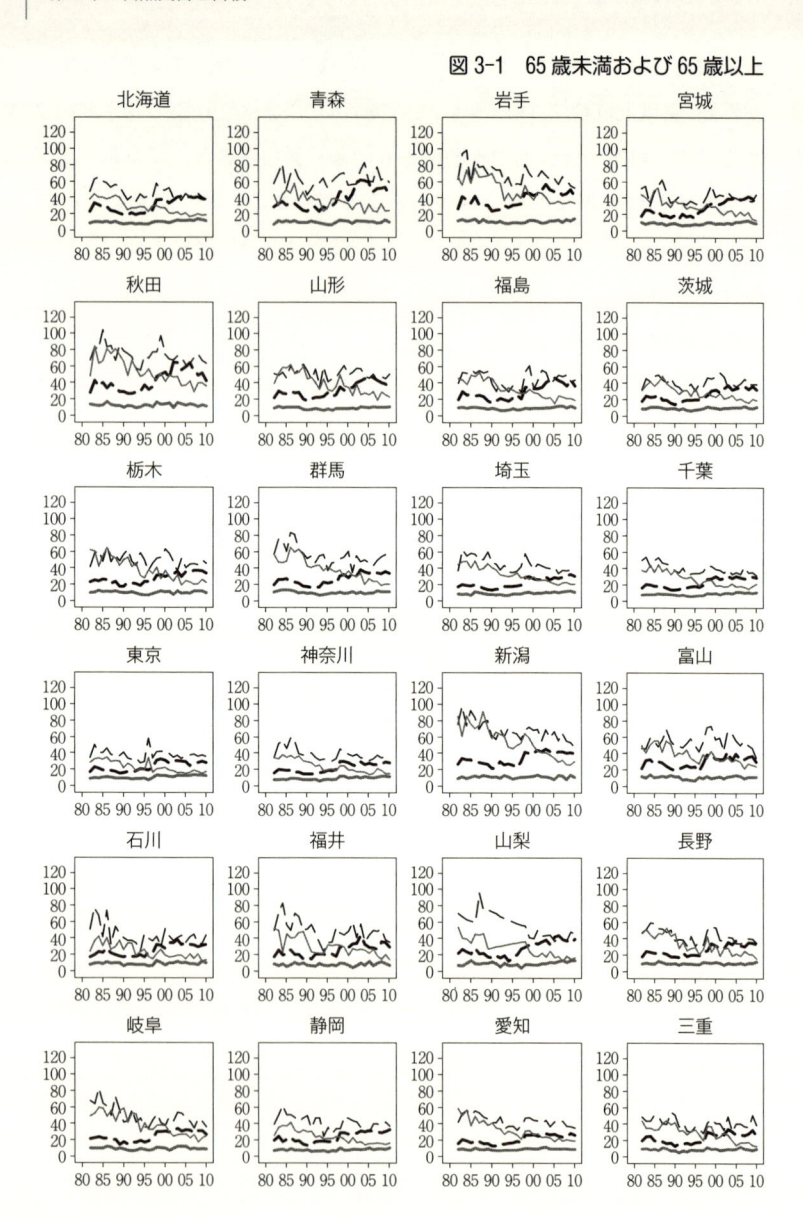

図 3-1 65 歳未満および 65 歳以上

活を維持することのできなくなった者を指している。罹災者数のデータは死者数と同様、『消防白書』から入手した。表 3-4 は 1982〜2010 年に各都道府県で発生した自然災害のうち、罹災者数の多かった 10 の災害をまとめている。分析期間中の自然災害による罹災者数の平均は 2120 で、標準偏差は 31812 であ

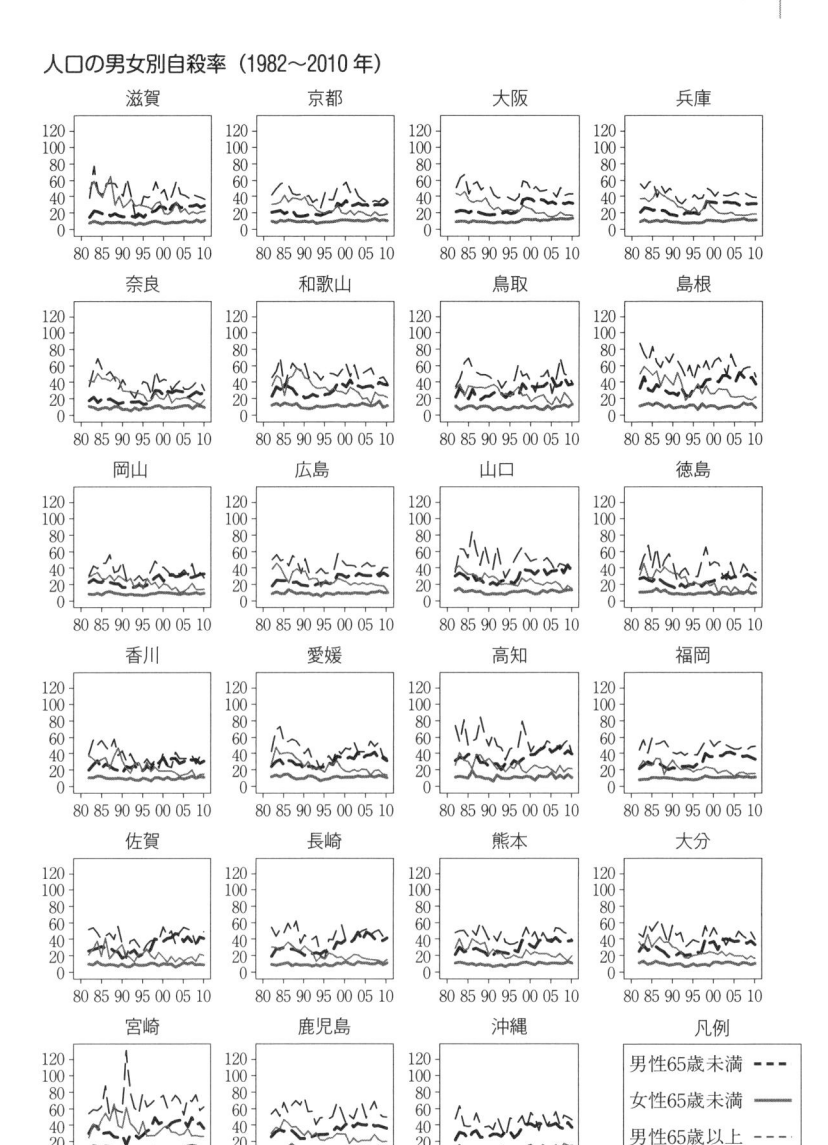

人口の男女別自殺率（1982〜2010年）

滋賀　京都　大阪　兵庫
奈良　和歌山　鳥取　島根
岡山　広島　山口　徳島
香川　愛媛　高知　福岡
佐賀　長崎　熊本　大分
宮崎　鹿児島　沖縄

凡例
男性65歳未満 - - -
女性65歳未満 ──
男性65歳以上 - - -
女性65歳以上 ──

った．これは，平均で1県当たり毎年約2000人が自然災害による罹災者として認定されていることを意味している．阪神・淡路大震災を除いた場合，罹災者数の平均は1240となる．筆者らの分析におけるデータの個数である1363のうち，1140のケースにおいて1以上の罹災者数が記録されている．

表 3-1　都道府県の自殺率（1982〜2010 年）

	65 歳未満			65 歳以上		
	最小値	平均	最大値	最小値	平均	最大値
北海道	13.106	20.116	27.139	26.298	36.270	52.174
青森	16.042	24.409	36.641	38.016	46.193	65.089
岩手	17.260	24.780	33.240	40.997	57.122	85.185
宮城	10.999	18.354	27.382	23.643	34.585	53.125
秋田	18.756	27.559	39.977	45.541	61.966	84.932
山形	12.820	20.594	29.812	28.889	43.984	61.714
福島	12.723	19.741	29.287	27.798	37.768	53.585
茨城	12.146	18.091	24.841	26.266	34.069	46.939
栃木	13.306	19.059	25.142	30.896	43.132	65.174
群馬	12.132	18.820	24.709	32.168	45.644	72.727
埼玉	11.166	16.270	22.943	26.041	37.718	54.308
千葉	10.898	15.859	21.030	24.169	32.712	48.113
東京	12.200	17.148	22.794	23.257	29.266	44.160
神奈川	11.002	15.688	21.170	21.483	30.521	46.404
新潟	15.991	22.433	28.638	36.640	59.734	85.960
富山	14.940	20.336	27.074	28.571	44.428	61.147
石川	11.782	17.475	25.106	21.245	31.990	53.901
福井	11.047	16.820	26.977	22.535	37.956	59.184
山梨	9.974	18.783	28.299	23.267	40.541	64.912
長野	13.007	18.220	24.272	24.168	36.905	51.273
岐阜	10.845	16.740	22.872	29.522	43.263	69.668
静岡	10.190	15.812	21.889	21.946	31.264	47.740
愛知	10.280	15.037	19.783	25.963	36.755	56.298
三重	10.138	15.709	21.472	23.503	33.892	45.685
滋賀	10.183	15.253	20.782	23.214	36.887	66.102
京都	12.427	16.998	23.033	22.933	32.312	47.647
大阪	12.775	18.250	24.778	26.493	35.043	54.665
兵庫	12.025	17.646	22.382	26.289	33.966	46.459
奈良	9.962	14.796	20.082	20.000	32.546	57.813
和歌山	14.081	21.016	27.845	27.171	40.292	56.494
鳥取	13.400	19.516	28.829	17.794	34.127	48.458
島根	16.323	23.673	31.144	29.114	45.008	65.789
岡山	11.619	16.687	21.206	18.816	27.375	41.221
広島	12.383	17.590	22.332	24.052	32.901	49.836
山口	13.016	20.566	28.368	23.693	35.113	52.968
徳島	11.207	16.802	22.147	18.905	31.004	48.571
香川	12.482	17.749	21.875	17.269	28.642	45.270
愛媛	14.309	20.373	26.357	20.295	33.181	55.851
高知	14.894	22.910	30.810	22.840	36.450	56.061
福岡	14.358	19.785	25.742	25.055	31.539	41.328
佐賀	12.432	19.917	26.588	18.841	29.222	41.880
長崎	13.630	20.046	29.760	15.732	30.419	45.226
熊本	12.605	19.473	25.737	23.466	32.186	44.493
大分	12.684	19.304	25.616	21.963	33.108	50.955
宮崎	8.770	22.680	31.591	35.938	48.616	88.506
鹿児島	15.572	21.393	27.015	30.414	38.519	54.340
沖縄	13.763	20.967	27.344	15.541	23.825	32.292

（注）　1982〜2010 年の県レベルデータに基づく。セル内の数字は 10 万人当たりの自殺率である。

表 3-2　記述統計

変数	平均	標準偏差	最小値	最大値
総自殺率	21.839	5.019	11.924	44.473
65歳未満男性自殺率	28.442	8.744	12.690	64.920
65歳未満女性自殺率	9.780	1.917	2.544	18.579
65歳以上男性自殺率	48.098	13.035	15.763	130.882
65歳以上女性自殺率	29.736	12.797	4.000	91.429
災害による死者数	7.677	170.502	0.000	6281
災害による罹災者数	2120.068	32812.003	0.000	1199109
献血者数(1982～2008)	552.685	141.350	279.354	1235.953

（注）　データの個数は1,363。自殺率は人口10万人当たり。献血者数（本章第6節参照）は人口1万人当たり。

表 3-3　1982～2010年で死者数が最も多かった10件の自然災害

死者数	発生地	発生年	災害の種類
6,281	兵庫県	1995	地震
299	長崎県	1982	集中豪雨
232	北海道	1993	地震
121	鹿児島県	1993	大雨
107	島根県	1983	大雨
86	秋田県	1983	地震
70	新潟県	2004	地震
49	長崎県	1991	火山噴火
49	新潟県	1984	大雪
43	新潟県	1985	大雪

（注）　データの個数1,363のうち725件で死者数が1以上の被害を記録している。

表 3-4　1982～2010年で罹災者数が最も多かった10件の自然災害

罹災者数	発生地	発生年	災害の種類
1,199,109	兵庫県	1995	地震
74,133	新潟県	2004	地震
67,045	愛知県	2000	大雨
64,103	長崎県	1982	集中豪雨
43,947	大阪府	1995	地震
38,978	宮城県	1986	豪雨・洪水
35,583	鹿児島県	1993	大雨
33,595	高知県	1998	大雨
32,299	大阪府	1982	爆発
32,042	島根県	1983	大雨

（注）　データの個数1,363のうち1,140件で罹災者数が1以上の被害を記録している。
　　　「爆発」とは工場の爆発事故であるが，『消防白書』ではこのような技術的災害も自然災害の統計に含めている。

災害死者数と罹災者数は，災害発生後の被害の影響の異なる側面を測っている可能性がある。死者数は災害のもたらす人的被害の指標であり，その影響は犠牲者の家族など個人や世帯に対する直接的な被害の深刻度を測っているとも考えられる。一方，罹災者数は個人というよりも，被害地域に対するより広範な災害の影響を測定していると考えることができる。よって，自然災害の被害の規模を死者数で測定した場合と，罹災者数で測った場合では，被害規模の自殺率への影響が異なると思われる。ただし，死者数と罹災者数の相関関係は強く，死者数と罹災者数の相関係数は兵庫県と阪神・淡路大震災を含めた場合にはほぼ1，阪神・淡路大震災を除外した場合には0.5である。なお，死者数が多くても罹災者数の少ない災害や，死者数が少なくても罹災者数の多い災害が存在する。なお分析の際には，死者数および罹災者数が大きいほど自然災害の被害が大きいと仮定する。

5 分析結果

まず全人口に対する総自殺率を用いて，自然災害と自殺率の関係を推定した回帰分析の結果を示す。推定の結果は図3-2にまとめられている。横軸は，自然災害による死者数が100人増加した場合（上図），あるいは罹災者数が1万人増加した場合（下図）の自殺率の変化の大きさを示している。自然災害がその発生後数年間にわたって自殺率に影響を及ぼすことを考慮するために，自然災害の発生年，発生から1年後，2年後，3年後，4年後，そして5年後における自殺率に対する死者数と罹災者数の効果の大きさを測定した。各時点における自然災害の被害の推定効果の大きさは，縦軸の各時点について黒い丸によって示されている。黒い丸が図の中央に位置する0を示す縦線よりも右側にある場合，自然災害の死者数あるいは罹災者数の増加に伴い自殺率も上昇することを意味している。一方で黒い丸が図の0を示す縦線よりも左側にある場合，自然災害の死者数あるいは罹災者数の増加に伴い自殺率は減少することを意味している。

なお，黒い丸の左右に伸びる線の長さは95%信頼区間を示しており，信頼区

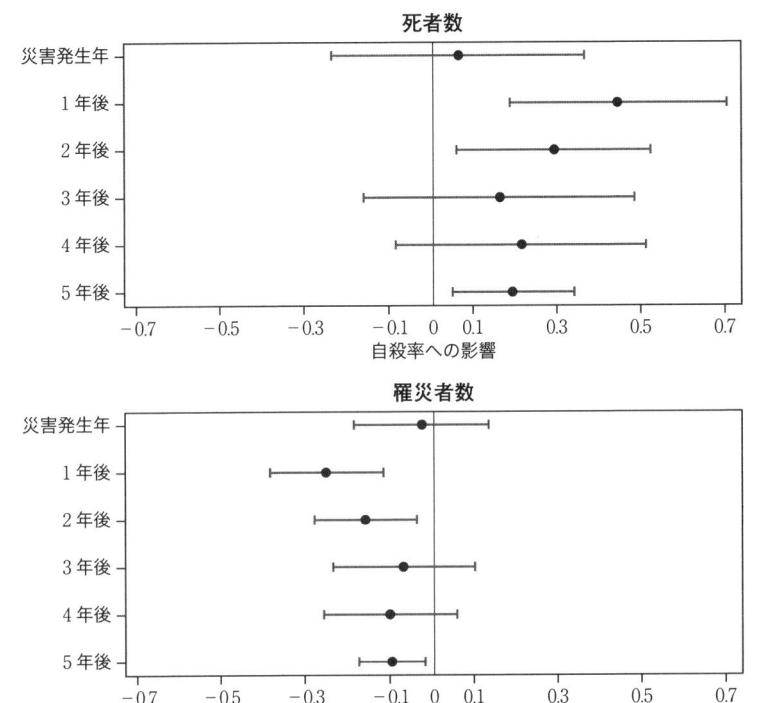

図 3-2 自然災害が総自殺率に与える影響

死者数

罹災者数

(注) 上図は災害による死者数（行方不明者を含む）が 100 人増加したときの自殺率への影響を示す。下図は災害による罹災者数が 1 万人増加したときの自殺率への影響を示す。両図とも黒丸は推定値，線は 95％ 信頼区間を示す。詳しい推定結果は補論の表 3-5（97 頁）を参照。

間が 0 を示す縦線と交わっていない場合には，災害死者数および罹災者数は統計的な意味で有意であり，自殺率に正または負の影響を与えていると結論づけることができる。95％ 信頼区間が 0 と交差しているが，区間の大部分が正あるいは負の領域に位置する場合にも災害は自殺率に効果を与えていると解釈することができるが，信頼区間が 0 を含んでいない場合と比較して結果の信頼性は低く，その解釈の妥当性にはより注意が必要になる。95％ 信頼区間が 0 を挟んで正と負の領域にほぼ均等に位置するような場合には災害は自殺率に影響を与えていないと結論づける必要がある。なお，推定方法および結果に関する詳しい情報は章末の補論（96 頁）にまとめた。

図 3-2 の死者数に関する結果を見ると，災害発生年の推定効果の 95％ 信頼

区間が 0 を挟んで正と負の領域にほぼ均等に位置している。よって災害死者数は災害発生年の自殺率に影響を与えないことがわかる。しかし災害から 1 年後および 2 年後には，自殺率への推定効果は 0 より右側に位置している。これは災害が発生した場合，その翌年と翌々年には自殺率が増えることを意味する。そして 95％ 信頼区間が 0 を含んでいないため，この影響は統計的に有意であると結論づけることができる。災害発生の翌年の場合，推定効果が 0.5 付近に位置している。これは災害による死者数が 100 人増えるごとに 10 万人当たりの自殺率が 0.5 ずつ増えるということを意味している。推定においては自殺者数と災害被害規模の関係は線形であると仮定されているので，災害による死者数が増えるにつれて，自殺率も比例的に高くなっていく。たとえば災害による死者数が 200 人増えると，自殺率も 1 上昇するということをこの推定結果は示唆している。総自殺率の平均値が 22 であることを考えると，死者数の与える効果は大きいと言えるだろう。災害から 2 年後および 5 年後にも自殺率に対する正の効果が見られるが，その実質的な影響は災害発生から 1 年後に比べると小さい。

次に図 3-2 の罹災者数の結果を見ると，死者数の与える効果とは正反対の結果が示されている。死者数の結果と同様に災害発生年には罹災者数は自殺率に影響を与えない。しかし，災害翌年の推定効果に注目すると，罹災者数が 1 万人増加するごとに自殺率が 0.3 減少することがわかる。罹災者数の負の効果は災害発生の翌々年や 5 年後にも見られるが，その実質的効果は時間を経るごとに小さくなっていく。

総自殺率に対するこのような災害の複雑な効果は，性別や年齢ごとの自殺率にも見出されるのであろうか。図 3-3 は男性 65 歳未満自殺率（左上），女性 65 歳未満自殺率（右上），男性 65 歳以上自殺率（左下），そして女性 65 歳以上自殺率（右下）の自殺率に対する災害死者数の影響を示している。先ほどの分析と同じく，災害発生後の数年間にわたって自殺率への影響の大きさが変化する可能性を考慮に入れた分析を行った。なお，図 3-3 と図 3-2 では横軸の範囲の大きさが異なることに注意が必要である。図 3-3 によると，災害死者数と自殺率の正の関係は 65 歳未満の男性の自殺率のみに観察される。図 3-2 と同様に，

5 分析結果

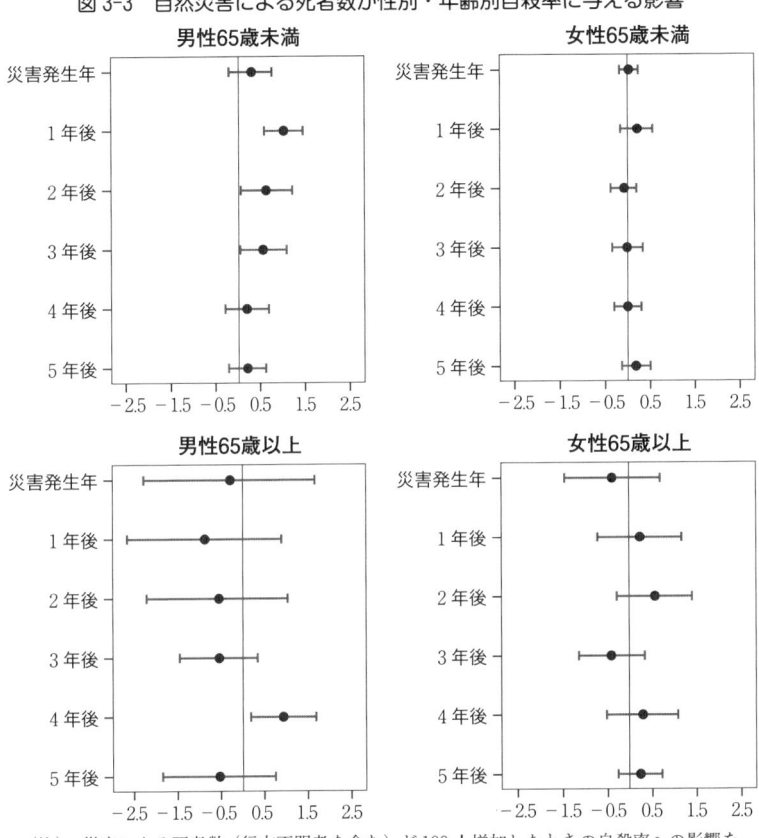

図 3-3　自然災害による死者数が性別・年齢別自殺率に与える影響

（注）災害による死者数（行方不明者を含む）が 100 人増加したときの自殺率への影響を示す。黒丸は推定値，線は 95％ 信頼区間を示す。詳しい推定結果は補論の表 3-5（97頁）を参照。

災害の発生年には災害による死者数は自殺率に影響を与えない。しかし，その後 3 年間にわたり災害死者数の増加は自殺率の増加と結びつく。たとえば最も効果の大きい災害発生の翌年に注目すると，死者数が 100 人増加するごとに自殺率が 1 増加すると推定されている。他のグループに関しては，死者数の推定効果および信頼区間が 0 付近にあることから，このような自殺率と災害規模の正の関係は観察されていない（例外は男性 65 歳以上人口の災害発生から 4 年後の自殺率）。このような図 3-3 の結果から，災害死者数はとくに 65 歳未満男性自殺率に対してのみ影響を与えると結論できる。これらの結果は，自然災害によってどれだけ自殺者数が影響を受けるかは災害後のタイミングのみならず性別や

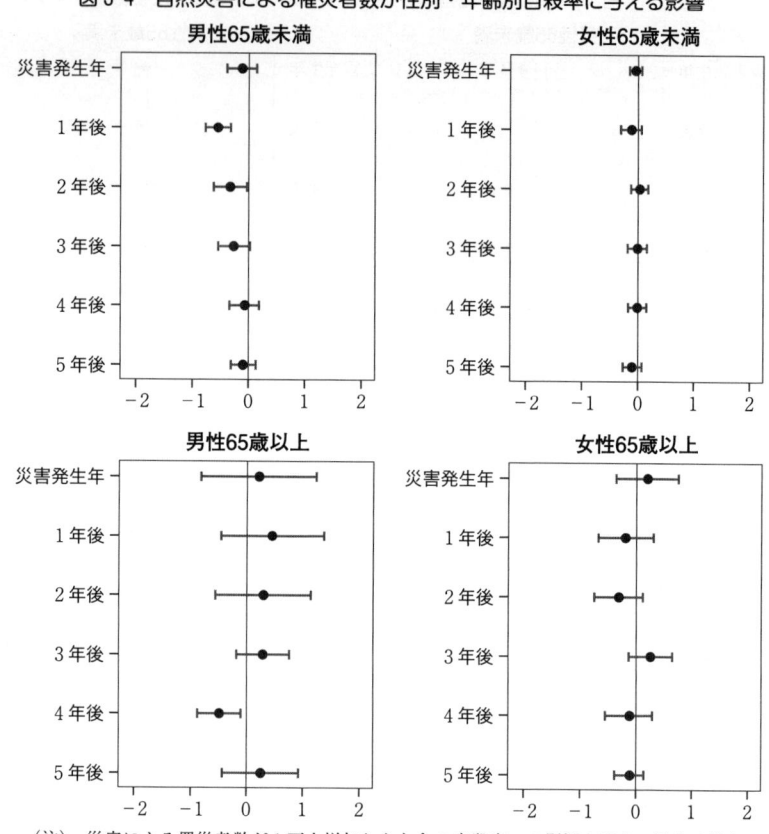

図 3-4 自然災害による罹災者数が性別・年齢別自殺率に与える影響

男性65歳未満／女性65歳未満／男性65歳以上／女性65歳以上

(注) 災害による罹災者数が1万人増加したときの自殺率への影響を示す．黒丸は推定値，線は95%信頼区間を示す．詳しい推定結果は補論の表3-5（97頁）を参照．

年齢によって大きく異なることを示している．

　図 3-4 は男性 65 歳未満自殺率（左上），女性 65 歳未満自殺率（右上），男性 65 歳以上自殺率（左下），そして女性 65 歳以上自殺率（右下）の自殺率に対する罹災者数の影響を示している．図 3-4 からも図 3-3 と同様に，自然災害の効果は男性 65 歳未満自殺率のみに見られる．ただし，死者数とは異なり罹災者数は男性 65 歳未満自殺率に対して負の効果を与える．たとえば災害発生の翌年には，罹災者数が 1 万人増加するごとに当該人口の自殺率は 0.5 減少する．

　図 3-2 から図 3-4 までに示された分析結果は非常に興味深いが，注意しなけ

5 分析結果　89

図3-5　自然災害が総自殺率に与える影響（兵庫県を除いた場合）

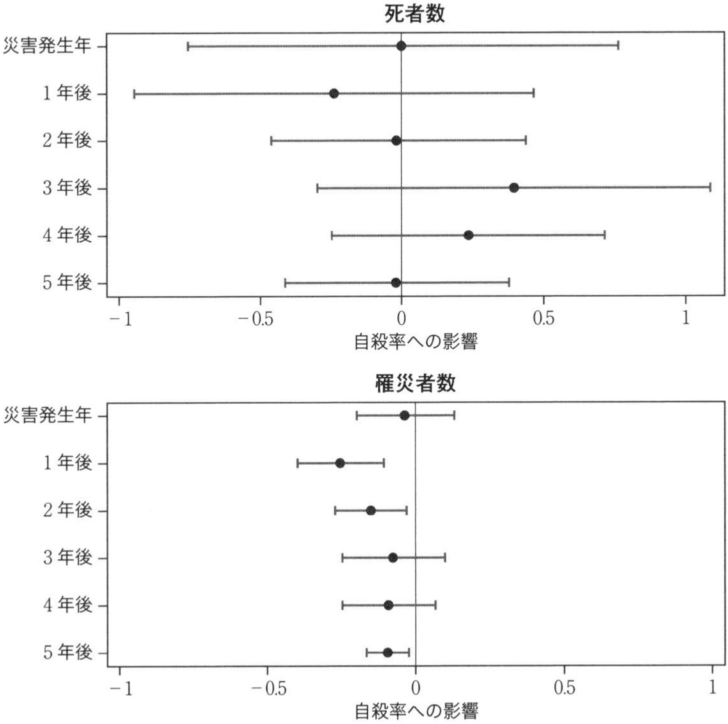

死者数

（グラフ：縦軸は災害発生年、1年後、2年後、3年後、4年後、5年後。横軸は自殺率への影響、-1から1。各点は推定値、線は95%信頼区間）

罹災者数

（グラフ：縦軸は災害発生年、1年後、2年後、3年後、4年後、5年後。横軸は自殺率への影響、-1から1）

（注）上図は災害による死者数（行方不明者を含む）が100人増加したときの自殺率への影響を示す。下図は災害による罹災者数が1万人増加したときの自殺率への影響を示す。両図とも黒丸は推定値，線は95%信頼区間を示す。詳しい推定結果は補論の表3-5（97頁）を参照。

ればならないのは阪神・淡路大震災の影響である。阪神・淡路大震災の被害規模は他の災害に比べて桁違いに大きいため（表3-3と表3-4を参照），この大地震の影響のみによって上記のような結果が得られた可能性がある。そこで兵庫県をデータから省いて災害による死者数・罹災者数と自殺率の関係について再分析を行った。推定には総自殺率を用いた。推定の結果は図3-5に示されている。興味深いことに図3-2で示された死者数の正の効果は図3-5では見られない。さらに，どの時点の推定効果を見ても95%信頼区間が正と負の両方の領域にまたがっているため，死者数は自殺率に影響を与えていないと結論づけなければならない。一方で，罹災者数に関しては図3-2と同様の結果が得られた。図3-2に比べ実質的効果は小さくなるが，災害発生の翌年および翌々年および5

年後を見ると，罹災者数と自殺率には負の関係が観察される。図3-5の分析から，死者数が自殺率を増加させるという効果は，阪神・淡路大震災あるいはあえて一般的に言えば大規模な自然災害の場に限定されるということができる。一方で罹災者数の負の効果は災害の規模を問わず観察される。

6　自殺率と社会関係資本

　前節の分析結果は，規模の大きい大災害の影響を除くと，自然災害の発生後の翌年や翌々年に自殺率が低下する傾向があることを示している。この背後にあるメカニズムについてはさらなる考察が必要である。

　自然災害発生後の自殺率の低下は，災害後に被災地域，あるいは被災地域を越えて，住民間の結びつきが強くなったことによりもたらされた可能性がある。人々の社会的なつながりと自殺の関係についてはこれまでたびたび論じられている。古くはデュルケームが社会的つながりの重要性を指摘し，人々のつながりの薄い社会では個人は社会から孤立しがちになり，その結果心理的ストレスを抱え自殺に追い込まれると論じている。近年の研究も社会的つながりやサポートと肉体的・精神的健康状態には強い相関があることを示しており（Cohen 2004），また社会的つながりの欠如は自殺の原因の1つであることを指摘している（Joiner 2005）。高齢者の自殺が少ない徳島県旧海部町を対象とした研究（岡・山内 2010；岡・山内 2011）は，旧海部町の特徴の1つとして近隣住民同士の社会的なサポート機能が高いこと，また人々が緩やかな紐帯により結ばれていることを指摘している。

　Gordon et al.（2011）は，災害復旧活動を通して人々は一体化し，その結果として自殺につながる心理的危険因子の影響が軽減されるのではないかと論じている。2009年のアメリカ・ノースダコタ州のレッドリバー洪水後の災害復旧活動に参加した学生を対象として分析を行ったところ，長時間復旧活動に従事した学生ほど社会への帰属意識が高まり，また自分が他人の足手まといだと感じることが少ない傾向にあったというのである。また同様にLindgaard, Iglebaek & Jensen（2009）やKaiser et al.（1996）も災害後に家族や集団における人々

のつながりが高まったことを報告している。

　人々の社会的つながりと自然災害の関連を説明するために，社会関係資本（ソーシャル・キャピタル）という概念を用いる研究も存在する。社会関係資本とは，さまざまな社会経済活動の源泉となる人々あるいは共同体の間の横ないしは縦の人間関係の束のことを指している[11]。Weil, Lee & Shihadeh (2012) によると，他者と密接につながっている人々は，そうではない人々に比べ，災害直後は他者への援助の負担感からストレスをより大きく感じるものの，災害発生から時間が経つにつれ逆に心理ストレスをより迅速に克服する傾向があるという。興味深いことに，前述した厚生労働省の東日本大震災の被災者への調査によると，住民同士のつながりが密接な被災地（宮城県網地島）では睡眠障害に悩む被災住民の割合が他の地域に比べて少ないという（林 2012）。Aldrich (2011b, 2012b) は阪神・淡路大震災後と関東大震災後の復旧活動をそれぞれ分析し，社会関係資本をより多く持つ地域は，そうでない地域に比べてより迅速に復旧していったことを示している[12]。

　これらの知見を総合すると，以下のようにまとめることができる。自然災害発生後の被災地域における避難生活や復旧活動は，周辺地域住民の社会的つながりを一時的に高める可能性がある。被災地域の多くの住民は自然災害による心理的ストレスを抱えると考えられるが，その一方で人々のつながりが高まることによって社会的孤立感が解消されるとも推測できる。また，社会的つながり・社会関係資本の強化は復旧・復興の速度を速めるかもしれない。さらに，直接被害を受けていない地域の住民も，被災地域へ支援活動を通してつながりを深めていくのかもしれない。この結果，社会的つながりの効果は被災による心理的ストレスの影響を上回り，自殺率を低下させる可能性がある。

　この仮説の妥当性を検討するために，自然災害と社会的つながりの関係について実証分析を行う。ここでは地域の社会的つながりの指標として献血者数を

11　日本語による概説としては澤田 (2012) がある。
12　インド洋津波を対象とした Aldrich (2011a) も同じような知見を示している。また，Aldrich (2012a) も参照。

用いる。献血という行為は利他的な行為であり，献血者はその行為から直接大きな金銭的報酬を得ることはない。献血は他者を助けることを念頭に置いた行為であると考えられることから，社会における個人のつながりを測るのに献血者数は妥当な指標だと先行研究は論じている（Mohan *et al.* 2005, Titmuss 1970）。実際，これまでの経済学におけるいくつかの研究では地域の社会関係資本やつながりの水準を測る指標として献血者数が用いられている（Buonanno, Montolio & Vanin 2009; Guiso, Sapienza & Zingales 2004）。日本に関する研究でも Kuroki (2011) が献血者数を社会関係資本の指標として用いている。本章の分析においては，各都道府県の各年における総献血者数を用い，災害の被害規模と社会的つながりの関係について検証を行う。献血者数のデータは厚生労働省医薬局の「献血者数の推移」に基づいており，実際のデータは社会・人口統計体系より手に入れた[13]。また，前掲の表 3-2（83頁）には人口1万人当たりの献血者数の記述統計も示されている。

　前節の自殺率における分析と同じく，ここでも災害の被害の指標として死者数と罹災者数を用いる。前節での分析では，罹災者数と自殺率に負の関係が存在することが明らかになっている。もし罹災者数が社会的つながりの強化を通して自殺率に影響を与えているという筆者らの仮説が正しいのであれば，罹災者数と献血者数の間には正の関係が存在するはずである。前節と同じく本節の分析でも，罹災者数の効果は災害の発生後から長期間にわたって見られるという可能性を考慮して分析を行う。なお災害データは 1982 年から 2010 年まで手に入るが，献血者データは 1982 年から 2008 年までしか手に入らないため，分析に用いるデータの個数は全都道府県を含めた場合は 1269，兵庫県を除いた場合は 1242 となる。

　図 3-6 に分析の結果を示す。この結果は図 3-2～図 3-5 で用いられたものと同じ分析方法に基づく。詳しい分析結果については章末の補論（96頁）を参照されたい。罹災者数の効果については兵庫県を除いても含めても結果は変わらないことから，ここでは兵庫県を除いた分析の結果を示す。上図によると，災害発生からどの時点を見ても災害による死者数と献血者数の間には関係が見ら

---

[13] このデータセットは財団法人統計情報研究開発センターによって有償で提供されている。なお，1996 年以前の県民所得は内閣府が発行する国民経済計算を参考にした。

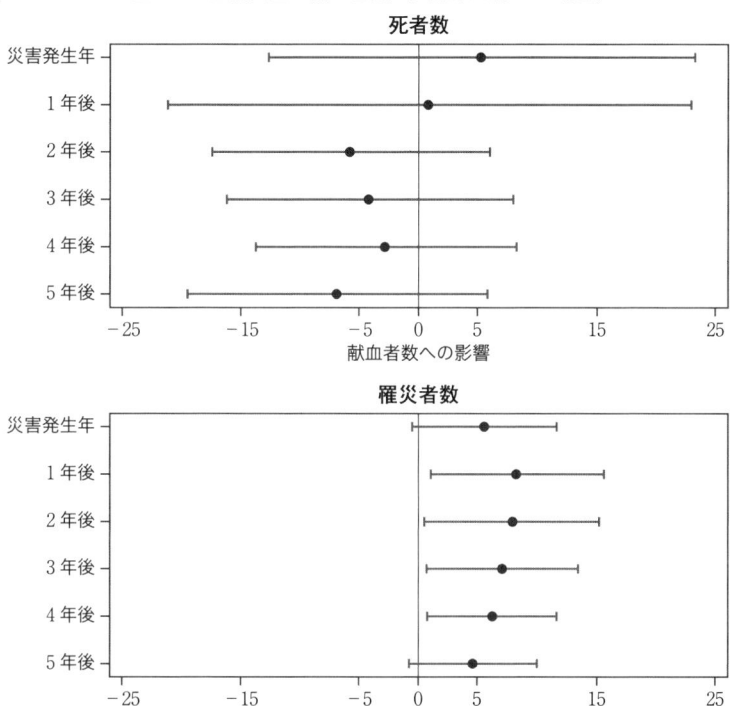

図 3-6 自然災害と献血者数（兵庫県を除いた場合）

死者数

罹災者数

（注）上図は災害による死者数（行方不明者を含む）が 100 人増加したときの人口 1 万人当たりの献血者数への影響を示す。下図は災害による罹災者数が 1 万人増加したときの人口 1 万人当たりの献血者数への影響を示す。両図とも黒丸は推定値，線は 95% 信頼区間を示す。詳しい推定結果は補論の表 3-6（98 頁）を参照。

れない。しかし下図によると，罹災者数と献血者数にはほぼすべての時期について正の関係が見られる。たとえば災害発生の翌年には，罹災者数が 1 万人増えるごとに人口 1 万人当たり献血者数が 8 人増加することがわかる。同じような効果が災害発生から 5 年後まで見られる。もちろん，災害発生年には献血の必要性が高まることから献血者数が増加しているという可能性が考えられる。しかし，災害発生から翌年以降の献血数の増加はそれだけでは説明できないであろう。筆者らの分析結果は，罹災者数が増えるにつれて災害発生地域やその周辺地域における社会的つながりが強化される傾向があるということを示唆している。そして社会的のつながりの強化が，自然災害が心の健康に与える負の影響を緩和しているという仮説を支持する分析結果である。

さらに追加の分析として，献血者数と自殺率にはどのような関係があるかを調べたところ，献血者数が増えると自殺が減少するという結果が得られた（ここでは詳細な結果は割愛するが，詳しくは Matsubayashi, Sawada & Ueda〔2013〕を参照）。すべての結果をつなぎ合わせると，

災害 → 社会的つながり強化 → 自殺率低下

という因果関係が存在する可能性を，筆者らの実証分析は示唆している。

7 おわりに

　本章では，先行研究とは異なるアプローチを用いて自然災害と自殺率の関係を検証した。日本において 1982〜2010 年に発生した自然災害データと年齢別および男女別自殺率データを用いて，自然災害はその発生後ある程度の時間差を伴って自殺率に影響を与えること，さらにその効果は災害の被害程度の測定方法により異なることを明らかにした。本章の分析によると，自然災害による死者数が多かった地域においては，災害発生から 1, 2 年後に自殺率が一時的に上昇する。一方で罹災者数が多かった地域においては，災害発生からとくに 1, 2 年後に自殺率が一時的に減少する。そして，このような効果はとくに男性 65 歳未満自殺率に顕著に見られる。しかし，非常に大規模な災害（阪神・淡路大震災）を分析から除外した場合，死者数と自殺率の正の関係は見られなくなるが，罹災者数と自殺率の負の関係は保持される。これらの結果は，自然災害と自殺率の関係はこれまで考えられていたよりも複雑であり，多くの個別性を含んでいることを示している。

　本章で紹介した研究の結果は災害対策や自殺に関する政策に重要な示唆を与えると考えられる。自然災害を原因とする自殺を防ぐためには，自然災害の発生から少なくとも 5 年間の対策が必要であること，またそのような自殺対策は男女別・年齢別にそれぞれのグループが抱える特定の課題に対して慎重に設計されるべきであることを分析結果は示している。とくに，死者数の多かった甚大な災害において 65 歳未満男性の自殺率が災害発生から 1, 2 年後には上昇す

るという点は自殺対策の立案および遂行のために重要な意味を持っている。

　本章の分析は災害発生後の被害地域の自殺率が一時的に低下するということも示している。この低下には社会的つながりの強化が介在している可能性があり，災害後の仮設住宅・住宅移転などにおいてそうしたつながりを壊さないこと，そして共同体の内部のみならず共同体間あるいは行政との横と縦の関係性を強めることが求められよう。どのようなメカニズムで災害，社会的つながり，そして自殺という3つの変数が結びついているのかをミクロレベルのデータを用いて明らかにすることは，非常に重要な今後の研究課題である。また，本章の分析結果は日本のデータに基づいており，同じような知見が日本以外の地域にも妥当するかどうかは不明である。もし「災害が社会的つながりを強化し，結果として災害後には自殺率が減少する」という現象が各国共通のものであるならば，そのメカニズムを解明し，災害後の復興過程においてどのようにすれば社会的つながりを強化することができるかを考えることは，日本だけでなく，すべての国にとって重要な意味を持つだろう。

　本章の分析では東日本大震災が自殺率に与える影響については検証を行っていない。大震災発生からの期間が短いため，分析に必要な情報を手に入れることができなかったためである。東日本大震災はその被害規模において阪神・淡路大震災を上回る。大規模な災害は（とくに65歳未満男性の）自殺率を増加させるという本章での分析結果を考慮すると，東日本大震災による被災地域では中長期にわたる適切な自殺対策も必要となるかもしれない。また，東日本大震災のデータも分析に加えることにより，分析結果がどのように変わるかを検討し，被災の経験から教訓を学びとることは，日本のみならず世界にとっても今後重要であるといえよう。

補論　分析方法と結果

自然災害と自殺率の関係を明らかにするため，次のような回帰式を推定した。

$$S_{it} = \beta_0 D_{it} + \beta_1 D_{it-1} + \beta_2 D_{it-2} + \beta_3 D_{it-3} + \beta_4 D_{it-4} + \beta_5 D_{it-5} \\ + \lambda_0 V_{it} + \lambda_1 V_{it-1} + \lambda_2 V_{it-2} + \lambda_3 V_{it-3} + \lambda_4 V_{it-4} + \lambda_5 V_{it-5} + \gamma_i T + \varphi_t + \rho_i + \varepsilon_{it} \quad (1)$$

(1) 式において S_{it} は t 年の都道府県 i における自殺率を示しており，D_{it} は t 年の都道府県 i における自然災害による死者数，V_{it} は罹災者数を示している。また D_{it-s} と V_{it-s} は過去に発生した自然災害の死者数や罹災者数を表し，$t-s$ は当該 t 年から s 年前（s は1から5の値をとる）に起きた災害による被害者数を示す。つまり，自殺率は自然災害の被害規模（死者数と罹災者数によって測られている）によって変化するとモデル化されている。また，その効果が災害後数年経ってから現れる可能性もモデル化されている。(1) 式では過去5年以内に発生した災害死者数および罹災者数が当該年の自殺率に影響を与えること，またその影響は時間を経るごとに変化することを考慮に入れている。s の値を5から3, 4, 6, 7 に変更しても（つまり災害の影響が3年から7年の間続くと仮定しても）主な実証結果に変わりはない。当然，自殺率は自然災害の被害によってだけ決定されるわけではなく，他の要因も影響を与えると考えられることから，(1) 式にはそれら他の要因を測る変数である年効果 φ_t と県固定効果 ρ_i が加えられている。年効果は，当該年における国全体の経済状況やその他の主要な事件が自殺率に与える影響を吸収する。県固定効果は時系列的に安定した，各都道府県に特有の観察不可能な変数が自殺率に与える影響を吸収している。このような変数としては各都道府県に特有の文化や社会規範，また比較的変化の少ない社会経済的特徴が含まれる。後述するように，毎年変化する社会経済変数をモデルに加えても分析結果は変わらない。県固定効果が式に含まれているので，ここでの推定は各都道府県内におけるデータの変動を利用することになる。さらに (1) 式には各都道府県特有の時系列トレンド項 $\gamma_i T$ が含まれる。これは自然災害と自殺率の関係が何らかのトレンドによってもたらされる可能性を排除するのを目的としている。最後に，ε_{it} は誤差項を表している。データを用

表 3-5　自然災害と自殺率

	(1) 総自殺率	(2) 男性 65歳未満	(3) 女性 65歳未満	(4) 男性 65歳以上	(5) 女性 65歳以上	(6) 総自殺率 (兵庫県を除外)
死者数 at t	0.065 (0.150)	0.271 (0.244)	0.049 (0.106)	−0.306 (0.979)	−0.353 (0.533)	−0.000 (0.379)
死者数 at $t-1$	0.446*** (0.129)	1.019*** (0.214)	0.215 (0.176)	−0.886 (0.883)	0.245 (0.468)	−0.245 (0.351)
死者数 at $t-2$	0.292** (0.116)	0.632** (0.285)	−0.079 (0.145)	−0.581 (0.807)	0.581 (0.418)	−0.015 (0.224)
死者数 at $t-3$	0.162 (0.160)	0.558** (0.269)	0.007 (0.168)	−0.555 (0.448)	0.383 (0.370)	0.393 (0.345)
死者数 at $t-4$	0.214 (0.148)	0.190 (0.244)	0.011 (0.152)	0.939** (0.375)	0.300 (0.395)	0.233 (0.240)
死者数 at $t-5$	0.195** (0.072)	0.201 (0.208)	0.191 (0.155)	−0.551 (0.647)	0.244 (0.240)	−0.019 (0.197)
罹災者数 at t	−0.028 (0.079)	−0.134 (0.128)	−0.029 (0.055)	0.209 (0.514)	0.216 (0.279)	−0.036 (0.081)
罹災者数 at $t-1$	−0.251*** (0.067)	−0.551*** (0.112)	−0.123 (0.093)	0.461 (0.459)	−0.174 (0.246)	−0.257*** (0.073)
罹災者数 at $t-2$	−0.160** (0.060)	−0.335** (0.149)	0.033 (0.076)	0.301 (0.426)	−0.302 (0.219)	−0.152** (0.061)
罹災者数 at $t-3$	−0.070 (0.083)	−0.269* (0.139)	−0.003 (0.088)	0.292 (0.238)	0.271 (0.195)	−0.076 (0.086)
罹災者数 at $t-4$	−0.101 (0.078)	−0.078 (0.128)	−0.004 (0.080)	−0.491** (0.196)	−0.125 (0.210)	−0.094 (0.078)
罹災者数 at $t-5$	−0.097** (0.038)	−0.086 (0.109)	−0.101 (0.082)	0.251 (0.340)	−0.119 (0.128)	−0.095** (0.037)
調整済み R^2	0.85	0.87	0.43	0.43	0.77	0.84
N	1363	1363	1363	1363	1363	1334

（注）　表中の数字は回帰係数，（　）内は頑健な標準誤差。推定モデルには年効果，都道府県固定効果，および都道府県特有トレンドが含まれる。標準誤差は Driscoll & Kraay（1998）による手法を用いて推定されている。結果変数は10万人当たりの自殺者数。自然災害による死者数の計測単位は100，罹災者数の計測単位は10,000。*$p<0.10$, **$p<0.05$, ***$p<0.01$（両側検定）。

いてこのモデルを推定した結果は表3-5に示されている。系列相関，分散不均一性などを考慮するために，標準誤差は Driscoll & Kraay（1998）の covariance matrix estimator という手法によって推定した。表3-5では左から順に，総自殺率，男性65歳未満自殺率，女性65歳未満自殺率，男性65歳以上自殺率，女性65歳以上自殺率，そして兵庫県をデータから除いた総自殺率を用いた分析の結果をそれぞれ示している。なお献血者数を用いた分析では，（1）式における自殺率を人口1万人当たりの献血者数に置き換え推定を行った（表3-6参照）。

本章では上記の推定モデルとデータセットを用いて自然災害の自殺率への影

表 3-6 自然災害と献血者数

	(1) 全都道府県	(2) 兵庫県を除外
死者数 at t	−10.719*	5.258
	(5.836)	(8.970)
死者数 at $t-1$	−14.501**	0.835
	(6.517)	(11.026)
死者数 at $t-2$	−13.789**	−5.771
	(6.585)	(5.872)
死者数 at $t-3$	−12.774**	−4.147
	(5.724)	(6.007)
死者数 at $t-4$	−13.152**	−2.765
	(4.935)	(5.453)
死者数 at $t-5$	−8.757*	−6.920
	(5.037)	(6.310)
罹災者数 at t	5.372*	5.598*
	(3.073)	(2.982)
罹災者数 at $t-1$	7.910**	8.318**
	(3.435)	(3.583)
罹災者数 at $t-2$	7.534**	7.912**
	(3.481)	(3.648)
罹災者数 at $t-3$	6.783**	7.099**
	(3.028)	(3.119)
罹災者数 at $t-4$	6.131**	6.208**
	(2.615)	(2.698)
罹災者数 at $t-5$	4.498*	4.594*
	(2.645)	(2.641)
調整済み R^2	0.88	0.88
N	1269	1242

（注）　表中の数字は回帰係数，（　）内は頑健な標準誤差。推定モデルには年効果，都道府県固定効果，および都道府県特有トレンドが含まれる。標準誤差は Driscoll & Kraay (1998) による手法を用いて推定されている。結果変数は人口1万人当たりの献血者数。自然災害による死者数の計測単位は 100，罹災者数の計測単位は 1 万。データは 1982〜2008 年。*$p<0.10$, **$p<0.05$, ***$p<0.01$（両側検定）。

響を分析しているが，自然災害が自殺を引き起こしているということ，すなわち自然災害と自殺率が因果関係にあるということを，ここで用いる推定方法で示すことができるかどうかを考えてみたい[14]。回帰分析によって因果関係を示すためには，通常はランダム化比較実験（randomized controlled trial: RCT）のよう

14　もし因果関係を示していない場合，相関関係，つまり自然災害と自殺率には一方が上昇したらもう一方が減少（あるいは上昇）する傾向があるということを示しているだけであり，後者の減少（あるいは上昇）が前者の変動によるものであると結論づけることはできない。

な研究方法が必要になる（詳しくは終章を参照）。たとえば医療の臨床試験では患者に対する新薬の効果を調査する場合，患者をランダム（無作為）に処置群（新薬が投与される）と対照群（新薬に似た治療効果のない偽薬が投与される）を作成し，新薬投与後の処置群と対照群の患者の状態を比較することによって，新薬の効果がどれほど大きいかを推定する。もし新薬あるいは偽薬の投与後に処置群と対照群の患者の状態に何らかの違いが見られた場合，その違いは新薬の投与の有無によってもたらされたと結論できる。つまり新薬は患者の状態に因果的効果を与えたと言えるのである。というのも各患者に対する新薬の投与はランダムに決められたため，新薬の投与前の患者の健康状態や社会経済的属性は新薬の投与の決定とはまったく関係しない。よって新薬の投与の有無を除き，処置群と対照群の患者はあらゆる意味において等質的であると言えるので，処置群と対照群の患者の状態の違いがもたらされた唯一の理由は新薬の投与の有無であったと結論できる。

　因果的効果の推定のためには，このような「等質的」状況を筆者らの分析でも再現する必要がある。そのためには，自然災害の発生やその死者数は，自殺率に影響を与えると考えられる他の変数と完全に無関係である必要がある。たとえば，各県の自殺率を説明する他の変数として県の失業率，経済・福祉政策，あるいは高齢者の割合などが考えられる。数値上では測ることの難しい，地域における自殺に関する社会的規範なども自殺率に影響を与える可能性がある。これら自殺に影響を与える可能性のあるすべての変数と自然災害による被害の規模が完全に無関係であった場合，自然災害が自殺に与える因果的効果を推定することが可能になる。筆者らの分析の場合，自然災害の発生やその規模を人間が統制することは基本的に不可能であると考えられる。つまり，自然災害の発生やその被害程度はほぼランダムに決まっていると想定してよいだろう。また，日本国内の比較であれば防災の程度に大きな差はないはずなので，同じ災害によって受ける被害の程度も比較的均質であると考えられよう。よって，自然災害による死者数と各年の各都道府県における社会経済変数には相関がないと仮定できる[15]。

15　自然災害がほぼランダムに発生することをふまえ，(1) 式は自然災害死者数と罹災者数，そして固定効果のみを含めるという単純な構成となっている。

この仮定が妥当であるかを検証するために，社会経済的および政治的変数と自然災害死者数になんらかの相関関係があるかを調べた。具体的には，時系列的に変化する社会経済的・政治的変数が自然災害による死者数にどのような影響を与えるかを回帰分析により推定した。もしランダムだという仮定が正しければ，社会経済的・政治的変数は自然災害による死者数にまったく影響を与えないはずである。回帰分析の説明変数として，都道府県による行政投資額，防災関連人員数，1人当たりの所得，失業率，人口数，人口密度，そして15歳未満および65歳以上人口割合を含めた。回帰分析の結果によると，これらどの変数も自然災害死者数に統計的に有意な影響を与えていない。よって，自然災害の発生やその死者数は社会経済的状況とは関係なくほぼランダムに発生するという仮定は妥当であると言える。また，これらの変数を (1) 式の右辺に含めても，本章で示した結果は維持される。

　【付記】　本章の内容は，Matsubayashi, T., Sawada, Y. & Ueda, M. (2013) "Natural Disasters and Suicide: Evidence from Japan," *Social Science & Medicine*, 82: 126-133，での分析をもとに，内容をアップデートし，本書にあわせて執筆したものである。

◆ 参 考 文 献

牛山素行・横幕早季 (2011)「東日本大震災に伴う死者・行方不明者の特徴（速報）」津波工学研究報告 No. 28。
岡檀・山内慶太 (2010)「高齢者自殺希少地域における自殺予防因子の探索——徳島県旧海部町の地域特性から」『日本社会精神医学会雑誌』第 19 巻 2，3 号，199-209 頁。
岡檀・山内慶太 (2011)「自殺希少地域における自殺予防因子の探索——徳島県旧海部町の住民意識調査から」『日本社会精神医学会雑誌』第 20 巻 3 号，213-223 頁。
厚生労働省 (2012)「被災 3 県の現在の雇用状況（月次）（男女別）〈平成 24 年 5 月 29 日発表〉」
澤田康幸 (2010)「自然災害・人的災害と家計行動」池田新介ほか編『現代経済学の潮流 2010』東洋経済新報社。
澤田康幸 (2012)「"絆は資本" の解明進む」『日本経済新聞』（経済教室　エコノミクストレンド）12 月 18 日付。
澤田康幸・崔允禎・菅野早紀 (2010)「不況・失業と自殺の関係についての一考察」『日本労働研究雑誌』第 598 号，58-66 頁。

澤田康幸＝パク・アルバート＝汪三貴＝王姮（2012）「大災害は人的資本形成にどう影響するか？——四川大地震のケース」齊藤誠・中川雅之編著『人間行動から考える地震リスクのマネジメント——新しい社会制度を設計する』勁草書房．

水産庁（2012）「東日本大震災による水産への影響と今後の対応〈2012年8月〉」．

総務省行政評価局（2012）「自殺予防対策に関する行政評価・監視　結果報告書〈平成24年6月〉」．

総務省消防庁（各年）『消防白書』．

内閣府（2012）『平成24年版自殺対策白書』．

内閣府「阪神・淡路大震災教訓情報資料集」．
(http://www.bousai.go.jp/1info/kyoukun/hanshin_awaji/about/index.html; 最終アクセス2012年8月8日)

内閣府自殺対策推進室（2012）「月別の地域における自殺の基礎資料〈平成24年7月〉」．
(http://www8.cao.go.jp/jisatsutaisaku/toukei/index.html; 最終アクセス2012年9月1日)

農林水産省（2012）「東日本大震災による農業経営体の被災・経営再開状況（平成24年3月11日現在）——農林業センサス結果の状況確認の概要〈2012年4月〉」．

林謙治（2012）「東日本大震災被災者の健康状態等に関する調査（厚生労働科学研究費補助金厚生労働科学特別研究事業）平成23年度総括・分担報告書」．

宮地尚子（2011）『震災トラウマと復興ストレス』岩波書店．

Aldrich, D. P. (2011a) "The Externalities of Strong Social Capital: Post-Tsunami Recovery in Southeast India," *Journal of Civil Society*, 7 (1): 81–99.

Aldrich, D. P. (2011b) "The Power of People: Social Capital's Role in Recovery from the 1995 Kobe Earthquake," *Natural Hazards*, 56 (3): 595–611.

Aldrich, D. P. (2012a) *Building Resilience: Social Capital in Post-Disaster Recovery*, University of Chicago Press.

Aldrich, D. P. (2012b) "Social, Not Physical, Infrastructure: The Critical Role of Civil Society in Disaster Recovery," *Disasters: The Journal of Disaster Studies, Policy and Management*, 36 (3): 398–419.

Buonanno, P., Montolio, D. & Vanin, P. (2009) "Does Social Capital Reduce Crime?" *Journal of Law and Economics*, 52 (1): 145–170.

Center for Research on the Epidemiology of Disasters (CRED) (2006) *2005 Disasters in Numbers*.

Chou, Y.-J. Huang, N., Lee, C.-H., Tsai, S.-L., Tsay, J.-H., Chen, L.-S. & Chou, P. (2003) "Suicides after the 1999 Taiwan Earthquake," *International Journal of Epidemiology*, 32 (6): 1007–1014.

Cohen, S. (2004) "Social Relationships and Health," *American Psychologist*, 59 (8): 676–684.

Driscoll, J. C. & Kraay, A. C. (1998) "Consistent Covariance Matrix Estimation with Spatially Dependent Panel Data," *Review of Economics and Statistics*, 80 (4): 549–560.

Gordon, K. H., Bresin, K., Dombeck, J., Routledge, C. & Wonderlich, J. A. (2011) "The Impact of the 2009 Red River Flood on Interpersonal Risk Factors for Suicide," *Crisis: The Journal of Crisis Intervention and Suicide Prevention*, 32 (1): 52–55.

Guha-Sapir, D., Vos, F., Below, R. with Ponserre, S. (2012) *Annual Disaster Statistical Review 2011: The Numbers and Trends*, CRED, IRSS, UCL.

Guiso, L., Sapienza, P. & Zingales, L. (2004) "The Role of Social Capital in Financial

Development." *American Economic Review*, 94 (3): 526-556.

Hanigan, I. C., Butler, C. D., Kokic, P. N. & Hutchinson, M. F. (2012) "Suicide and Drought in New South Wales, Australia, 1970-2007," *Proceedings of the National Academy of Sciences of the United States of America*, 109 (35): 13950-13955.

Hyodo, K., Nakamura, K., Oyama, M., Yamazaki, O., Nakagawa, I., Ishigami, K., Tsuchiya, Y. & Yamamoto, M. (2010) "Long-Term Suicide Mortality Rates Decrease in Men and Increase in Women after the Niigata-Chuetsu Earthquake in Japan." *Tohoku Journal of Experimental Medicine*, 220 (2): 149-155.

Joiner, T. (2005) *Why People Die by Suicide*, Harvard University Press.

Kaiser, C. F., Sattler, D. N., Bellack, D. R. & Dersin, J. (1996) "A Conservation of Resources Approach to a Natural Disaster: Sense of Coherence and Psychological Distress," *Journal of Social Behavior and Personality*, 11 (3): 459-476 .

Kessler, R. C., Galea, S., Gruber, M. J., Sampson, N. A., Ursano, R. J. & Wessely, S. (2008) "Trends in Mental Illness and Suicidality after Hurricane Katrina," *Molecular Psychiatry*, 13 (4): 374-384.

Krug, E. G., Kresnow, M., Peddicord, J. P., Dahlberg, L. L., Powell, K. E., Crosby, A. E. & Annest, J. L. (1999) "Retraction: Suicide after Natural Disasters," *New England Journal of Medicine*, 340 (2): 148-149.

Kuroki, M. (2011) "Does Social Capital Increase Individual Happiness in Japan?" *Japanese Economic Review*, 62 (4): 444-459.

Lindgaard, C. V., Iglebaek, T. & Jensen, T. K. (2009) "Changes in Family Functioning in the Aftermath of a Natural Disaster: The 2004 Tsunami in Southeast Asia," *Journal of Loss & Trauma: International Perspective on Stress & Coping*, 14 (2): 101-116.

Matsubayashi, T., Sawada, Y. & Ueda, M. (2013) "Natural Disasters and Suicide: Evidence from Japan," *Social Science and Medicine*, 82: 126-133.

Mezuk, B., Larkin, G. L., Prescott, M. R., Tracy, M., Vlahov, D., Tardiff, K. & Galea, S. (2009) "The Influence of a Major Disaster on Suicide Risk in the Population," *Journal of Traumatic Stress*, 22 (6): 481-488.

Mohan, J., Twigg, L., Barnard, S. & Jones, K. (2005) "Social Capital, Geography and Health: A Small-Area Analysis for England," *Social Science & Medicine*, 60 (6): 1267-1283.

Nishio, A., Akazawa, K., Shibuya, F., Abe, R., Nushida, H., Ueno, Y., Nishimura, A. & Shioiri, T. (2009) "Influence on the Suicide Rate Two Years after a Devastating Disaster: A Report from the 1995 Great Hanshin-Awaji Earthquake," *Psychiatry and Clinical Neurosciences*, 63 (2): 247-250.

Norris, F. H. (2005) "Range, Magnitude, and Duration of the Effects of Disasters on Mental Health: Review Update 2005," mimeo.

Norris, F. H., Friedman, M. J., Watson, P. J., Byrne, C. M., Diaz, E. & Kaniasty, K. (2002) "60,000 Disaster Victims Speak: Part I. an Empirical Review of the Empirical Literature, 1981-2001," *Psychiatry*, 65 (3): 207-239.

Pridemore, W. A., Trahan, A. & Chamlin, M. B. (2009) "No Evidence of Suicide Increase Following Terrorist Attacks in the United States: An Interrupted Time-series Analysis of September 11 and Oklahoma City," *Suicide & Life-Threatening Behavior*, 39 (6): 659-670.

Rodrigo, A., McQuillin, A. & Pimm, J. (2009) "Effect of the 2004 Tsunami on Suicide Rates in Sri

Lanka," *The Psychiatrist*, 33: 179-180.

Shioiri, T., Nishimura, A., Nushida, H., Tatsuno, Y. & Tang, S. W. (1999) "The Kobe Earthquake and Reduced Suicide Rate in Japanese Males," *Archives of General Psychiatry*, 56 (3): 282-283.

Shoaf, K., Sauter, C., Bourque, L. B., Giangreco, C. & Weiss, B. (2004) "Suicides in Los Angeles County in Relation to the Northridge Earthquake," *Prehospital and Disaster Medicine*, 19 (4): 307-310.

Titmuss, R. (1970) *The Gift Relationship: From Human Blood to Social Policy*, Penguin Books.

UNISDR (2012) Annual Report 2011: UNISDR Secretariat Work Programme 2010-2011.

Weil, F, Lee, M. R., Shihadeh, E. S. (2012) "The Burdens of Social Capital: How Socially-involved People Dealt with Stress after Hurricane Katrina," *Social Science Research*, 41 (1): 110-119.

Yang, C.-H., Xirasagar, S., Chung, H.-C., Huang, Y.-T. & Lin, H.-C. (2005) "Suicide Trends Following the Taiwan Earthquake of 1999: Empirical Evidence and Policy Implications," *Acta Psychiatrica Scandinavica*, 112 (6), 442-448.

第4章

政治イデオロギーと自殺
OECD諸国の国際比較データによる分析

◆はじめに

　第3章までの分析結果は，経済危機などの人的災害や地震などの自然災害が自殺率に強い影響を与える可能性を示している。では，人的災害や自然災害に起因する自殺を防ぐため，政府が効果的な対策を講じることはできるのであろうか。あるいはより一般的に，政府は自殺者数を少しでも減らすために何ができるのであろうか。また，自殺率減少を直接の目標とした政策でなくとも，人々の生活の困窮を緩和するような政策は自殺の減少につながるのであろうか。本章では国際比較データを用いて，政策と自殺率との関係を検討する。

　本章では，自殺率に影響を与えると考えられる政策1つひとつの効果を検証するのではなく，党派性とイデオロギーを個人や組織の持つ政治的立場を指す同義概念と考え，政府が立案・施行する政策の総合的な指標として政府の党派性（あるいはイデオロギー）を用いて政治と自殺率の関係を分析する[1]。大まかに言って，個人や組織の持つ政治的立場は3つのグループに分割することができる。社会に対する政府の介入を重視する立場を革新的・左派的な党派性と呼び，社会に対する政府の介入をできるだけ減らそうとする立場を保守的・右派的な党派性と呼ぶ。これら2つの立場の中間に位置する立場を中道的な党派性と呼ぶ。現実の政党はこれら3つのうち1つの党派性を持つとみなすことができる。第1節で議論するように，ある政党が政権に就いた場合，その政党の政治的指

　1　具体的な政策と自殺率の関係については第6章で考察する。

向は政策形成に強い影響を与えると考えられる。よって政権与党の党派性は，政府が実施する福祉政策や経済政策の全般的な傾向を理解するうえで有効な指標だと想定できる。左派政党が政権を担当するときと，右派政党が政権を担当する場合とでは，福祉政策や経済政策の中身が大きく異なることが多い。第2章で見たように，経済状況と自殺率には高い相関関係があることから，経済的困窮を緩和する福祉政策や経済政策は自殺率に影響を与える可能性があると考えられる。したがって，政権与党の党派性は政策を通じて自殺率に影響を与える可能性がある。このようなロジックから本章では政権与党のイデオロギーと自殺率の関係について，OECD 諸国の国際比較データを用いた実証分析を行う。

1 政府のイデオロギーと政策

　福祉国家の成立以来，政府は国民の生活にさまざまな影響を与えるようになった。現代国家における政府の役割は経済活動に対する規制，公共財の供給，さらに所得の再分配など多岐にわたるが，市民生活に対する政府の影響力は政府の党派性・イデオロギーに大きく左右される。一般的に右派・保守政党は個人の経済活動や結果に対する積極的な介入を控える「小さな政府」を目指す。小さな政府のもとでは政府の権限は縮小され，市場の競争による資源配分機能が重視される。また経済的機会の平等が保障される一方で，経済的成功は各自の責任に委ねられる。結果として，右派政党が政権を担当する場合，経済的結果や社会保障に対する政府の介入は小規模にとどまる傾向にある。一方で左派・革新政党は経済活動に積極的に介入し，福祉政策の拡充を指向する「大きな政府」を目指す。よって左派政党が政権を担当する場合，所得再分配などの福祉政策を通して経済的結果の平等の実現を試みると予測できる。
　上記の議論は，政権を担当する政党の党派性やイデオロギーが政策の立案と施行に大きな影響を与える可能性を示唆している。とくに自殺率に影響を与えると考えられる福祉政策や経済政策に注目した場合，左派政権と右派政権ではまったく異なる内容の政策を施行する可能性がある。まず福祉政策や所得分配政策に関しては，左派政権は経済的困窮を和らげるような政策を重視し，他方

で右派政権は経済的困窮は各自の責任の範囲だとみなす傾向にある。事実，数多くの先行研究が政府の党派性と福祉政策の充実度に強い関連があることを指摘してきた。たとえば，生活扶助，失業手当，また病気による休職手当は右派政権より左派政権のほうが充実している（Allan & Scruggs 2004）。また福祉政策全般の歳出額は左派政権下のほうが大きく（Huber & Stephens 2001），一方右派政権下では逆のパターンが見られる（Di Tella & MacCulloch 2002）。

福祉政策の拡充は経済的困窮を抱える人々の生活の質を上昇させ，より充実した福祉政策は心身両方の健康状態を改善させる可能性がある。たとえば，ヨーロッパのデータを用いて分析した Pacek & Radcliff（2008）によると，福祉政策の拡充により生活満足度は上昇する。また，福祉政策や保健政策の拡充は乳幼児死亡率の低下と結びつくなど，身体的健康にも影響を与えることがこれまでの研究により明らかになっている（Chung & Muntaner 2006; Conley & Springer 2001）。

政府の党派性は福祉政策だけでなく，マクロ経済政策にも影響を与えうる。Alesina, Roubini & Cohen（1997）は，各政党がそれぞれ異なる有権者のグループを代表しているため，結果として異なるマクロ経済政策を選択する傾向にあると論じている。Alesina らによれば左派政党は主に経済的地位の低い有権者からの支持を受けるため，政権に就いた場合，経済成長率を高め失業率を下げるような拡張的政策を選択する傾向にある。したがって，左派政権下ではインフレ率がしばしば高くなる。他方で，右派政党は経済的地位の高い有権者からの支持を受けるため，政権に就くとインフレ率を抑える政策を選択する。その結果，不況を招きやすく，また経済成長が鈍化する傾向がある。高い経済成長率や低い失業率はとくに貧しい人々の経済的困窮を和らげる可能性が高いため，結果として人々の心身の状態を改善する可能性があると考えられる。このことを裏づける実証研究として，Di Tella, MacColloch & Oswald（2003）は経済成長率が高くなり失業率が低くなると，幸福度が上昇することを示している。

政府の党派性は福祉政策やマクロ経済政策を通じて自殺率にも影響を与えると考えられる。左派政党が政権を握った場合，福祉政策を拡充させ，同時に経済成長を促す政策を施行するだろう。左派政党は全般的に経済的困窮者を救済

するような政策を選択するため，結果として，経済的困窮を原因とする自殺者数が減少すると予測できる。一方で右派政党が政権を握った場合，社会福祉関連の政府の介入規模は縮小し，また同時にインフレ率を抑制する政策を施行するため，結果として経済成長が鈍化する可能性がある。右派政権は経済的困窮を緩和するための積極的な行動を起こさない傾向が強いため，右派政権下では経済的理由に基づく自殺が多い傾向にあるかもしれない。これらの議論を総合すると，左派政権時に比べて右派政権時では経済的理由に基づく自殺者数が多い傾向にあるという仮説を導くことができる。

この仮説を検証するために2つの方法を用いる。第1の方法として，国際比較が可能な世論調査データを使い，1982年以降のヨーロッパ14カ国において，政府の党派性が個人の生活満足度にどのような影響を与えてきたかを調べる。上記の仮説を厳密に検証するためには，政府の党派性や政策が個人の自殺行為に与えている影響を調査することが理想的であるが，個人レベルでのそのような調査はきわめて困難である。自殺を図る個人の生活全般に対する満足度は非常に低いと考えることもできるため，自殺と主観的満足度には強い関係があると考えられる。そこで，代替の指標として個人の生活満足度に関する指標を用い，政府の党派性が各個人の満足度と関連があるかどうかを分析する。もし上記の仮説が正しく，左派政権下では自殺率が低い傾向にあるのであれば，左派政党が政権与党となっている期間はそうでないときと比較して人々の生活満足度は高い傾向にあると考えられる。人々の生活満足度の指標として，世論調査の「あなたは自分の生活にどの程度満足していますか」という質問に対する回答を用いる[2]。

第2の方法として，1980年以降のOECD 21カ国の国別自殺率データを用い，各国の自殺率が政府の党派性とどのように関連しているかを分析する。この分析では各国の毎年のデータを観察の単位とし，左派政党が政権を担当している年には自殺率が低くなる傾向があるかどうかを調べる。

---

[2] 生活満足度を用いた研究は数多く存在する。たとえばAlesina, Di Tella & MacCulloch (2004), Di Tella & MacCulloch (2005), Di Tella, MacCulloch & Oswald (2003), Pacek & Radcliff (2008), Radcliff (2001) を参照。

本章の実証分析結果は，政府の党派性は人々の生活満足度や自殺率と強い関係があることを示唆している。左派政党や中道のキリスト教民主政党が政権を担っているときには，人々の生活満足度は高い傾向にあり，また自殺率も低い傾向にある。分析の際には，個人の属性や社会経済的要因が生活満足度や自殺率へ与える影響は可能な限り統計的に統制されているものの，後述するように，この分析は必ずしも因果関係を示しているわけではないこと，したがって，左派政党が政権を担うことが自殺率の減少に直接つながることを意味しているわけではないことに注意が必要である。

2　政府の党派性と個人の生活満足度

◆分析に用いるデータ

　この節では「ユーロバロメータ（Eurobarometer）」という世論調査データを用いて，政府の党派性と個人の生活満足度の関係を検証する。この世論調査は，主にヨーロッパ統合に対する知識や意見を調査するために 1970 年以降西ヨーロッパ諸国でほぼ毎年行われてきた。各調査には統合に関する質問だけではなく，生活満足度に関する質問や人々のイデオロギーや政策選好，さらに社会経済的属性に関する質問項目も含まれている。調査対象は欧州連合（EU，または欧州共同体〔EC〕）加盟国の国民であるが，調査年によっては EU に加盟していないノルウェー国民も対象としている。調査は対面方式で行われ，各国において毎回約 1000 人が回答者として含まれている。この調査は頻繁に学術研究に使用されており，人々の幸福度や生活満足度に関する主要な既存研究の多くもこのユーロバロメータ調査を用いている。

　本章の分析にはオーストリア，ベルギー，デンマーク，フィンランド，フランス，ドイツ，ギリシャ，アイルランド，イタリア，オランダ，ポルトガル，スペイン，スウェーデン，そしてイギリスの 14 カ国における世論調査回答者のデータを用いる。これら 14 カ国は次節で紹介する自殺率の分析にも含まれている国々である。分析期間は分析に用いられるすべての変数に関してデータ入

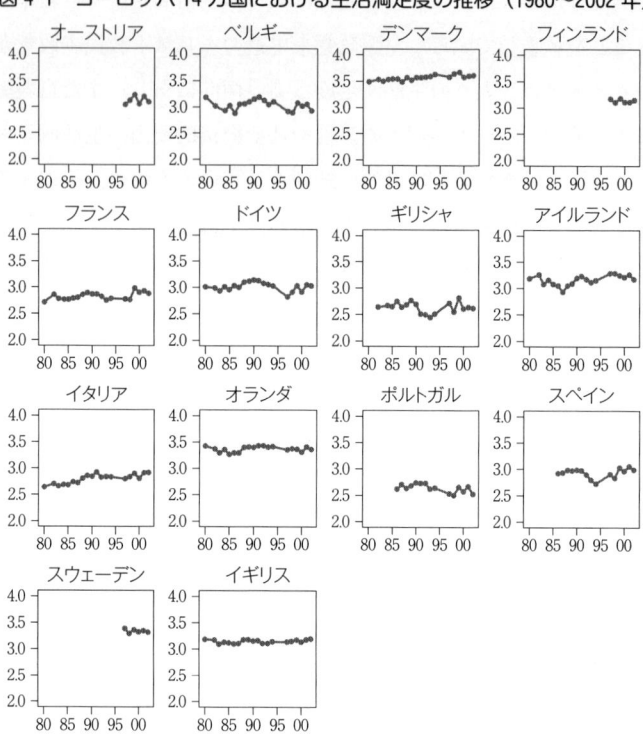

図 4-1 ヨーロッパ 14 カ国における生活満足度の推移（1980〜2002 年）

手が可能な 1980〜2002 年に限定した。また，国によっては生活満足度に関する質問が含まれない調査年もあるが，そうした調査年は除いて分析を行った。最終的には全部で 227 の別個の世論調査（それぞれの国の各年の調査を別個のものとして数えたもの）の 33 万 5653 人分のデータが分析に含まれている。

回答者の生活満足度を測定するために，「全体的にあなたは生活にとても満足していますか，ある程度満足していますか，あまり満足していませんか，あるいは全く満足していませんか」という質問を用いる。回答者は質問文中の 4 つの選択肢のうちの 1 つを回答として選択する。筆者らの分析では回答を数値化し，「全く満足していない」を 1，「あまり満足していない」を 2，「ある程度満足している」を 3，そして「とても満足している」を 4 と定義する。図 4-1 は各国の調査年ごとの回答者全体の平均の生活満足度を示している。多くの国で平均値が 3 を超えている一方で，イタリア，ポルトガル，ギリシャなどでは平均値が 3 を下回っていることがわかる。デンマークやスウェーデンにおいては生

活満足度が全体的に高いようである。

　政府の党派性の指標としては，内閣で左派政党が占める大臣の比率を用いる。これは政治学，社会学および経済学における最も一般的な政府の党派性の測定方法である（Allan & Scruggs 2004; Hicks & Swank 1992; Huber & Stephens 2001; Huber, Ragin & Stephens 1993; Swank 2002）。内閣における左派政党の大臣比率は，選挙時の左派政党の得票率や議会における左派政党議席占有率に比べて，施行される政策の内容とより強い相関関係にあることを過去の研究は示している（Huber, Ragin & Stephens 1993）。この党派性の比率は 0 から 1 の間で変動するが，1 に近づくほど左派政党がより多くの大臣ポストを担当しており，逆に 0 に近づくほど左派政党以外の政党（右派政党あるいは中道政党）が大臣ポストを保持していることを示す。内閣の党派性のデータは Swank による「Comparative Parties Data Set」より入手した[3]。14 カ国それぞれの国の内閣の党派性について，1980〜2002 年の毎年のデータを作成した。

　本章の分析では，左派政党だけでなく内閣におけるキリスト教民主政党の比率と生活満足度との関連も同時に検証する。これまでの研究はキリスト教民主政党も福祉政策の形成に大きな役割を果たしてきたことを示している（Huber, Ragin, & Stephens 1993; Huber & Stephens 2001）。左派政党は労働者階級の福祉や労働条件を改善するための政策に貢献してきたのに対し，キリスト教民主政党は社会保険や所得の再分配に貢献してきたとされている。Huber & Stephens (2001, p. 39) によると左派政党とキリスト教民主政党はともに「人々を貧困から抜け出させ，また所得の再分配に積極的」である。したがって，政府における左派政党とキリスト教民主政党の存在が増した場合，人々の生活満足度が上昇すると考えられる。キリスト教民主政党が内閣に占める比率のデータは，左派政党と同じく Swank による「Comparative Parties Data Set」より入手した。

　図 4-2 は生活満足度の分析に含まれる 14 カ国および次節における自殺率の分析で新たに加えられる 7 カ国（アメリカ，カナダ，オーストラリア，ニュージーランド，日本，スイス，ノルウェー）において，内閣ポストに占める左派政党（破線）

---

[3] Swank は Castes & Mair (1984) による指標に基づき，21 の OECD 諸国における各政党を左派，右派，中道，そして中道右派であるキリスト教民主政党に分類している。

図 4-2 政府の党派性の時

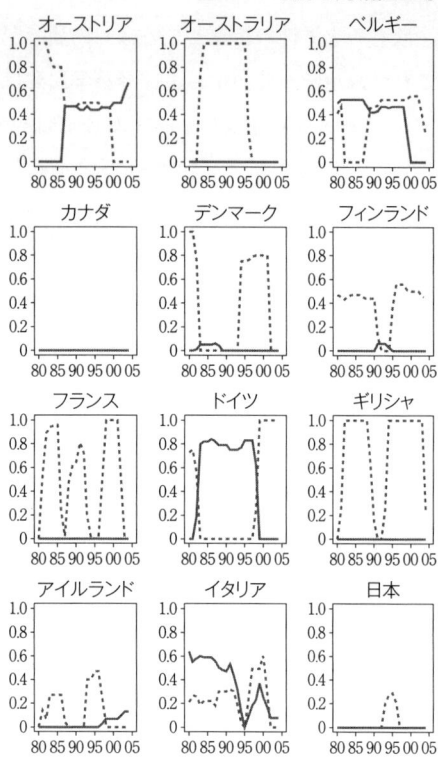

およびキリスト教民主政党（実線）の比率の推移を示す。連立内閣の場合，左派政党やキリスト教民主政党の比率は 1 未満となる。左派政党の例として，オーストラリアの労働党，ドイツの社会民主党，スウェーデンの社会民主党，そしてイギリスの労働党が挙げられる。キリスト教民主政党の例として，デンマークやベルギーのキリスト教民主党，そしてドイツのキリスト教民主同盟などがある。アメリカの場合，左派政党やキリスト教民主政党と定義される政党が存在しないため両者の比率は常に 0 となっている[4]。日本では 1993～96 年の連立政権時代に社会党がいくつかの内閣ポストを占めていたため，左派政党の比率が一時的に高くなっている[5]。

---

4 アメリカの民主党は中道政党として定義されている。
5 各国の各政党の分類は Swank による「Comparative Parties Data Set」を参照のこと。

系列推移（1980〜2005 年）

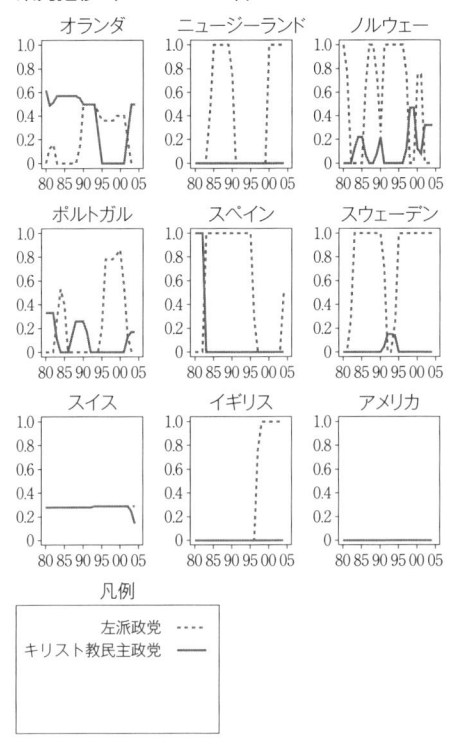

オランダ　ニュージーランド　ノルウェー

ポルトガル　スペイン　スウェーデン

スイス　イギリス　アメリカ

凡例
- 左派政党　-------
- キリスト教民主政党　――――

◆ 分析アプローチ

　これらのデータを用いて政府の党派性と個人の生活満足度の関係を回帰分析により検証する。もし本章の仮説通りに政党の党派性が生活満足度と関連するのであれば、左派政党やキリスト教民主政党がより多くの内閣ポストを占めている時期には、その国の世論調査の回答者は「ある程度満足している」あるいは「とても満足している」と答える確率が高くなるはずである。一方で、右派政党がより多くの内閣ポストを占める時期には回答者が「ある程度満足している」あるいは「とても満足している」と答える確率は低くなるだろう。このような傾向が1980〜2002年に調査対象国の14カ国で見られる場合、左派政党あるいはキリスト教民主政党が内閣に占める比率と生活満足度の間には全般的に正の関係があると推定されるはずである。

回帰分析を行う際に注意しなければならないのは，各国における社会経済的状況が回帰分析の結果に与える影響である。もしそれらの属性の影響を無視した場合，政府の党派性が生活満足度に影響を与えたのかどうかを回帰分析の結果から判断できなくなってしまうからである。ここでは景気を例に用い，各国の社会経済的属性を無視するとどのような問題が生じるかを簡単に解説する。ある国では景気が悪くなった場合，経済成長を重視する左派政権が選挙で選ばれる可能性が高まるとしよう。つまり，景気が悪い年ほど左派政権が成立する可能性が高く，一方で景気が良い年ほどインフレ率を抑制することを目指す右派政権が成立する可能性が高くなると想定する。また，景気が良い時期ほど生活満足度は高まると考えられるので，景気と生活満足度は直接関連していると考えられる。景気，政府の党派性，そして生活満足度の相互の関連を考慮した場合，左派政党が政権を担当する時期には生活満足度が高くなると期待できる一方で，景気が良い時期にも生活満足度が高くなると想定できる。このような相互関連を無視して政府の党派性と生活満足度の関係のみに絞って回帰分析を行うと，その関係が正確に推定されない可能性が出てくる。なぜなら，ある時期に左派政党が政権を担当することで生活満足度が高くなったとしても，同時にその時期は景気が悪いので生活満足度が下がるかもしれないからである。よって，生活満足度に対する左派政権の正の効果が景気悪化による負の効果により相殺される可能性が出てくる。つまり，景気の役割を無視した場合，政府の党派性は生活満足度に何の影響も与えないということが回帰分析により示されてしまう可能性があるのである。

　このような可能性を回避するためには，景気の影響を「統制」する必要がある。たとえば，景気の良い年（たとえば，成長率が3％以上）と景気が悪い年（同3％未満）にデータを分割し，それぞれのデータを用いて回帰分析を行うと想定しよう。この場合，景気は各データ内でほぼ似たような水準であるため，景気の影響を統制したうえで政府の党派性と自殺率の関係を明らかにすることができる。ここでは議論を単純化してあるものの，実際の回帰分析では統計的な手法を用いることによりさまざまな変数の影響を厳密に一括して統制することが可能になる。

本章の回帰分析では，経済・福祉政策と個人の生活満足度の関係に影響を及ぼすと考えられる各年の各国のさまざまな属性の影響を統制している。福祉政策関連の変数として，GDPに対する福祉政策のための歳出割合と失業手当の充足度を分析に加えた。マクロ経済変数としては，実質経済成長率，失業率，そしてインフレ率を統制変数として加えることによって，これらの変数の直接の影響を除去している。また，社会経済変数として，経済発展度，所得格差，労働組合組織率，女性の労働参加率，従属人口割合，人口規模の影響も分析の際に考慮されている。最後に，国レベルの属性だけではなく，回答者の社会経済的属性が生活満足度に与える影響も統制するために，先行研究に基づき，回答者の教育程度，収入，年齢，婚姻状態，そして就業状態をモデルに含めた。変数の詳細は章末の補論1（127頁）にまとめられている。国レベルおよび個人レベルの変数の定義と記述統計は表4-1に示した。

◆ 分 析 結 果

まず1980〜2002年の14カ国のすべての調査回答者を用いて分析を行った。個人の生活満足度が4つの回答項目で構成される尺度であることから，回帰分析の手法として順序尺度ロジット・モデルを用いた。このモデルによる推定結果の解釈はやや煩雑なため，ここでは政府の党派性と生活満足度の関係についてのみ分析結果の解釈を行う。回帰分析の詳細な結果は補論2の表4-3（130頁）にまとめた。結果の解釈を容易にするために，内閣に占める左派政党，キリスト教民主政党，右派政党のそれぞれの比率が0から1に変化したときに回答者が「生活にとても満足している」と答える確率がどれだけ変化するかを回帰分析の推定値を用いて計算した。もし本章の仮説が正しければ，内閣に占める左派政党やキリスト教民主政党の比率が上昇するにつれて「生活にとても満足している」と回答する確率は上昇するはずである。反対に，内閣に占める右派政党の比率が増えると，「とても満足している」と回答する確率は減少するはずである。

図4-3は予測確率の計算結果を示している。横軸は確率の変化を示しており，縦軸に沿って並んだ黒い丸は内閣に占める各党派の比率が変化したときの効果

表 4-1　個人の生活満足度の分析に用いる変数の定義と記述統計

変数名	定義	平均	標準偏差	最小値	最大値
国レベル					
左派政党	内閣に占める左派政党閣僚の比率	0.378	0.392	0.000	1.000
キリスト教民主政党	内閣に占めるキリスト教民主政党閣僚の比率	0.190	0.270	0.000	0.840
福祉政策歳出率	総歳出に占める福祉政策支出の割合	0.220	0.044	0.110	0.305
失業手当の充足度	失業手当金額に対する賃金の割合	0.321	0.151	0.003	0.625
GDP 成長率	前年からの GDP の変化率	0.023	0.023	−0.036	0.112
失業率	労働力人口に占める失業者の割合	0.090	0.036	0.021	0.242
インフレ率	前年からの物価上昇率	0.027	0.014	−0.005	0.070
1 人当たり GDP（対数値)	GDP／人口，対数値に変換	9.986	0.216	9.347	10.444
所得格差	ジニ係数	0.286	0.037	0.222	0.364
女性の労働参加率	女性労働力人口に占める勤労女性の割合	0.561	0.116	0.345	0.786
労働組合組織率	労働者に占める労働組合所属率	0.396	0.203	0.082	0.822
従属人口	15 歳以下および 65 歳以上人口の割合	0.334	0.019	0.299	0.412
人口（対数値)	総人口，対数値に変換	16.742	1.022	15.040	18.228
個人レベル					
生活満足度	4 点尺度，数値が高いほど満足度が高い	3.044	0.761	1.000	4.000
最終教育：14 歳以下	最後に教育を受けたのが 14 歳以下＝1，それ以外 0	0.283	0.450	0.000	1.000
最終教育：15 歳〜18 歳	最後に教育を受けたのが 15 歳以上 18 歳以下＝1，それ以外 0	0.377	0.485	0.000	1.000
最終教育：19 歳以上	最後に教育を受けたのが 19 歳以上＝1，それ以外 0	0.259	0.438	0.000	1.000
在学中	在学中＝1，それ以外 0	0.078	0.268	0.000	1.000
収入：第 1 四分位	第 1 四分位，それ以外＝0	0.301	0.459	0.000	1.000
収入：第 2 四分位	第 2 四分位，それ以外＝0	0.259	0.438	0.000	1.000
収入：第 3 四分位	第 3 四分位，それ以外＝0	0.249	0.432	0.000	1.000
収入：第 4 四分位	第 4 四分位，それ以外＝0	0.192	0.394	0.000	1.000
年齢	実年齢	43.962	17.717	15.000	99.000
女性	女性＝1，男性＝0	0.511	0.500	0.000	1.000
既婚	既婚＝1，それ以外＝0	0.638	0.481	0.000	1.000
離婚	離婚＝1，それ以外＝0	0.039	0.194	0.000	1.000
別居	別居＝1，それ以外＝0	0.012	0.109	0.000	1.000
死別	死別＝1，それ以外＝0	0.083	0.277	0.000	1.000
自営	自営＝1，それ以外＝0	0.069	0.253	0.000	1.000
失業中	失業中＝1，それ以外＝0	0.055	0.228	0.000	1.000
引退	引退＝1，それ以外＝0	0.190	0.393	0.000	1.000

2 政府の党派性と個人の生活満足度

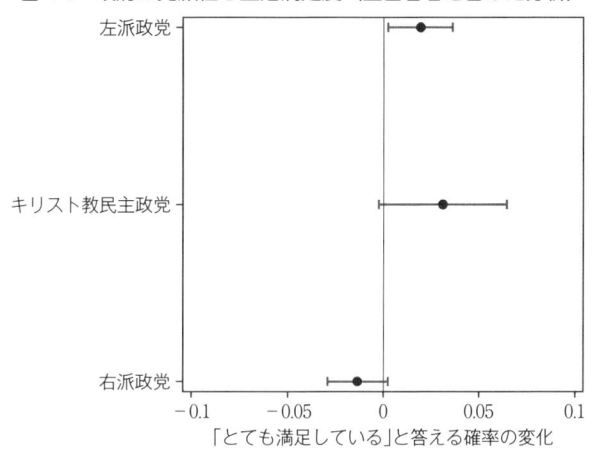

図 4-3 政府の党派性と生活満足度（全回答者を含めた分析）

の大きさを示している。黒い丸が図の中央に位置する 0 を示す縦線よりも右側にある場合，内閣に占める各党派の比率が 0 から 1 に変化したときに「生活にとても満足している」と回答する確率が上昇することを意味する。一方で黒い丸が図の 0 を示す縦線よりも左側にある場合，内閣に占める各党派の比率が 0 から 1 に変化したときに「とても満足している」と回答する確率が減少することを意味する。なお，黒い丸の左右に伸びる線の長さは 95% 信頼区間を示しており，それらの線が 0 を示す縦線と交わっていない場合，党派の比率の変化は回答者が「とても満足している」と回答する確率と正または負の関係にあると統計的に結論づけることができる。図示されている党派性の効果は国や個人回答者の社会経済的属性の影響を統制したうえで得られた予測確率である。なお，推定方法や図 4-3 の作成方法に関する詳しい情報は章末の補論 2（128 頁）にまとめた。

図 4-3 によると，内閣に占める左派政党の比率が 0 から 1 に増えたとき，「生活にとても満足している」と答える確率は 0.02 上昇することを示している。また，キリスト教民主政党の場合，確率は 0.03 上昇することがわかる。一方で，右派政党の比率が 0 から 1 に上昇すると，「とても満足している」と答える確率は 0.013 減少する。ただし，キリスト教民主政党と右派政党の効果の信頼区間は若干ではあるが 0 と交差していることに注意が必要である。ここで，確率は 0 から 1 の範囲をとることから，政府の党派性の変化が生活満足度に与える影

響は小さく見えるかもしれない。しかし，国の人口レベルで考えた場合，政府の党派性の変化により生活にとても満足している国民が数％増えるというのはかなり大きな変動である。たとえば，人口が1億人を超える日本の場合で考えると，1％の変化は満足している国民が100万人以上増えることを意味する。

◆ 個人の属性と政府の党派性

図4-3の分析では，政府の党派性はすべての回答者に同様の影響を及ぼすと仮定している。しかし実際には，すべての人々が政府の党派性やそれに伴う政策に同じような反応を示すとは考えにくい。回答者の党派性や経済的地位によって政府の党派性に対する反応は異なりうるからである。たとえば，右派政権下では全般的に回答者の生活満足度が低い傾向にあったとしても，右派政権を支持する人々の生活満足度に関しては右派政権下ではかえって高い可能性がある。そこで，まず各回答者の党派性によって政府の党派性による影響が異なるかを検証した。左派政党やキリスト教民主政党が政権に就いた場合，右派イデオロギーを持つ人々に比べ，左派イデオロギーを持つ人々の生活満足度が高い傾向にあると予想できる。回答者のイデオロギーの測定には，1を左派，10を右派とする10点尺度を用いた回答者のイデオロギーに関する回答を用いる。分析の際には，1～3と答えた回答者を左派，4～7を中道，8～10を右派と分類した。

推定結果は図4-4にまとめられている。上の図は左派・中道・右派イデオロギーを持つ回答者に対し左派政党の比率の変化が与える影響を示し，下の図はキリスト教民主政党の比率の変化が与える影響を図示している。2つの図から，内閣に占める左派政党およびキリスト教民主政党の比率が高まると左派と中道イデオロギーを持つ人々が「生活にとても満足している」と答える確率が上昇することがわかる。しかし，右派イデオロギーを持つ人々については0の値が信頼区間と交差していることから，左派政党やキリスト教政党の内閣における存在は右派支持者の生活満足度には影響を与えないようである。

さらに，同様の分析を収入による分類を用いて行った。回答者を所得の中央

図 4-4 政府の党派性と生活満足度（イデオロギー別の分析）

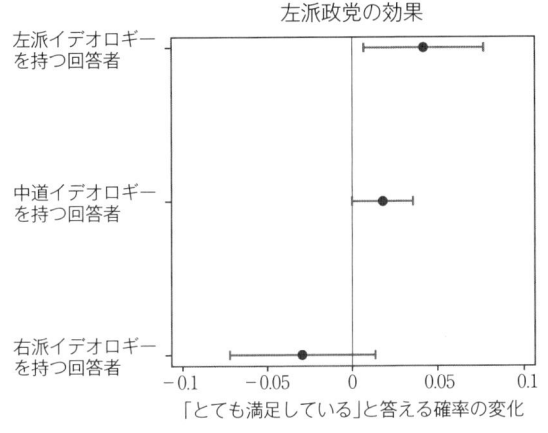

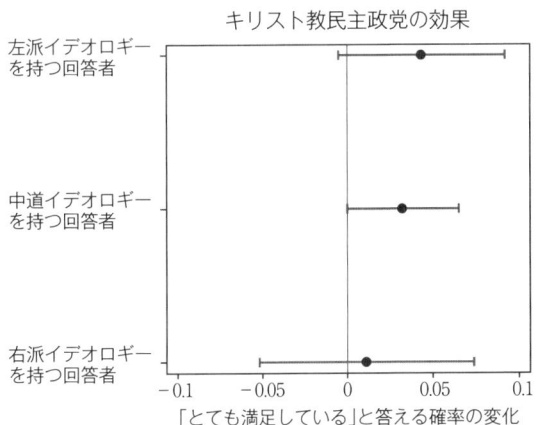

左派政党の効果

（左派イデオロギーを持つ回答者／中道イデオロギーを持つ回答者／右派イデオロギーを持つ回答者）

「とても満足している」と答える確率の変化

キリスト教民主政党の効果

（左派イデオロギーを持つ回答者／中道イデオロギーを持つ回答者／右派イデオロギーを持つ回答者）

「とても満足している」と答える確率の変化

値で分割し，中央値以下を低所得層，中央値以上を高所得層としてそれぞれの層に対する政府の党派性の効果を推定した。図4-5に結果が示されている。低所得者層の場合，左派政党の比率が増えた場合に「生活にとても満足している」と答える確率が増える傾向にあるが，キリスト教民主政党の場合はそのような関係を見出せない。しかし，高所得者層に関してはキリスト教民主政党の比率の上昇は満足度を上昇を伴うようである。

最後に回答者を年齢別に分類し，年齢によって党派性と生活満足度の関係が異なるかどうかを検証した。24歳以下の若年層は自分たちの生活が政策による影響をほとんど受けていないと認識する可能性が高いが，一方で25～64歳

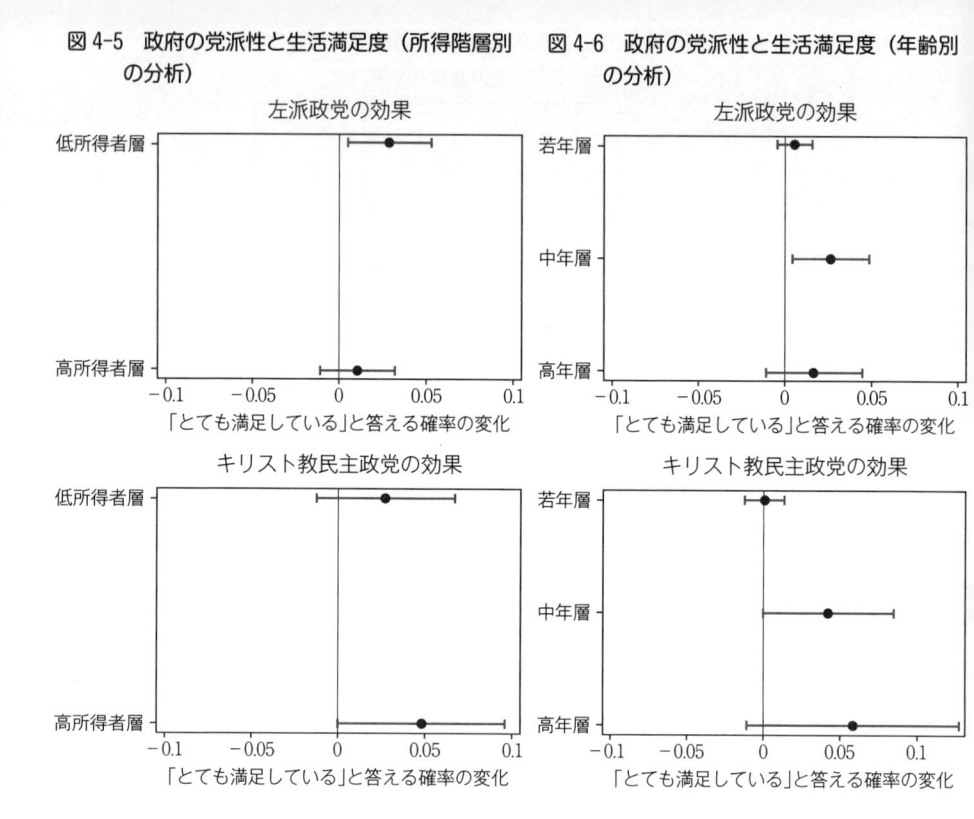

図 4-5 政府の党派性と生活満足度（所得階層別の分析）

左派政党の効果

キリスト教民主政党の効果

図 4-6 政府の党派性と生活満足度（年齢別の分析）

左派政党の効果

キリスト教民主政党の効果

までの中年層や 65 歳以上の高年層は福祉や経済政策による影響により敏感であると考えられる。図 4-6 によると，予測通り 24 歳以下の若年層の生活満足度と政府の党派性には関係が見られない。一方，中年層の生活満足度は左派政党およびキリスト教民主政党の政府内での存在に強い関連があり，両党の比率が高くなるほど就労層の生活満足度は上がる傾向にある。また，65 歳以上の高年層の生活満足度については，党派性の影響はあまり強くないようである。

3 政府の党派性と自殺率

　前節の分析結果は政府の党派性が人々の生活満足度と強い相関関係にある可能性を示している。さらに本節では，各年における国別自殺率を用いて，政府

の党派性が自殺率にどのような関係にあるかを調べる。実証分析には 1980～2004 年の OECD 21 カ国の自殺率および社会経済変数を用いる。この 21 カ国はオーストリア，オーストラリア，ベルギー，カナダ，デンマーク，フィンランド，フランス，ドイツ，ギリシャ，アイルランド，イタリア，日本，オランダ，ニュージーランド，ノルウェー，ポルトガル，スペイン，スウェーデン，スイス，イギリス，そしてアメリカである。データの個数は 525（21 カ国×25 年間）である。

　自殺率は各年における 10 万人当たりの自殺者数に基づく。年齢や性別によって党派性の影響が異なる可能性を考慮するため，全人口，男性，女性，25～64 歳男性，25～64 歳女性，24 歳以下人口，65 歳以上人口という 7 つの人口集団それぞれについて自殺率を求めた。自殺および人口データは「World Health Organization（WHO）Mortality Database」より入手した。

　図 4-7 は 1980～2004 年の OECD 21 カ国における自殺率の推移を示している。分析期間中，各国の自殺率は大きく変動しており，たとえばオーストリア，デンマーク，フィンランド，ドイツ，スウェーデン，そしてスイスでは自殺率は低下傾向にある。一方で，アイルランドや日本では自殺率は増加している。このような各国における自殺率の時系列の変動をどの程度政府の党派性の変化によって説明できるかを明らかにすることが本節の目的である。

　政府の党派性と自殺率の関係を分析するために，前節と同様に内閣に占める左派政党およびキリスト教民主政党に所属する大臣の比率を用いて政府の党派性を測る。変数の定義および各国における両党の内閣に占める比率の時系列推移についての議論は前節を参照されたい。前掲の図 4-2（112 頁）には分析対象の 21 カ国における左派政党およびキリスト教民主政党が政権内で占める比率の推移が示されている。第 1 節で提示した仮説が正しいのであれば，内閣における左派政党やキリスト教民主政党の比率が多い時期には，自殺率が総じて低くなるはずである。

　これらの主要な変数に加えて，分析においては福祉政策変数（対 GDP 社会福祉歳出割合と失業手当充足度），マクロ経済変数（経済成長率，失業率，インフレ率），そして社会経済変数（1 人当たり GDP，所得格差，女性の労働参加率，労働組合組織率，

図 4-7　OECD 21 カ国における

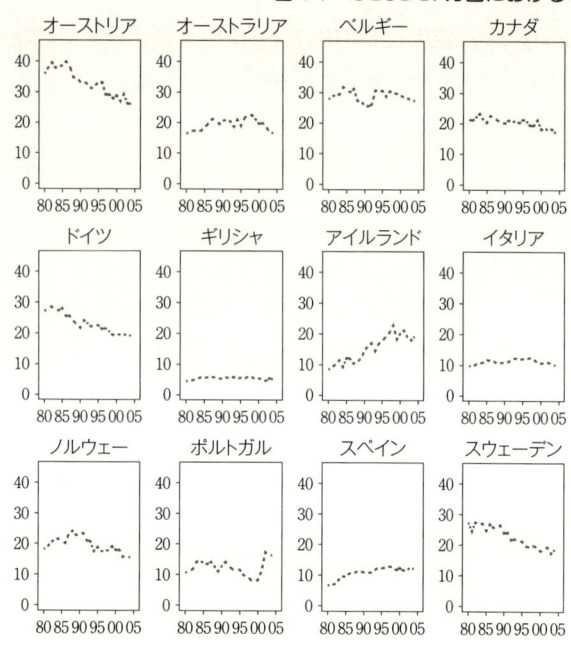

従属人口割合，人口規模）が自殺率に与える影響を統制する。さらに社会経済変数として離婚率も分析に含める。各変数の定義および記述統計は表 4-2（124 頁）にまとめられている。

　推定の結果を図 4-8 と図 4-9 にまとめた。図 4-8 は左派政党の比率と各人口グループの自殺率の関係を示し，図 4-9 はキリスト教民主政党の比率と各グループの自殺率の関係を示している。回帰分析の詳細および結果の解釈については章末の補論 3（133 頁）にまとめられている。前節と同様に，図中の横軸は自殺率の変化を示し，たとえば図 4-8 においては内閣に占める左派政党の比率が 0 から 1 に上昇した場合に自殺率がどれだけ変化するかを意味している。縦軸に沿って並んだ黒い丸は，左派政党が内閣に占める比率の各グループの自殺率への影響の大きさを示している。黒い丸が図の中央に位置する 0 を示す縦線よりも右側にある場合，左派政党の比率の増加に伴い自殺率も上昇することを意味する。一方で黒い丸が図の 0 を示す縦線よりも左側にある場合には，左派政党が政府内で占める比率の増加に伴い自殺率は減少する傾向にあることを意味している。なお黒い丸の左右に伸びる線の長さは 95% 信頼区間を示しており，

自殺率の推移（1980～2004年）

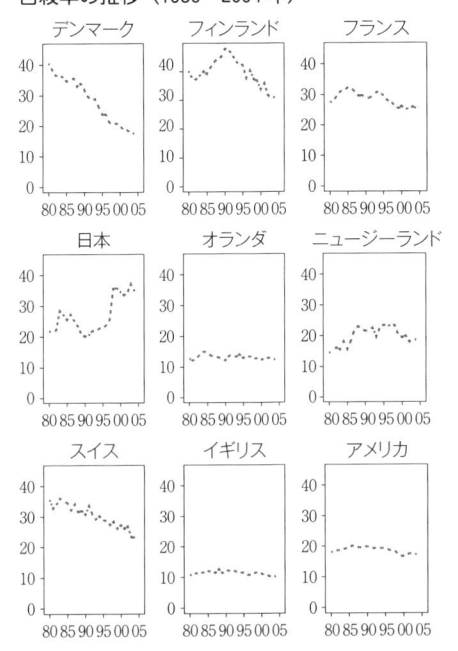

デンマーク　フィンランド　フランス

日本　オランダ　ニュージーランド

スイス　イギリス　アメリカ

それらの線が 0 を示す縦線と交わっていない場合，統計的な意味で左派政党の比率は自殺率と正または負の関係にある。図示されている推定値は各国の各年の社会経済的属性の影響を統制したうえで得られたものである。

　図 4-8 によると，ほとんどのグループの自殺率について黒い丸は 0 の左側に位置する。これは左派政党の比率が大きくなるにつれて自殺率が減少するということを意味している。たとえば，全人口の自殺率と左派政党の関係に注目すると，内閣に占める左派政党の比率が 0 であるときに比べて，比率が 1 であるときには，10 万人当たりの自殺率が 0.9 低い傾向にあることを示している。10 万当たりの平均自殺率が約 20 人であることを考えると（表 4-2 を参照），0.9 で示される低下傾向は大きいと言えるであろう。人口が 1000 万人程度の国（たとえば，オーストリア，ベルギー，ポルトガル，そしてスウェーデン）において，左派政党が内閣の全ポストを占めるときは，ポストをまったく持っていないときと比べて，自殺者数が 90 人ほど少ない傾向にある。人口が 5000 万人程度の国（フランス，イタリア，スペイン，イギリス）ではその差は 450 人ほどにのぼる。さらに，このような内閣の左派政党の比率と自殺率の負の関係は男女を問わず見受けら

表 4-2　自殺率の分析に用いる変数の定義と記述統計

変数名	定義	平均	標準偏差	最小値	最大値
総自殺率	(総自殺数／総人口)×10万人	20.902	9.090	4.522	47.850
男性自殺率	(男性自殺数／男性人口)×10万人	21.352	9.389	4.602	49.308
女性自殺率	(女性自殺数／女性人口)×10万人	7.728	4.109	0.868	22.317
25～64歳男性自殺率	(25～64歳男性自殺数／25～64歳男性人口)×10万人	26.617	12.206	5.041	66.261
25～64歳女性自殺率	(25～64歳女性自殺数／25～64歳女性人口)×10万人	9.562	5.102	1.010	32.316
24歳以下自殺率	(24歳以下人口自殺数／24歳以下人口)×10万人	4.793	2.456	0.773	12.886
65歳以上自殺率	(65歳以上人口自殺数／65歳以上人口)×10万人	23.454	12.074	4.616	55.119
左派政党	内閣に占める左派政党閣僚の比率	0.359	0.392	0.000	1.000
キリスト教民主政党	内閣に占めるキリスト教民主政党閣僚の比率	0.127	0.224	0.000	1.000
右派政党	内閣に占める右派政党閣僚の比率	0.390	0.406	0.000	1.000
福祉政策のための歳出率	総歳出に占める福祉政策支出の割合	0.206	0.053	0.102	0.358
失業手当の充足度	失業手当金額に対する賃金の割合	0.286	0.129	0.003	0.649
GDP成長率	前年からのGDPの変化率	0.020	0.024	−0.089	0.112
失業率	労働力人口に占める失業者の割合	0.076	0.040	0.002	0.242
インフレ率	前年からの物価上昇率	0.025	0.014	−0.009	0.085
1人当たりGDP（対数値）	GDP／人口，対数値に変換	10.065	0.253	9.263	10.697
所得格差	ジニ係数	0.286	0.043	0.003	0.392
女性の労働参加率	女性労働力人口に占める勤労女性の割合	0.603	0.113	0.320	0.809
労働組合組織率	労働者に占める労働組合所属率	0.395	0.204	0.080	0.839
離婚率	(離婚件数／人口)×1000人	2.038	0.995	0.000	5.300
従属人口割合	15歳以下および65歳以上人口の割合	0.335	0.018	0.299	0.412
人口（対数値）	総人口，対数値に変換	9.752	1.219	8.049	12.590

れるようである。とくに男性25～64歳人口の自殺率は左派政党の比率と強い関係にあると推定されている。一方で，24歳以下と65歳以上人口の自殺率に関しては，内閣で左派政党が占める比率に影響を受けないようである。

　キリスト教民主政党の比率と自殺率の関係を示した図4-9においては，図4-8とは若干異なる傾向が見られる。全人口の自殺率とキリスト教民主政党の関係についての推定値の信頼区間は0と交差していることから，統計的に有意ではない。しかし，内閣におけるキリスト教民主政党の比重が多いときには，女性の自殺率が低い傾向にあると推定されている。同様に，24歳以下人口と65歳以上人口の自殺率は，キリスト教民主政党が多く閣僚ポストを占めるときには低い傾向にある。たとえば，内閣におけるキリスト教民主政党の比率が1

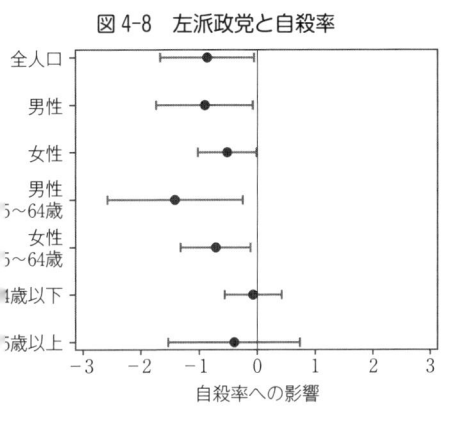

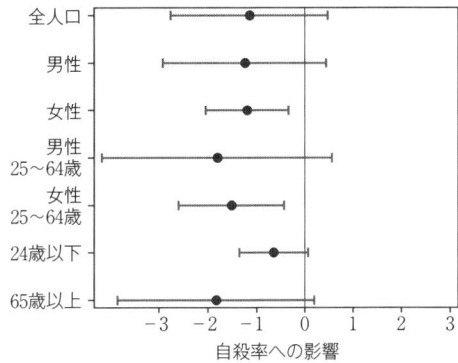

図 4-8　左派政党と自殺率　　　　図 4-9　キリスト教民主政党と自殺率

のときには，0であるときと比較して，65歳以上の自殺率は1.8人低くなることが推定結果から示唆される。

4　おわりに

　本章では政府が実施する政策全般の指標として政権与党のイデオロギーを用い，政治と人々の生活満足度や自殺率の関係を検証した。個人の生活満足度に関するデータを用いた分析および各国の自殺率を用いた国レベルの分析によって，政府における左派政党や中道政党であるキリスト教民主政党の比率が高まるにつれて人々の生活満足度は高まり，また自殺率も減少する傾向にあることが明らかになった。

　それでは，生活満足度や自殺率と政権与党のイデオロギーの関係はどのように解釈できるのだろうか。まず注意しなくてはいけないことは，本章の分析は必ずしも因果関係を示しているものではないということである。第3章で見たように，因果関係を証明するためには，分析に関して一定の仮定が満たされていることが必要であり，第3章では自然災害が自殺率や地域の属性とは無関係にランダムに発生するという性質を用いて因果関係を示すことが可能であった。しかし，本章の分析の場合，どの政党が政権を担当するかということが完全にランダムに決定されているとは言えない。たとえば，人々の生活満足度が低下

した場合に，福祉政策の拡充や経済の活性化を求めて有権者が左派あるいは中道政党を政権与党として選択する可能性も完全には排除できない。この場合，政府の党派性が生活満足度に影響を与えるだけでなく，生活満足度も政府の党派性に影響を与えるという双方向の関係が成立する。このような双方向の関係が存在する状況下で，政府の党派性の変化が生活満足度や自殺率の変化を引き起こしたと証明することは容易ではない。

したがって，本章の結果は，政府の党派性が変化すると生活満足度や自殺率も変化する傾向にあるという相関関係を示したものとして理解するべきである。しかし，このことは本章の分析結果が信頼性に足りないことを意味するわけではない。双方向の関係が存在することによって，政府の党派性の自殺率や生活満足度への影響は過小評価されている可能性もある。たとえば，生活満足度が下がれば左派政権成立の確率が高くなる（つまり両者の関係は負である）としよう。この場合，もともと生活満足度が低いときに左派政権が誕生する可能性が高いため，見かけ上は左派政権と生活満足度の関係は負になる可能性が高い。この負の関係によって，本章で想定している左派政権が生活満足度を上昇させるという正の効果は弱く推定されると考えられるため，本章で得られた分析結果は真の効果よりも過小になっている可能性がある。

この点に加えて，本章の結果は，自殺率や生活満足度に影響を与えると考えられる他の要因の影響を可能な限り排除したうえで得られたものであることも強調しておきたい。分析では回答者個人の属性や各国の社会経済的属性の影響は統制されており，さらに国特有の属性（たとえば自殺に対する規範や文化），あるいは測定することが難しい各年固有の情勢（政情不安など）の影響も考慮に入れられている。

いずれにしても本章の分析結果は，左派政党やキリスト教民主政党が閣僚ポストを多く占めているときにはそうでないときと比べて自殺率が低く，また人々の生活満足度が高い傾向にあることを示唆している。しかし，この結果をもって「自殺率を低下させるには左派政党やキリスト教民主政党を政権に就けるべきだ」と主張することが本章での目的ではなく，またそのような結果の解釈も適切ではない。本章の分析は，左派政党やキリスト教民主政党が重視する

政策が自殺率減少に貢献している可能性を示唆しており，具体的には福祉政策の拡充や経済活性化政策，また経済的困窮にある人々を救済するような政策が自殺率の低下や生活満足度の向上に有効である可能性を示していると言える。この点をさらに踏み込んで検証するため，次の第5章においては日本の都道府県データを用い，経済・福祉政策が実際に自殺率の減少につながっているかどうかを検証する。

補論1　変数の説明

　本文中の分析では，国や回答者個人の属性をモデルに加えることによって，それら属性の影響を統制した。まず国レベルの統制変数であるが，各国の属性はその内容により3種類に分類できる。第1の変数群は福祉政策変数である。政府の党派性は福祉政策の拡充に大きな影響を与え，さらに福祉政策の拡充は人々の幸福度に影響を与えると考えられる。福祉の充実度合いは，GDPに対する福祉政策のための歳出割合で測る。また，失業手当の充足度についても，失業手当金額に対する賃金の割合を変数として用いる。失業手当充足度は奇数年のデータしか存在しないため，偶数年のデータについては線形補間を行った。これらのデータは「OECD Stat Extracts」から入手した。

　第2の変数群は実質経済成長率，失業率，そしてインフレ率といったマクロ経済変数である。これらの変数は選挙結果を通して政府の党派性に影響を与える可能性が高く，また生活満足度にも直接影響を与えると考えられる。実質経済成長率は「Penn World Table 6.3」より入手した。インフレ率は消費者物価指数の変化率，そして失業率は労働力人口数に対する失業者数の割合として求めた。インフレ率と失業率は「OECD Stat Extracts」より入手した。

　第3の統制変数は社会経済変数であり，経済発展度，所得格差，労働組合組織率，女性の労働参加率，従属人口割合，人口規模が含まれる。経済発展度は1人当たり実質GDP（ドル）で測ることとし，データは「Penn World Table 6.3」

より入手した。所得格差はジニ係数に基づくが，0から1の値をとり，1に近づくほど所得格差が大きいことを意味する。ジニ係数のデータは「Standardized World Income Inequality Database」より手に入れた。労働組合組織率は賃金労働者に占める労働組合所属者数の割合，女性の労働参加率は女性労働力人口数に占める女性就労者の割合で測るが，これら労働に関する2変数は「OECD Stat Extracts」より入手した。従属人口割合は15歳以下と65歳以上人口の合計と定義し，人口データは「The World Health Organization（WHO）Mortality Database」より入手した。1人当たり実質GDPと人口規模は自然対数をとったうえでモデルに含めた。

　国レベルの属性だけではなく，本章の分析では回答者の社会経済的属性の影響も統制する。先行研究に基づき，教育程度，収入，年齢，婚姻状態，そして就業状態をモデルに投入する。教育程度は最後に教育を受けた年齢に基づき，14歳以下，15〜18歳，19〜22歳，そして23歳以上の4つのダミー変数で測る。モデルには含まれない比較対象のカテゴリーは14歳以下である。収入は収入レベルを各国ごとに4分位数に分け，そこから4つのダミー変数をつくった。比較対象となるカテゴリーは第1分位数である。年齢は調査当時の年齢に基づく。性別を示すダミー変数は女性＝1，男性＝0とする。婚姻状態は，未婚，既婚，離婚，別居，死別の5つのカテゴリーによって測る。モデルには未婚をベースとして4つのダミー変数を含める。就労状態は，自営，失業中，引退済みの3ダミー変数で測る。国レベルおよび個人レベル変数の定義と記述統計は前掲の表4-1（116頁）にまとめられている。

補論2　生活満足度を用いた個人レベル分析の方法

　人々の生活満足度に対する党派性の影響を検証するために以下のモデルを推定する。

$$s_{ijt} = \beta_1 [Left]_{jt} + \beta_2 [CD]_{jt} + \lambda w_{jt} + \gamma x_{ijt} + \eta_j T + \phi_t + \rho_j + \varepsilon_{ijt} \tag{1}$$

　(1)式において s_{ijt} は j 国，t 年における回答者 i の生活満足度を表す。本文

中で述べたように，生活満足度は4点尺度で測定されている。ϕ_t は年効果，ρ_j は国固定効果，そして ε_{ijt} は各個人の誤差項を意味する。ρ_j をモデルに含めることにより，時系列的に安定した各国特有の社会文化的背景の影響を取り除くことができる。また，生活満足度は各国ごとに特有のトレンドに基づいて変化している可能性があるため，各国特有のトレンド項 $\eta_j T$ もモデルに含めた。(1) 式の $[Left]_{jt}$ および $[CD]_{jt}$ はそれぞれ左派政党，キリスト教民主政党が内閣に占める比率であり，政府の党派性を表す主要な説明変数である。w_{jt} は，政府の党派性や人々の生活満足度の両方に関連すると考えられる国レベルで各年ごとに観察される統制変数を表す。x_{ijt} は回答者の社会経済的属性を表す。

表4-3は全調査回答者を含む推定結果，表4-4はイデオロギー別および所得別の推定結果，そして表4-5は年齢別の推定結果を示す。被説明変数が順序尺度で測定されているため，推定には順序尺度ロジット・モデルを用いた。結果は表に掲載していないものの，すべての推定モデルには国固定効果，年効果，そして国特有トレンド項が含まれている。標準誤差は各国の調査年ごとにクラスター処理されている。

表4-3の (1) 列は福祉政策およびマクロ経済変数を除いた結果，(2) 列はそれらの変数をモデルに加えた結果を示す。福祉政策およびマクロ経済変数以外の統制変数はすべてモデルに含まれている。(1) 列と (2) 列の結果は，政府における左派政党の占める大臣の比率が高まると，人々の生活満足度が上がることを示している。同様の効果はキリスト教民主政党にも見られる。興味深いことに，係数の大きさを比べると左派政党よりもキリスト教民主党政党の効果のほうが強いことがわかる。(1) 列と (2) 列の結果を比べると，福祉政策やマクロ経済政策の有無に関わらず，政府の党派性は生活満足度に対して正で有意な影響を与えるようである。

表4-3によると国レベルのいくつかの統制変数は予測通りの効果を生活満足度に与えている。女性の労働参加率と経済成長率（GDP）は生活満足度に正の効果を与える。失業率は生活満足度を下げるが，インフレ率と所得格差（ジニ係数）は有意な効果を与えない。福祉政策のための歳出割合や失業手当充足度は影響を与えないようである。また，表には掲載していないが，個人レベルの変数の結果を見ると，教育程度の高い人々，裕福な人々，高齢者，女性，既婚，

表 4-3 政府の党派性と個人の生活満足度

	(1)	(2)	(3)
左派政党	0.128**	0.142**	
	(0.061)	(0.055)	
キリスト教民主政党	0.286**	0.223*	
	(0.138)	(0.126)	
右派政党			−0.089*
			(0.046)
福祉政策のための歳出率		−0.395	−0.184
		(1.313)	(1.320)
失業手当充足度		−0.087	0.043
		(0.423)	(0.384)
GDP 成長率		3.476**	3.643**
		(0.860)	(0.866)
失業率		−4.505**	−4.861**
		(1.245)	(1.241)
インフレ率		0.493	0.295
		(2.111)	(2.231)
1人当たり GDP（対数値）	1.809**	−0.107	0.006
	(0.535)	(0.574)	(0.615)
ジニ係数	−2.269**	−0.698	−0.717
	(1.083)	(0.990)	(1.025)
女性の労働参加率	0.559	1.580*	1.971**
	(0.834)	(0.922)	(0.994)
労働組合組織率	0.374	−0.705	0.052
	(0.952)	(0.759)	(0.667)
従属人口割合	2.231	−3.198	−5.471*
	(2.801)	(3.221)	(3.055)
人口（対数値）	−0.576	−0.044	−0.152
	(0.424)	(0.352)	(0.387)
国固定効果	Yes	Yes	Yes
年効果	Yes	Yes	Yes
個人レベル変数	Yes	Yes	Yes
N	335,653	335,653	335,653

（注）個人レベル変数は推定には加えられているものの，表には掲載されていない。

自営業，有職者，そして引退後の回答者は生活に満足していると答える確率が高い。

党派性変数と経済変数が与える効果の大きさを比較するために，表 4-3 の (2) 列の結果を使って，これら 2 つの変数が変化した場合に回答者が「とても満足している」と答える確率がどれだけ変化するかを計算した。推定値をもとにした計算結果によると，内閣に占める左派政党およびキリスト教民主政党の比率が平均をはさんで 2 標準誤差分変化した場合，「とても満足している」と回

表 4-4 政府の党派性と個人の生活満足度（回答者のイデオロギーおよび収入レベル別分析の結果）

	(1) 左	(2) 中道	(3) 右	(4) 低収入	(5) 高収入
左派政党	0.350**	0.151**	−0.150	0.194**	0.062
	(0.075)	(0.063)	(0.093)	(0.056)	(0.065)
キリスト教民主政党	0.345**	0.260*	0.055	0.178	0.267*
	(0.141)	(0.137)	(0.164)	(0.132)	(0.137)
福祉政策歳出率	−0.651	−0.818	−1.371	−0.193	−0.691
	(1.632)	(1.563)	(2.348)	(1.357)	(1.922)
失業手当充足度	−0.106	−0.035	0.604	−0.175	−0.039
	(0.569)	(0.487)	(0.627)	(0.479)	(0.502)
GDP成長率	2.880**	3.270**	3.835**	3.397**	3.545**
	(1.249)	(1.004)	(1.288)	(0.911)	(1.073)
失業率	−3.660**	−3.700**	−4.477**	−4.655**	−4.428**
	(1.516)	(1.261)	(1.915)	(1.270)	(1.549)
インフレ率	1.993	−1.405	2.640	−0.839	2.060
	(2.534)	(2.589)	(2.429)	(2.191)	(2.512)
1人当たりGDP（対数値）	0.799	0.243	−2.117**	−0.375	0.239
	(0.790)	(0.687)	(0.868)	(0.612)	(0.701)
ジニ係数	−0.887	−1.054	0.563	−1.751*	0.680
	(1.366)	(1.168)	(1.682)	(1.054)	(1.492)
女性の労働参加率	1.017	1.910*	0.427	0.778	2.747**
	(1.308)	(1.096)	(1.272)	(0.975)	(1.222)
労働組合組織率	0.584	−1.156	−1.355	−0.464	−1.119
	(0.929)	(0.886)	(1.167)	(0.776)	(1.041)
従属人口割合	2.401	−1.753	−21.419**	−3.408	−3.083
	(4.371)	(3.718)	(5.103)	(3.384)	(4.251)
人口（対数値）	−0.042	−0.019	0.377	0.171	−0.375
	(0.565)	(0.411)	(0.561)	(0.419)	(0.461)
国固定効果	Yes	Yes	Yes	Yes	Yes
年効果	Yes	Yes	Yes	Yes	Yes
個人レベル変数	Yes	Yes	Yes	Yes	Yes
N	56,779	183,474	46,879	187,771	147,882

（注）個人レベル変数の結果は割愛。

答する確率は2ポイント増える。比較のために，経済成長率の効果を求めると，経済成長率が平均をはさんで2標準誤差分変化した場合，「とても満足している」と答える確率は2.6ポイント増えることがわかる。また失業率の場合，失業率が平均をはさんで2標準誤差分変化すると，「とても満足している」と答える確率は6ポイント減少する。これらの結果から，政府の党派性は失業率よりは弱いが，経済成長率とほぼ同等の効果を生活満足度に与えることがわかる。

本文中の図はそれぞれ図4-3が表4-3，図4-4と図4-5が表4-4，そして図

表 4-5 政府の党派性と個人の生活満足度（年齢グループ別分析の結果）

	(1) 24歳以下	(2) 25〜64歳	(3) 65歳以上
左派政党	0.109	0.165**	0.102
	(0.074)	(0.061)	(0.069)
キリスト教民主政党	0.017	0.258*	0.339**
	(0.129)	(0.133)	(0.171)
福祉政策歳出率	0.388	−0.461	−0.873
	(1.909)	(1.396)	(1.963)
失業手当充足度	−0.507	0.456	−1.827**
	(0.580)	(0.458)	(0.640)
GDP 成長率	3.436**	3.767**	2.637**
	(1.151)	(0.964)	(1.147)
失業率	−7.724**	−3.321**	−6.459**
	(1.565)	(1.295)	(2.005)
インフレ率	−0.530	1.880	−4.668*
	(2.418)	(2.367)	(2.582)
1人当たり GDP（対数値）	−0.779	0.554	−1.974**
	(0.767)	(0.602)	(0.836)
ジニ係数	−2.428	−0.384	−0.310
	(1.762)	(1.070)	(1.526)
女性の労働参加率	0.748	1.923*	1.419
	(1.247)	(1.027)	(1.300)
労働組合組織率	−0.563	−0.758	−0.417
	(1.103)	(0.824)	(1.206)
従属人口割合	−9.761**	−1.655	−0.001
	(4.525)	(3.371)	(4.554)
人口（対数値）	1.321**	−0.536	0.272
	(0.587)	(0.410)	(0.608)
国固定効果	Yes	Yes	Yes
年効果	Yes	Yes	Yes
個人レベル変数	Yes	Yes	Yes
N	52,351	228,190	55,112

（注）個人レベル変数の結果は割愛。

4-6 が表 4-5 の推定結果に基づいている。図を作成するために以下の手順を用いた。まず順序尺度ロジット・モデルを用いて推定を行い，次にその推定値を用いて生活満足度の 4 つの回答項目が選択される確率をシミュレートした。その際に党派性変数は 0 と 1 に設定し，モデルに含まれる他の統制変数はそれぞれ特定の値（各変数の平均など）に固定した。各回答項目について党派性変数が 0 と 1 のときそれぞれについて予測確率を求め，その差を計算し図示した。各

図には「とても満足している」という項目の確率のみを示してある。なお、シミュレーションは King, Tomz & Wittenberg（2000）に基づいて行った。

補論3　国レベル分析の方法

国レベルの自殺率についての推定には以下のモデルを用いた。

$$s_{jt} = \beta_1 [Left]_{jt} + \beta_2 [CD]_{jt} + \lambda w_{jt} + \eta_j T + \phi_t + \rho_j + \varepsilon_{jt} \tag{2}$$

(2) 式において s_{jt} は j 国、t 年における自殺率、ϕ_t は年効果、ρ_j は国固定効果、そして ε_{jt} は各国各年特有の誤差項を意味する。ρ_j をモデルに含めることにより、時系列的に安定した各国特有の社会文化的背景の影響を取り除くことができる。また、自殺率は国ごとに特有のトレンドに基づいて変化している可能性があるため、各国特有のトレンド項 $\eta_j T$ もモデルに含める。(2) 式の右辺には個人レベルの変数を除いて (1) 式と同じ変数が含まれる。(2) 式には新たに離婚率を含めた。離婚率は人口 1000 人当たりの離婚件数で測るが、データは「OECD Stat Extracts」から入手した。

表 4-6 は左派政党およびキリスト教民主政党についての推定結果を示す。(1) 列は全人口における自殺率を被説明変数として、福祉政策変数、マクロ経済変数、社会経済変数の効果を測定している。内閣に占める左派政党の比率は負の係数を持つことから、左派政党の比率が大きくなるにつれて自殺率は減少する傾向がある。キリスト教民主政党の効果も負に推定されているが、係数は 5% 水準で有意ではない。さらに、福祉変数やマクロ経済変数は統計的に有意な効果を与えないと推定されている。社会経済変数では、所得格差の上昇が自殺率を下げ、また女性の労働参加率や離婚率が上がると自殺率も上昇するという結果になっている。

表 4-6 の (2) 列と (3) 列では男性と女性の自殺率が別々に分析されている。左派政権によって男女とも自殺率は下がる。(1) 列との大きな違いは、キリスト教民主政党の比重が増すと女性の自殺率が減少すると推定されていることである。男性の自殺率に対しても負の係数を持つが、5% 水準では有意ではない。

表 4-6　政府の党派性と自殺率の分析結果

	(1) 全人口	(2) 男性	(3) 女性	(4) 男性 25〜64歳	(5) 女性 25〜64歳	(6) 24歳以下	(7) 65歳以上
左派政党	−0.865**	−0.907**	−0.520**	−1.416**	−0.714**	−0.069	−0.392
	(0.386)	(0.399)	(0.244)	(0.557)	(0.287)	(0.237)	(0.545)
キリスト教民主政党	−1.165	−1.261	−1.210**	−1.823	−1.526**	−0.656*	−1.839*
	(0.779)	(0.809)	(0.411)	(1.137)	(0.517)	(0.345)	(0.972)
福祉政策のための歳出率	20.419	21.485	8.971*	29.420	11.522	4.181	−0.850
	(14.612)	(14.891)	(4.724)	(24.130)	(8.563)	(5.283)	(12.885)
失業手当充足度	4.102	4.159	−1.981	4.511	−1.416	1.873	−3.638
	(5.363)	(5.458)	(2.568)	(8.015)	(3.225)	(1.612)	(3.721)
GDP成長率	−9.090	−9.232	−0.193	−13.591	−1.058	−2.120	2.051
	(5.399)	(5.557)	(2.070)	(7.979)	(2.654)	(1.925)	(4.393)
失業率	−9.133	−9.376	−4.653	−9.505	−2.288	−4.515	−4.465
	(14.508)	(14.871)	(6.127)	(20.671)	(7.284)	(4.016)	(15.939)
インフレ率	4.188	4.037	1.353	13.150	9.845	−4.670	4.284
	(11.401)	(11.628)	(5.491)	(17.799)	(6.914)	(4.894)	(16.031)
1人当たりGDP（対数値）	−14.560	−14.834	−3.982*	−21.040*	−5.106*	−4.063*	−9.896
	(8.933)	(9.096)	(2.206)	(11.695)	(2.541)	(2.311)	(7.765)
ジニ係数	−8.266*	−8.609*	−0.496	−10.319	0.542	−0.294	−7.402
	(4.775)	(4.881)	(2.172)	(6.818)	(3.120)	(1.718)	(5.784)
労働組合組織率	−0.808	−0.534	0.428	1.955	−0.582	−4.586	4.254
	(7.619)	(7.838)	(2.118)	(10.759)	(3.798)	(3.681)	(4.615)
女性の労働参加率	17.870*	18.259*	0.320	15.727	−1.969	13.840**	−8.122
	(8.577)	(8.808)	(3.402)	(11.775)	(3.389)	(5.360)	(8.242)
離婚率	1.915*	1.974*	0.458	2.773**	0.817*	0.182	1.265
	(1.031)	(1.056)	(0.292)	(1.232)	(0.464)	(0.409)	(0.963)
従属人口割合	6.776	6.452	−20.251*	19.379	−15.104	−13.801	−16.651
	(40.462)	(41.488)	(11.336)	(54.484)	(14.548)	(13.031)	(45.735)
人口（対数値）	1.249	0.550	3.297	4.507	4.615	−5.823*	16.832*
	(8.302)	(8.670)	(2.714)	(11.809)	(3.185)	(2.949)	(8.978)
調整済み R^2	0.968	0.969	0.975	0.966	0.968	0.928	0.972
N	525	525	525	525	525	525	525

興味深いことに女性の労働参加率は女性の自殺率には影響を与えないが，男性の自殺率には正の効果を持つ．この結果は第2章で紹介した日本の分析結果と整合的であるが，女性の就業率は世帯主（夫）の失業を反映するなど，世帯の経済的困窮度と相関する可能性がある．

（4）〜（7）列では性別と年齢によって党派性の与える影響がどれだけ異なるかを検討している．（4）列と（5）列の25〜64歳人口の自殺率については結果は（2）列と（3）列とあまり変わらない．左派政党は男女とも25〜64歳の自殺率に負の影響を与えるが，キリスト教民主政党の効果は女性のみに見られる．

表 4-7　政府の党派性と自殺率の分析結果（右派政党を用いた場合）

	(1) 全人口	(2) 男性	(3) 女性	(4) 男性 25〜64歳	(5) 女性 25〜64歳	(6) 24歳以下	(7) 65歳以上
右派政党	0.252	0.273	0.150	0.512	0.230	−0.058	−0.346
	(0.359)	(0.366)	(0.213)	(0.506)	(0.285)	(0.199)	(0.421)
福祉政策のための歳出率	19.613	20.606	8.044	28.163	10.364	3.636	−2.297
	(15.092)	(15.401)	(5.142)	(25.098)	(9.439)	(5.188)	(11.692)
失業手当充足度	3.687	3.762	−1.922	3.941	−1.380	2.056	−3.777
	(5.769)	(5.885)	(2.780)	(8.446)	(3.539)	(1.734)	(4.177)
GDP 成長率	−9.541*	−9.708*	−0.504	−14.313*	−1.472	−2.208	1.695
	(5.397)	(5.556)	(2.111)	(7.991)	(2.726)	(1.979)	(4.318)
失業率	−7.915	−7.990	−2.794	−7.432	0.028	−3.379	−2.251
	(14.344)	(14.691)	(6.529)	(20.315)	(7.494)	(4.171)	(17.332)
インフレ率	5.436	5.471	3.251	15.444	12.250	−3.644	5.758
	(11.120)	(11.324)	(5.369)	(17.523)	(7.108)	(4.780)	(15.230)
1人当たり GDP（対数値）	−14.865	−15.141	−4.073*	−21.475*	−5.236**	−4.048*	−10.170
	(8.924)	(9.085)	(2.173)	(11.630)	(2.441)	(2.309)	(7.647)
ジニ係数	−9.195*	−9.585*	−1.226	−11.671	−0.382	−0.668	−8.922
	(4.715)	(4.831)	(2.207)	(6.909)	(3.169)	(1.684)	(5.565)
労働組合組織率	−4.029	−3.927	−1.980	−2.985	−3.704	−5.563	0.396
	(7.300)	(7.496)	(2.222)	(9.970)	(3.937)	(4.077)	(4.045)
女性の労働参加率	15.933*	16.214*	−1.065	12.642	−3.801	13.402**	−9.804
	(9.070)	(9.322)	(3.444)	(12.510)	(3.633)	(5.169)	(8.067)
離婚率	1.992*	2.053*	0.510*	2.869**	0.880*	0.217	1.450
	(1.024)	(1.049)	(0.290)	(1.222)	(0.467)	(0.417)	(0.961)
従属人口割合	11.489	11.555	−15.179	26.596	−8.763	−10.851	−8.171
	(38.456)	(39.431)	(11.720)	(51.420)	(15.848)	(11.915)	(43.446)
人口（対数値）	1.256	0.514	2.882	4.464	4.126	−6.191*	16.329
	(8.671)	(9.052)	(2.912)	(12.247)	(3.268)	(3.030)	(9.811)
調整済み R^2	0.968	0.968	0.974	0.965	0.966	0.927	0.972
N	525	525	525	525	525	525	525

(6) 列と (7) 列を見ると25歳以下全人口と65歳以上全人口については，キリスト教民主政党のみが負で有意な効果を与えている．政府におけるキリスト教民主政党の比重が 0 から 1 に増加した場合，10 万人当たり自殺者数は 1.8 人減少する．興味深いことに，女性の労働参加率が上がると若年層の自殺率が上がるようである．

表 4-7 では政府内の右派政党の比重が自殺率にどのような影響を与えているかを調べている．(1) 列〜(5) 列が示しているように，右派政党は自殺率に有意な影響を与えておらず，(6) 列と (7) 列では右派政党は正の係数を持つが，統計的に有意ではない．

【付記】 本章の内容は，Matsubayashi, T. & Ueda, M. (2012) "Government Partisanship and Human Well-Being," *Social Indicators Research*, 107 (1): 127-148, での分析をもとに，内容をアップデートし，本書にあわせて執筆したものである。

◆ 参 考 文 献

Alesina, A., Roubini, N. & Cohen, G. D. (1997) *Political Cycles and the Macroeconomy*, Cambridge, The MIT Press.

Alesina, A., Di Tella, R. & MacCulloch, R. (2004) "Inequality and Happiness: Are Europeans and Americans Different?" *Journal of Public Economics*, 88 (9-10): 2009-2042.

Allan, J. P. & Scruggs, L. (2004) "Political Partisanship and Welfare State Reform in Advanced Industrial Societies," *American Journal of Political Science*, 48 (3): 496-512.

Bertrand, M. & Mullainathan, S. (2001) "Do People Mean What They Say? Implications for Subjective Survey Data," *American Economic Review*, 91 (2): 67-72.

Bradley, D., Huber, E., Moller, S., Nielsen, F. & Stephens, J. D. (2003) "Distribution and Redistribution in Postindustrial Democracies," *World Politics*, 55 (2), 193-228.

Castles, F. G. & Mair, P. (1984) "Left-Right Political Scales: Some 'Expert' Judgements," *European Journal of Political Research*, 12 (1): 73-88.

Chung, H. & Muntaner, C. (2006) "Political and Welfare State Determinants of Infant and Child Health Indicators: An Analysis of Wealthy Countries," *Social Science & Medicine*, 63 (3): 829-842.

Conley, D. & Springer, K. W. (2001) "Welfare State and Infant Mortality," *American Journal of Sociology*, 107 (3): 768-807.

Di Tella, R. & MacCulloch, R. J. (2002) "The Determination of Unemployment Benefits," *Journal of Labor Economics*, 20 (2): 404-434.

Di Tella, R. & MacCulloch, R. J. (2005) "Partisan Social Happiness," *Review of Economic Studies*, 72 (2): 367-393.

Di Tella, R., MacCulloch, R. J. & Oswald, A. J. (2001) "Preferences over Inflation and Unemployment: Evidence from Surveys of Happiness," *American Economic Review*, 91 (1): 335-341.

Di Tella, R., MacCulloch, R. J. & Oswald, A. J. (2003) "The Macroeconomics of Happiness," *Review of Economics and Statistics*, 85 (4): 809-827.

Flavin, P. & Radcliff, B. (2009). "Public Policies and Suicide Rates in the American States," *Social Indicators Research*, 90 (2): 195-209.

Frey, B. S. & Stutzer, A. (2002) "What Can Economists Learn from Happiness Research?" *Journal of Economic Literature*, 40 (2): 402-435.

Hicks, A. M. & Swank, D. H. (1992) "Politics, Institutions, and Welfare Spending in Industrialized Democracies, 1960-1982," *American Political Science Review*, 86 (3): 658-674.

Huber, E., Ragin, C. & Stephens, J. D. (1993) "Social Democracy, Christian Democracy, Constitutional Structure, and the Welfare State," *American Journal of Sociology*, 99 (3): 711-749.

Huber, E. & Stephens, J. D. (2001) *Development and Crisis of the Welfare State: Parties and*

Policies in Global Markets, University of Chicago Press.

Kahneman, D. & Krueger, A. B. (2006) "Developments in the Measurement of Subjective Well-being," *Journal of Economic Perspectives*, 20 (1): 3-24.

King, G., Tomz, M. & Wittenberg, J. (2000) "Making the Most of Statistical Analyses: Improving Interpretation and Presentation," *American Journal of Political Science*, 44 (2): 347-361.

Krueger, A. B. & Schkade, D. A. (2008) "The Reliability of Subjective Well-being Measures," *Journal of Public Economics*, 92 (8-9): 1833-1845.

Loewenstein, G. & Ubel, P. A. (2008) "Hedonic Adaptation and the Role of Decision and Experience Utility in Public Policy," *Journal of Public Economics*, 92 (8-9), 1795-1810.

Minoiu, C. & Andres, A. R. (2008) "The Effect of Public Spending on Suicide: Evidence from U.S. State Data," *Journal of Socio-Economics*, 37 (1): 237-261.

Oswald, A. J. (1997) "Happiness and Economic Performance," *Economic Journal*, 107 (445): 1815-1831.

Pacek, A. & Radcliff, B. (2008) "Assessing the Welfare State: The Politics of Happiness," *Perspectives on Politics*, 6 (2): 267-277.

Radcliff, B. (2001) "Politics, Markets, and Life Satisfaction: The Political Economy of Human Happiness," *American Political Science Review*, 95 (4): 939-952.

Solt, F. (2009) "Standardizing the World Income Inequality Database," *Social Science Quarterly*, 90 (2): 231-242.

Swank, D. (2002) *Global Capital, Political Institutions, and Policy Change in Developed Welfare States*, Cambridge University Press.

第5章

経済・福祉政策と自殺
日本の都道府県データによる分析

◆はじめに

　前章では政府が立案・施行する政策の総合的な指標として政府の党派性を用い，福祉政策の拡充や経済活性化政策を積極的に進める左派政党やキリスト教民主政党が政権を担当するときには自殺率が減少する傾向にあることを明らかにした。この結果は，自殺率減少のためには政策が重要な役割を果たすという全般的な可能性を示している。

　しかし，具体的にどのような政策が自殺率に影響を与えるのかというより個別的な課題は残されている。国レベルの政策に比べ，より人々の生活や経済活動と密接に結びつくと考えられる地方自治体が失業や貧困に苦しむ人々の経済状況を改善するような政策を実施した場合，はたして自殺率は減少するのであろうか。そこで本書では，地方自治体による経済政策や福祉政策の役割に注目し，経済・福祉政策の拡充が自殺率の変化とどのように関連しているかを実証的に検討する。

1　経済・福祉政策と自殺率の関係

　政府の経済政策は，それが有効である場合には経済成長を促し，経済状況を好転させる。たとえば，政府が公共事業を通じてある地域の経済状況を活性化させることを試みた場合，その地域で雇用機会が創出され，結果として失業者

数が減少し、地域全体の所得レベルが改善する可能性が高まる。さらには商業活動などが活発になり、自営業者の経営状況が改善する可能性もある。第2章で紹介したように、自殺の主な原因の1つは経済的困窮である。したがって、有効な経済政策は、経済的困窮を緩和することを通じて、自殺リスクを低くする効果があると考えられる。

一方で、福祉政策の拡充はセーフティーネットの恩恵を受ける人々の数を増やし、経済的困窮にある人々の生活に直接良い影響を与えるだろう。たとえば、収入や居住場所を失った人々に対し生活保護が支給されるのであれば、少なくとも一定の期間は厳しい生活苦を緩和することを可能にするだろう。生活苦を理由とした自殺が常に存在することや、無職者の自殺率が非常に高いことを考慮すれば（第2章参照）、生活保護をはじめとする福祉政策の拡充による自殺率削減効果は小さくないと予想される。また、福祉政策は、地域の医療施設や行政サービスを充実させることを通じ、自殺願望者がさまざまな支援を受けられる可能性をも高め、その結果として自殺率が低下するかもしれない。

本章では自治体レベルの経済・福祉政策の拡充と自殺率との関連を、47都道府県の25年間（1982～2006年）の時系列データを用いて検証する。分析の単位は都道府県であり、データの個数は1175（47都道府県×25年間）である。経済政策の指標として、各都道府県で実施された行政投資の総額と、各都道府県内で支出される失業対策費のデータを使用する。また自治体レベルの福祉政策の指標としては、生活保護費など民生費関連の歳出額と衛生費の歳出額を用いる。次節においては、これらのデータを用いて、経済・福祉分野における支出が増加したときに自殺率が減少する可能性を検証する。

2　データと分析方法

これまでの章と同様に、本章でも回帰分析の手法を用いて経済・福祉政策と自殺率の関係を分析する。自殺率は、各都道府県の各年における人口10万人当たりの自殺者数を計算することによって求めた。政策の効果が年齢や性別に

よって異なる可能性を考慮に入れるため，分析の際には①65歳未満男性，②65歳未満女性，③65歳以上男性，④65歳以上女性，の4つの人口グループそれぞれの自殺率データを分析に用いる。都道府県ごとの自殺率の推移，および平均値などの記述統計は第3章の図3-1，表3-1，表3-2 (80～83頁) に掲載されている。なお，回帰分析の際には，自殺率を自然対数に変換した。

　ここでは，経済政策として行政投資と失業対策という2つの政策分野における都道府県の支出額に注目する。行政投資とは生活基盤や産業基盤の整備，国土保全などを目的に国や地方自治体が行う公共投資的事業を指す。生活基盤への投資としては，市町村道や道路または上下水道の整備，厚生福祉事業，および文教施設の整備などが含まれる。産業基盤への投資とは，国県道や港湾，空港などの整備などを指している。近藤（2008）によると1970～2003年における日本の行政投資のうち生活基盤への投資の構成比が最も高く（およそ40～50％），次に産業基盤への投資（20％前後）が続く。農林水産や国土保全に対する投資は各10％前後にとどまっている。ここでは，各年度ごとにそれぞれの都道府県において投資された総額を当該人口数で割り，1人当たり行政投資額を計算した。また，失業対策関連の総支出額を測るために，これについても都道府県と市町村それぞれにおいて支出された失業対策費の合計を用いる。都道府県の人口規模の違いを考慮するために合計額を人口数で割り，1人当たりの金額を求めた。

　福祉政策への支出規模を測る際には，各年度における民生費関連の支出額と衛生費の支出額を用いる。都道府県が支出する民生費には社会福祉費，老人福祉費，児童福祉費，そして生活保護費が支出項目として含まれており，各項目への支出額と自殺率との関係を分析する。このうち，社会福祉費には障害者福祉や福祉センターの管理運営に関わる経費などが含まれ，児童福祉費には児童手当や児童福祉施設費のほか，1人親家庭の自立支援に関わる経費などが含まれている。衛生費は公衆衛生費，精神衛生費，環境衛生費など医療関係の経費を指している。各支出項目の性質を考えれば，児童福祉費は65歳未満の自殺率に影響を与え，老人福祉費は65歳以上の自殺率に影響を与えると想定するのが妥当であろう。一方，その他の歳出項目は，年齢や性別に関係なくすべて

表 5-1　各変数の作成方法のまとめ

変数	作成方法
65 歳未満自殺率（10 万人当たり，対数値）	（自殺者数／65 歳未満人口）×10 万，対数値
男性 65 歳未満自殺率（10 万人当たり，対数値）	（自殺者数／男性 65 歳未満人口）×10 万，対数値
女性 65 歳未満自殺率（10 万人当たり，対数値）	（自殺者数／女性 65 歳未満人口）×10 万，対数値
65 歳以上自殺率（10 万人当たり，対数値）	（自殺者数／65 歳以上人口）×10 万，対数値
男性 65 歳以上自殺率（10 万人当たり，対数値）	（自殺者数／男性 65 歳以上人口）×10 万，対数値
女性 65 歳以上自殺率（10 万人当たり，対数値）	（自殺者数／女性 65 歳以上人口）×10 万，対数値
行政投資（1 人当たり，対数値）	行政投資額／総人口，対数値に変換
失業対策費（1 人当たり，対数値）	失業対策費／総人口，対数値に変換
社会福祉費（1 人当たり，対数値）	社会福祉費／総人口，対数値に変換
生活保護費（1 人当たり，対数値）	生活保護費／総人口，対数値に変換
児童福祉費（1 人当たり，対数値）	児童福祉費／15 歳未満人口，対数値に変換
老人福祉費（1 人当たり，対数値）	老人福祉費／65 歳以上人口，対数値に変換
衛生費（1 人当たり，対数値）	衛生費／総人口，対数値に変換
県民所得（1 人当たり，対数値）	県民所得／総人口，対数値に変換
完全失業率	完全失業者数／労働力人口
ジニ係数	全世帯の十分位階級の年間収入平均を用いて算出
財政力指数	1 以上は歳出＜歳入，1 以下はその逆
生活保護受給者比率（1000 人当たり）	（生活保護被保護実人員／総人口）×1000
雇用保険受給者比率（1000 人当たり）	（雇用保険受給者数／雇用保険被保険者）×1000
離婚率（1000 人当たり）	（離婚数／総人口）×1000
母子世帯比率（1000 世帯当たり）	母子世帯／総世帯数×1000
高齢単身世帯比率（1000 世帯当たり）	高齢単身世帯／総世帯数×1000
人口規模（対数値）	総人口，対数値に変換
都市化度	人口集中地区に居住する人口／総人口
15 歳未満人口割合	15 歳未満人口／総人口
65 歳以上人口割合	65 歳以上人口／総人口

（出所）　総務省統計局編「社会・人口統計体系 都道府県基礎データ（1975～2008 年）」。

の人口層に影響を与える可能性がある．それぞれの歳出項目について，都道府県と市町村それぞれからの支給額の合計値を用いた．これら変数の作成方法については表 5-1 にまとめられている．分析の際には 1 人当たりの金額を用いる．

図 5-1 は各都道府県の経済政策（破線）および福祉政策（実線）関連の支出額の時系列推移を示している．経済政策には行政投資と失業対策費の 1 人当たり支出合計額，福祉政策には社会福祉費，老人福祉費，児童福祉費，生活保護費，そして衛生費の 1 人当たり支出合計額が含まれている．単位は 1000 円である．この図 5-1 から，都道府県によってこの 2 つの政策への平均的な支出額は大きく異なること，また各都道府県内でも支出額は時代によって大きく変化してきたことがわかる．どの都道府県においても経済政策への支出は 1990 年代中盤

から終盤にかけて増加し，その後減少に転じている。一方で，福祉政策への支出は一定の率で年々増加している。支出額に関する記述統計は表5-2（146頁）にまとめられている。

前節でも述べたように経済政策と福祉政策への支出増加によって，自殺率は減少すると期待される。たとえば，行政投資の増額は，地域の公共事業の増加につながり，その地域経済の活性化につながると考えられる。結果として経済成長率が上昇し，また地域の失業率が低下するならば，自殺率を低下させる要因となろう。また，生活保護費の増加は，結果として経済的理由による自殺の減少に貢献する可能性もある[1]。

また，行政投資や福祉政策の拡充は経済状況に影響を与えるだけではなく，地域の医療施設や行政サービスの充実につながることも期待できる。これまで多くの研究が指摘してきたように，自殺者の多くは精神疾患を抱えている（高橋 2006)[2]。医療施設の増加や精神衛生政策の質が向上することにより，精神疾患を抱えた患者がより多くの手助けを得られるような環境が整い，その結果として自殺率が低下する可能性も考えられる。

本章の分析においては，各都道府県内の経済政策および福祉政策に対する1人当たりの支出額と自殺率の時系列変化を用いて，「支出額が増えた年に自殺率が減少する」という仮説を回帰分析により検証する。たとえば，図5-1の北海道の場合，1990年代後半に経済政策への支出額が最も高くなっている。もし

---

1 生活保護の地域別の支給基準額は厚生労働大臣によって定められており，各地方自治体が任意に額を設定することはない。しかし，自治体ごとに異なったタイミングで支給基準額が変更されることがあるため，1人当たりの生活保護費（生活保護費総額を県の総人口で除して求めていることに注意）の変化が起こる。同時に，生活困窮者の保護申請に対し保護費を支給するかどうかは各市町村または福祉事務所の裁量に委ねられる部分が大きい。したがって，生活保護の支給率によっても1人当たりの生活保護費に変化が起こると考えられる。運用機関が支給率を高く設定した場合は1人当たりの生活保護費が増加し，一方で支給率を低めに設定した場合は減少するはずである。支給率の影響そのものについては，後述するように生活保護受給者比率として別途統制する。

2 前述の警察のデータによると，原因・動機が明らかになった2010（平成22）年中の自殺者1万5802人のうち，7020人がうつ病が原因で，2637人が統合失調症あるいはその他の精神疾患が原因で自殺している。

第 5 章　経済・福祉政策と自殺

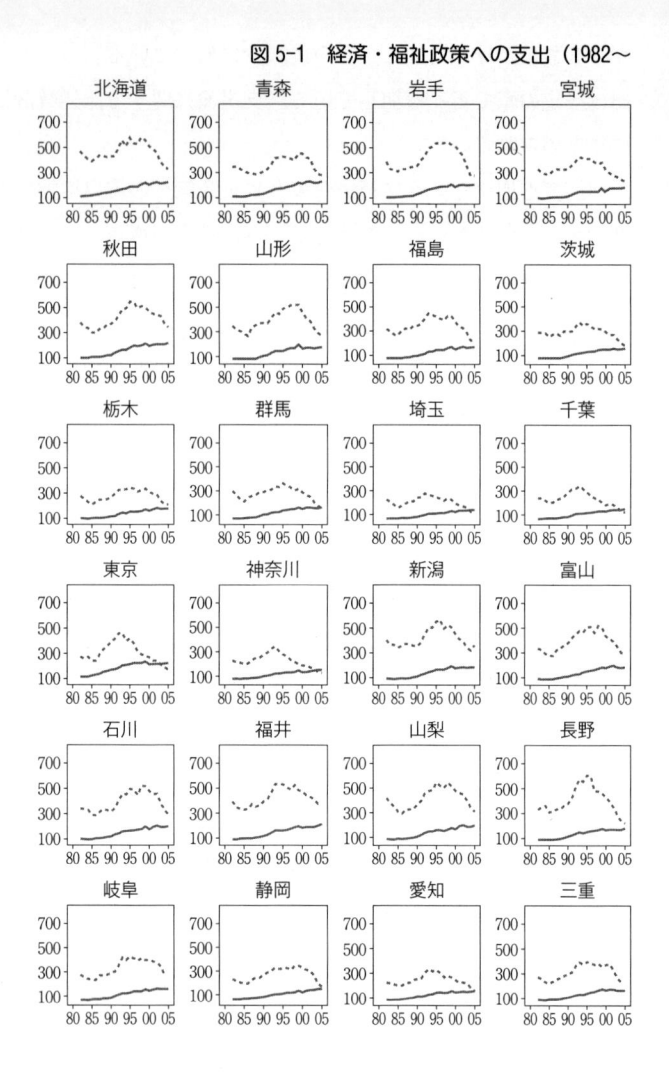

図 5-1　経済・福祉政策への支出（1982〜

　経済政策への支出増が自殺率の減少を伴う傾向があるならば，1980 年代や 2000 年代など他の時期と比較して 1990 年代後半の自殺率は低くなると予想される。北海道だけでなく全 47 都道府県でこのような傾向が見られる場合，支出額と自殺率には全般的に負の関係があると推定される。

　しかし，当然政策以外の諸要因も地域の自殺率に影響を及ぼしていると考えられることから，政策と自殺率の関連を分析する際には，政策の形成や自殺率の変化に影響を与える可能性のある各都道府県の社会経済的属性の影響を考慮

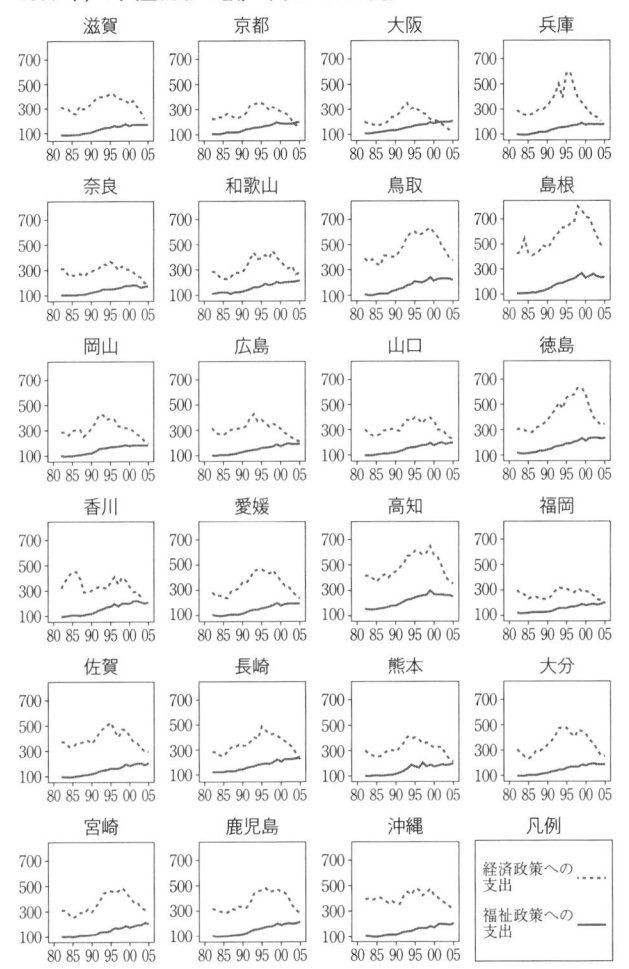

2006年，1人当たりの額，単位：1000円）

[都道府県別グラフ：滋賀, 京都, 大阪, 兵庫, 奈良, 和歌山, 鳥取, 島根, 岡山, 広島, 山口, 徳島, 香川, 愛媛, 高知, 福岡, 佐賀, 長崎, 熊本, 大分, 宮崎, 鹿児島, 沖縄]

凡例
経済政策への支出 ………
福祉政策への支出 ━━━

に入れる必要がある。仮にそれらの属性の影響を無視した場合，政策が自殺率に影響を与えたのか，あるいはその他の属性が自殺率に影響を与えたのかについての判断は困難になる。ここでは，都道府県の社会経済的属性として失業率を例に用い，上記のような問題が生じる背景を簡単に解説してみよう。たとえば，ある県においては失業率が上昇した際に，経済状況改善のために行政投資が拡大されたとする。その場合，失業率が高い年ほど行政投資額が多く，そして失業率が低い年ほど投資額が少ないという関係が存在することになる。さら

表5-2 経済・福祉政策変数の記述統計（1人当たりの額，単位：1000円）

	平均	標準偏差	最小値	最大値
経済政策				
行政投資費	341.317	105.042	104.974	784.316
失業対策費	0.914	1.810	0.000	17.279
福祉政策				
社会福祉費	25.098	10.173	7.288	58.911
生活保護費	14.092	8.348	3.811	50.770
児童福祉費	29.470	9.869	12.504	59.963
老人福祉費	28.220	12.963	6.803	94.087
衛生費	49.046	13.113	25.645	101.618

に，第2章で示されたように，政府による行政投資額とは関係なく失業率は自殺率に直接影響を与えていると考えられる。したがって，失業率，行政投資，そして自殺率の関連を総合的に考えると，行政投資の多い年ほど自殺率が低くなると期待できる一方で，失業率が高い年ほど自殺率が高くなるという関係も想定される。このような状況で，失業率の影響を無視して，行政投資額と自殺率の関係のみに絞って回帰分析を行うと，その関係が正確に推定されない可能性が出てくる。ある年に行政投資が増えて自殺率が低くなったとしても，同時にその年は高い失業率によって自殺率も高くなっている可能性があるため，行政投資の自殺率減少効果が失業率の自殺率増加効果により相殺されるかもしれないからである。つまり，失業率の影響を考慮しておかなければ，行政投資と自殺率とは無関係であるという誤った議論が回帰分析により示されてしまう可能性がある。失業率のみならず，自殺率に影響を与える他の要因についても同様の問題がある。

このような可能性を回避し，行政投資と自殺率の関係をより正確に示すためには失業率などの諸要因の影響を「統制」する必要がある。たとえば，失業率の低い年（たとえば2％未満）と失業率が高い年（2％以上）のみにデータを限定し，それぞれのデータを用いて回帰分析を行うと想定しよう。この場合，失業率は各データ内でほぼ一定のため，失業率の高さを統制したうえで行政投資と自殺率の関係を明らかにすることができる。実際の回帰分析では，より望ましいと考えられる統計的手法を用いることにより，さまざまな変数の影響の統制

を行う（詳細については章末の補論〔153頁〕参照）。

　ここでの回帰分析では，失業率のみならず，経済・福祉政策と自殺率の関係に影響を及ぼすと考えられる各年における都道府県のさまざまな属性の影響を統制する。前掲の表5-1でまとめているが，具体的には，各年の都道府県1人当たり県民所得，完全失業率，ジニ係数，財政力指数，生活保護受給者の比率，雇用保険受給者率，離婚率，母子世帯の比率，高齢単身世帯の比率，人口規模，都市化度指数，15歳未満人口，65歳以上人口を推定に用いる式に加えた（詳しくは章末の補論〔153頁〕を参照）。なお，失業率は完全失業者の数を労働力人口で割ることによって求めた。ジニ係数は各都道府県内での所得格差を測る指標であり，全世帯の十分位階級の年間収入平均を用いて算出した。ジニ係数が大きいことは，所得格差が大きいことを示している。生活保護受給者の比率は人口1000人当たりの生活保護被保護実人員の割合として求めた。雇用保険受給者の比率は雇用保険被保険者1000人当たりの雇用保険受給者実人員数を計算した。離婚率は人口1000人当たりの離婚件数，母子世帯の比率および高齢単身世帯の比率は，それぞれ1000世帯当たりの母子世帯数と65歳以上の単身世帯数として計算した。都市化度指数は人口集中地区に居住する人口を総人口で割ることにより求めた。分析の際には，総人口と1人当たり県民所得に関しては対数値を使用した。

　1人当たり県民所得の増加は自殺率を低下させる一方，失業率の増加は自殺率の増加につながると考えられる。生活保護受給者の比率は地域の経済状況の影響を統制するために入れられているが，その増減は自殺率と直接関連する可能性もある。なぜなら生活保護受給比率が上がれば，それだけより多くの困窮した人々が経済的支援を受けることを意味するからである。財政力指数は各都道府県の財政状況を測るものであり，失業対策や福祉政策などにどれだけ財源を振り分ける余裕があるかどうかの指標にもなりうる。さらに，離婚率，母子世帯比率，雇用保険受給者比率，および高齢単身世帯比率の増加は自殺率の増加につながる可能性がある。なお，母子世帯比率は65歳未満の自殺率を分析する際に，また高齢単身世帯の比率は65歳以上の自殺率を分析する際に統制

表 5-3　全変数の記述統計

	平均	標準偏差	最小値	最大値
65 歳未満自殺率（10 万人当たり，対数値）	2.882	0.256	2.170	3.691
男性 65 歳未満自殺率（10 万人当たり，対数値）	3.262	0.307	2.538	4.175
女性 65 歳未満自殺率（10 万人当たり，対数値）	2.242	0.202	0.934	2.925
65 歳以上自殺率（10 万人当たり，対数値）	3.605	0.291	2.743	4.483
男性 65 歳以上自殺率（10 万人当たり，対数値）	3.848	0.272	2.758	4.874
女性 65 歳以上自殺率（10 万人当たり，対数値）	3.364	0.410	1.386	4.516
行政投資（1 人当たり，対数値）	12.693	0.314	11.561	13.573
失業対策費（1 人当たり，対数値）	2.062	7.088	−13.340	9.757
社会福祉費（1 人当たり，対数値）	10.040	0.442	8.894	10.984
生活保護費（1 人当たり，対数値）	9.387	0.581	8.246	10.835
児童福祉費（1 人当たり，対数値）	11.992	0.481	10.867	13.079
老人福祉費（1 人当たり，対数値）	12.004	0.280	11.246	12.894
衛生費（1 人当たり，対数値）	10.765	0.269	10.152	11.529
県民所得（1 人当たり，対数値）	14.767	0.172	14.297	15.380
完全失業率	0.040	0.015	0.014	0.123
ジニ係数	0.222	0.016	0.183	0.302
財政力指数	0.472	0.227	0.197	1.640
生活保護受給者比率（1000 人当たり）	8.846	5.620	1.771	39.267
雇用保険受給者比率（1000 人当たり）	30.188	11.269	6.224	85.940
離婚率（1000 人当たり）	1.583	0.433	0.790	2.940
母子世帯比率（1000 世帯当たり）	14.083	3.532	8.918	30.959
高齢単身世帯比率（1000 世帯当たり）	54.153	23.156	12.284	135.087
人口規模	14.492	0.723	13.311	16.354
都市化度	0.490	0.185	0.234	0.994
15 歳未満人口割合	0.175	0.032	0.113	0.293
65 歳以上人口割合	0.160	0.045	0.066	0.275

（注）　1982〜2006 年度の県レベルデータに基づく。データの個数は 1175。

変数として用いる。これらすべてのデータは，総務省統計局が提供する「社会・人口統計体系　都道府県基礎データ（1975〜2008 年）」より入手した[3]。なお，各変数の定義は前掲の表 5-1（142 頁）に，記述統計は表 5-3 にまとめられている。

3　推定結果

本節では，経済・福祉政策が各人口グループの自殺率に与える影響を政策分野ごとにまとめて提示し，解釈する。前述したように，性別や年齢によって経

---

[3] このデータセットは財団法人統計情報研究開発センターによって有償で提供されている。なお，1996 年以前の県民所得は内閣府が発行する国民経済計算を参考にした。

図 5-2 行政投資額が自殺率に与える効果

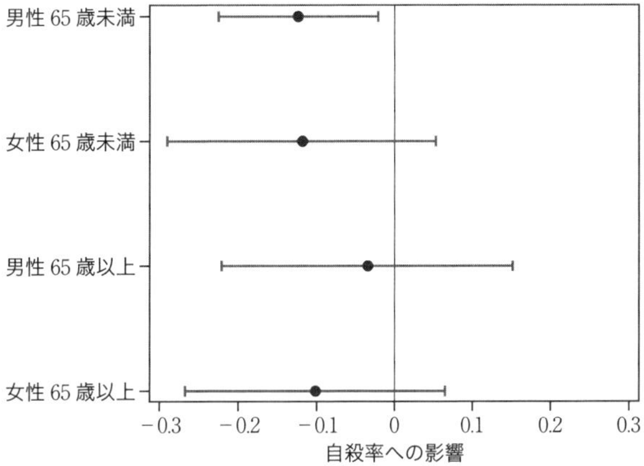

済・福祉政策の効果は異なると考えられるため，男女別 65 歳未満自殺率と男女別 65 歳以上自殺率をそれぞれ別々に用いて回帰分析を行った。なお，推定方法やその結果に関する詳しい情報は章末の補論（153 頁）にまとめた。

◆経済政策と自殺率の関係

図 5-2 は行政投資額が性別・年齢別自殺率（対数変換済み）に与える効果を示している。回帰分析には政策変数および自殺率を対数変換した値を用いた。横軸の単位は％で，1 人当たり行政投資額が 1% 増加した場合に 10 万人当たり自殺率が何％ ポイント変化するかを意味する。縦軸に沿って並んだ黒い丸は，性別・年齢別自殺率に対する行政投資額の効果の大きさを示している。黒い丸が図の中央に位置する 0 を示す縦線よりも右側にある場合，行政投資額の増加に伴い自殺率も上昇することを意味する。一方で，黒い丸が図の 0 を示す縦線よりも左側にある場合，行政投資額の増加に伴い自殺率は減少することを意味する。なお，黒い丸の左右に伸びる線の長さは 95% 信頼区間を示しており，それらの線が 0 を示す縦線と交わっていない場合，統計的な意味で行政投資額は自殺率に正または負の影響を与えていると結論することができる。図示されている行政投資の効果は，前節で述べた各都道府県の社会経済的属性の影響を統制したうえで得られた推定値である。

第 5 章 経済・福祉政策と自殺

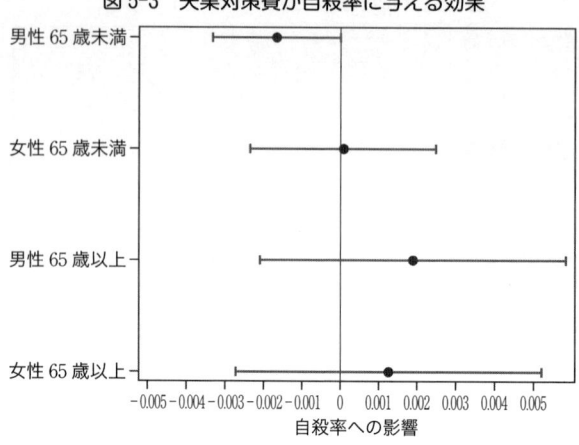

図 5-3 失業対策費が自殺率に与える効果

　図 5-2 によると，どの人口グループの自殺率に対しても行政投資の効果を示す黒丸は 0 を挟んで左側にある。65 歳未満男性の自殺率の場合，行政投資額が増加するにつれ自殺率は減少する傾向にあり，これは統計的に見ても有意な結果である。推定値によると，行政投資が 10% 増加した場合，男性 65 歳未満の 10 万人当たり自殺率は約 1.2% ポイント下がると推定されている。行政投資は失業率の低下や県民所得の増加を通じて間接的にも自殺率に影響を与えていると考えられるが，回帰分析を行った際に両者の影響は考慮しているので，行政投資の増加はそれら経済指標の改善とは独立して自殺率に影響を与えたと考えられる。しかし 65 歳未満の女性，65 歳以上の男性および女性の自殺率については図 5-2 において 95% 信頼区間が 0 と交差していることから，行政投資額と各人口グループの自殺率は統計的な意味で無関係であると考えられる。とくに，行政投資の額は 65 歳以上人口の自殺率とはまったく関係していないが，これは 65 歳以上の人々は雇用機会の拡充などの行政投資の直接の恩恵を受けないことによるものであろう。

　図 5-3 は失業対策費が性別・年齢別自殺率に与える効果を図示している。失業対策費の増加も 65 歳未満の男性の自殺率の低下を伴うことがわかる。つまり，失業対策費が増加するにつれて，65 歳未満の男性の自殺率は減少する傾向にある。一方で，失業対策費は 65 歳未満の女性や男女問わず 65 歳以上人口の

3 推定結果

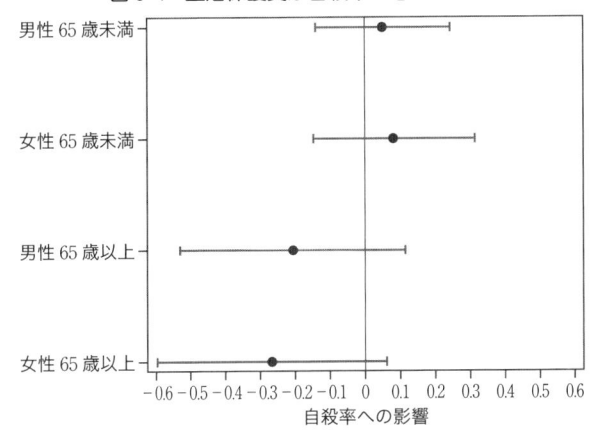

図 5-4 生活保護費が自殺率に与える効果

（図：男性 65 歳未満、女性 65 歳未満、男性 65 歳以上、女性 65 歳以上の自殺率への影響を示すフォレストプロット。横軸は -0.6 から 0.6 まで）

自殺率の増減には関係がない。これは行政投資と同様に，失業対策費の恩恵を受けるのは男性が多いことによるものと考えられる。また，65歳以上人口は働いていない者が多いことから，失業対策費と高齢者の自殺率に関連は見られない。

◆ 福祉政策と自殺率の関係

興味深いことに社会福祉費や生活保護費などの福祉関連政策に対する歳出額は，統計的に判断して自殺率とほとんど関連がないということがここでの推定結果からわかる（詳しくは章末補論の表5-4および表5-5〔156，157頁〕を参照）。ただし生活保護費についてのみ65歳以上人口（男女計）の自殺率と関連があり，65歳以上人口の自殺率は生活保護費が上昇すると低下する傾向がある。しかし，性別・年齢別に分析をするとその関係は弱くなる。人口グループ別の分析結果をまとめた図5-4によると，1人当たり生活保護費の増加と男性および女性それぞれの65歳以上人口の自殺率との間には負の関係が存在するようであるが，信頼区間が0と交差していることからわかるように，男女別の推計結果は統計的には有意ではない。

さらに65歳未満の男性の場合，生活保護受給者比率の増加は自殺率の低下と結びついている。回帰分析において県民所得や失業率などの経済状況の影響

は統制されているため，生活保護を必要とする人がより多く受給するようになることにより，自殺率が低下したと考えられる。このことは，先に見たように65歳未満の男性の自殺対策には経済政策の充実が大きな効果を持つことに加えて，福祉政策の拡充も重要な役割を果たす可能性を示唆している。

◆その他の社会経済的属性と自殺率の関係

回帰分析の結果，経済・福祉政策変数以外の都道府県ごとの社会経済的属性についてもいくつか興味深い結果が得られた。

経済状況に関する変数については，先行研究の知見と同じく，失業率の上昇は65歳未満の男性の自殺率の増加を伴うことが明らかになった。一方で，65歳未満の女性や65歳以上人口の自殺率は失業率と無関係という結果が得られた。また各県内部の所得格差（ジニ係数）は性別・年齢を問わず自殺率とは直接の関係がないようである。その他の社会経済的属性の効果を見ると，離婚率の増加は65歳未満の女性の自殺率の増加を伴う傾向にある。これは女子世帯の経済的困窮が自殺のリスクにつながりうることを示しているのかもしれない。

4 おわりに

本章は行政投資をはじめとする経済政策，および生活保護に代表される福祉政策のデータを用いて，政府の経済政策や福祉政策と自殺率の関係を検証した。1982～2006年の都道府県データを用いた推定結果は，経済政策や福祉政策が地域の自殺率に影響を与えることを示唆している。行政投資や失業対策費の額は自殺率と負の関係にあり，政策の拡充に伴う自殺率の減少傾向は，とくに65歳未満の男性に強く認められた。また，生活保護費などの福祉政策の拡充が65歳以上人口の自殺率の低下をもたらす可能性も示された。さらに年齢別の結果を比較すると，65歳未満人口の自殺率に関しては行政投資の額や失業対策費など経済政策との関連性が高いのに対し，65歳以上人口については経済政策よりも福祉政策のほうが自殺率の減少により効果的である可能性が明らかになった。

つまり，65歳以上人口にとっては，生活保護の拡充がより重要であることが示唆され，このことは，県の人口年齢構成に応じて異なる自殺対策が必要であることを意味している。

　全体として，筆者らの分析は自殺対策として経済政策や福祉政策が重要な役割を果たす可能性を示しているものの，自殺率を減らすためだけの目的で行政投資や福祉政策を拡充することは現実的ではないかもしれない。しかし，どのような形であれ経済的困窮を和らげるような政策を実行することは，自殺率を低下させる1つの処方箋となりうることが本章で示した分析結果からわかった。

補論　分析方法と結果

　推定する回帰式は以下の通りである。

$$[Suicide]_{it} = \beta [Policy]_{it} + \lambda \mathbf{w}_{it} + \gamma_i T + \varphi_t + \rho_i + \varepsilon_{it} \qquad (1)$$

　被説明変数である$[Suicide]_{it}$は都道府県iのt年における，人口10万人当たりの自殺率である。回帰式を推定する際には，自殺率を自然対数に変換した。$[Policy]_{it}$は経済政策と福祉政策を含む説明変数である。本文中で論じたように，$[Policy]_{it}$には経済政策変数として行政投資と失業対策費，福祉政策変数として社会福祉費，老人福祉費，児童福祉費，生活保護費，そして衛生費が含まれる。それぞれ都道府県およびその市町村で支出された合計額を人口数で割り，1人当たりの金額を求めた。回帰分析にはこれら1人当たり額を対数変換した値を用いた[4]。

　(1)式の$\mathbf{w}_{it}$は自殺率および政策に影響を及ぼすと考えられる各年の各都道

---

[4] モデルに含まれる自治体支出額や県民所得は物価の影響を考慮するために消費者物価指数で調整を行った。

府県の社会経済的属性である。これには，各年の都道府県1人当たり県民所得，完全失業率，ジニ係数，財政力指数，生活保護受給者の比率，雇用保険受給者比率，離婚率，母子世帯の比率，高齢単身世帯の比率，人口規模，都市化度指数，15歳未満人口，65歳以上人口が含まれている。これら変数の定義は表5-1（142頁）に記されている。

なお全世帯の十分位階級の年間平均収入，完全失業者数，労働力人口，母子世帯数，高齢単身世帯数，人口集中地区に居住する人口については，統計が5年ごとにしかとられていないため，調査年以外の年の値を線形補間によって求めた[5]。補間された値については誤差が含まれている可能性があるため，推定結果の解釈には注意を払う必要がある[6]。

最後に，(1)式の φ_t は年効果の項であり，ρ_i は都道府県特有の固定効果項である。年効果を入れることにより，年ごとの国レベルでの社会経済的変動，たとえば日本全体に影響を与えるマクロの経済変動などの影響をコントロールすることが可能になる。また県固定効果を入れることにより，都道府県安定的な属性，たとえば，自殺に関する社会規範，気候条件などの影響を統制できる。都道府県特有の固定効果項が入ることにより，推定では各県における自殺率の時系列的変化を説明変数の県内の時系列的変化によって説明することになる。したがって，推定された係数は，異なる県を直接比較して得られたものではない。さらに各都道府県に特有のトレンドの効果を考慮するために $\gamma_i T$ をモデルに加えた。

---

[5] 全世帯の十分位階級の年間収入平均は1979年以降5年ごとのデータを用い，2005年と06年のデータとして1999～2004年のトレンドに基づいた値を求めた。それ以外の変数は1980年以降5年ごとのデータを用いた。2006年のデータとして2000～05年のトレンドに基づいた値を使用した。

[6] とくに世帯収入や母子世帯数など急激な変動が起こりうる変数の解釈については注意が必要である。補間データが推定結果にどのような影響を与えたか確認するために，まず補間を行った変数をモデルから省き再推定を行った。次に2005年および06年のデータを省いて再推定を行った。最後に，完全失業率に関しては「労働力調査」によって計算された10地域別完全失業率を用い，他のデータも地域別に集約して再推定を行った（1983～2006年）。すべての再推定について第3節で示した結果と似たような結果を得ることができたため，本章で示した分析結果は頑健であると考えられる。

推定結果は表5-4および表5-5に示す。表5-4は男女別65歳未満人口の自殺率と政策変数や社会経済的属性の関係を推定した結果を示す。表5-5では男女別65歳以上人口の自殺率を被説明変数として推計を行った結果が載せられている。各表には掲載されていないものの，都道府県ダミー，年ダミーおよび都道府県特有トレンド項がすべてのモデルに含まれている。標準誤差は，都道府県ごとにクラスター処理を行っている。各データの個数は1175であるが，Levin, Lin & Chu (2002) の panel unit root test を用いてすべての被説明変数が定常であることを確認した。

表5-4の65歳未満人口の自殺率の分析によると，行政投資額と自殺率は負の関係にある[7]。全人口のデータを用いて分析しても，男女別に分析しても行政投資額の係数は負である。推定された係数は全人口と男性の自殺率のモデルにおいて5%の水準で統計的に有意である。行政投資の影響の規模は，たとえば表5-4の(1)列の結果によると，行政投資が10%増加した場合，男女合計の10万人当たり自殺率は約1.1%ポイント下がると推定されている。

失業対策費の増加も同様に65歳未満人口自殺率と負の関係があり，10%水準で統計的に有意である。男女別に分析をすると，この効果は主に男性の自殺率低下を通じたものであることがわかる。65歳未満男性の自殺率の結果を見ると，失業対策費の係数は5%水準で有意である。一方で，失業対策費は65歳未満の女性の自殺率の増減には関係がない。これはおそらく失業対策費の恩恵を受けるのは主に男性であることによるのであろう。

興味深いことに，生活保護費などの福祉関連政策に対する歳出額は65歳未満人口の自殺率と統計的に有意な関係にない。生活保護受給者の「比率」の増加は男性自殺率の低下と結びついている。モデルでは県民所得や失業率などの

---

7 行政投資額は外生変数ではないため，固定効果モデルを用いた推定では因果関係を議論するのは難しい。さらに，Arellano & Bond (1991) による動学パネルモデルの GMM 推定を用いて再分析を行ったが，表5-4に示されているのと同様の結果が得られた。この際，1期前の自殺率と行政投資額，および推定式 (1) に含まれるすべての変数（行政投資額を除く）を右辺に投入し，操作変数として2期前のデータを用いた。またこの推定においては，いくつかの都道府県について1981年の自殺率に欠損値があるため，データの範囲を1984～2006年に限定した。推定は Stata の xtabond2 コマンドを使い one-step 方式で行った。

表 5-4　経済・福祉政策と 65 歳未満人口の自殺率

	(1) 全人口	(2) 男性	(3) 女性
行政投資	−0.117**	−0.124**	−0.119
	(0.045)	(0.050)	(0.085)
失業対策費	−0.001*	−0.002**	0.000
	(0.001)	(0.001)	(0.001)
社会福祉費	0.002	0.036	−0.089
	(0.054)	(0.063)	(0.086)
生活保護費	0.065	0.049	0.083
	(0.085)	(0.096)	(0.114)
児童福祉費	0.097	0.123	0.042
	(0.104)	(0.135)	(0.158)
衛生費	−0.005	−0.031	0.073
	(0.039)	(0.048)	(0.081)
県民所得	−0.146	−0.185	−0.016
	(0.157)	(0.192)	(0.172)
完全失業率	6.534**	8.680**	−1.357
	(1.673)	(1.940)	(3.405)
ジニ係数	−0.361	−0.652	0.598
	(0.678)	(0.759)	(1.249)
財政力指数	0.037	−0.002	0.091
	(0.070)	(0.084)	(0.109)
生活保護受給者比率	−0.009**	−0.011**	−0.000
	(0.003)	(0.004)	(0.006)
雇用保険受給者比率	0.002	0.001	0.002
	(0.001)	(0.001)	(0.002)
離婚率	0.152**	0.127	0.216**
	(0.063)	(0.080)	(0.093)
母子世帯比率	0.021	0.022	0.027
	(0.013)	(0.016)	(0.020)
人口規模	0.272	0.251	−0.181
	(0.428)	(0.554)	(1.006)
都市化度	−1.219	−1.899*	0.278
	(0.913)	(1.007)	(1.272)
15 歳未満人口割合	−0.419	−0.093	−0.148
	(1.311)	(1.279)	(2.823)
65 歳以上人口割合	1.392	−0.277	4.655
	(1.832)	(2.286)	(2.972)
調整済み R^2	0.909	0.916	0.517
N	1175	1175	1175

(注)　1982～2006 年の都道府県データに基づく。(　) 内の数字は標準誤差である。標準誤差は都道府県でクラスター処理されている。被説明変数は，10 万人当たり自殺率（対数値）である。すべてのモデルに都道府県固定効果，年効果，都道府県特有の線形トレンドが含まれている。* は 10% 有意水準，** は 5% 水準で統計的に有意。

表 5-5　経済・福祉政策と 65 歳以上人口の自殺率

	(1) 全人口	(2) 男性	(3) 女性
行政投資	−0.061	−0.019	−0.087
	(0.065)	(0.094)	(0.083)
失業対策費	0.002	0.002	0.002
	(0.001)	(0.002)	(0.002)
社会福祉費	0.112	0.209*	0.006
	(0.093)	(0.106)	(0.126)
生活保護費	−0.245*	−0.217	−0.259
	(0.134)	(0.171)	(0.160)
老人福祉費	−0.060	−0.066	−0.093
	(0.102)	(0.110)	(0.137)
衛生費	−0.026	0.010	−0.069
	(0.078)	(0.094)	(0.106)
県民所得	−0.174	−0.046	−0.317
	(0.198)	(0.216)	(0.331)
完全失業率	−0.334	1.861	−2.906
	(2.645)	(3.322)	(4.285)
ジニ係数	−0.102	−0.891	0.726
	(1.245)	(1.486)	(1.488)
財政力指数	0.046	0.009	0.124
	(0.160)	(0.181)	(0.217)
生活保護受給者比率	0.007	−0.001	0.014
	(0.006)	(0.008)	(0.009)
雇用保険受給者比率	−0.001	0.001	−0.004
	(0.002)	(0.002)	(0.003)
離婚率	0.054	0.115	−0.017
	(0.091)	(0.108)	(0.096)
高齢単身世帯比率	−0.004	0.002	−0.014
	(0.009)	(0.013)	(0.009)
人口規模	−1.122	−1.366	−0.832
	(0.953)	(0.970)	(1.404)
都市化度	0.734	2.116	−1.688
	(1.406)	(1.938)	(1.870)
15 歳未満人口割合	2.139	3.098	0.907
	(2.317)	(3.110)	(2.571)
65 歳以上人口割合	−4.071	−5.213	−2.371
	(3.865)	(5.685)	(3.211)
調整済み R^2	0.822	0.633	0.828
N	1175	1175	1175

(注)　1982〜2006 年の都道府県データに基づく。（　）内の数字は標準誤差である。標準誤差は都道府県でクラスター処理されている。被説明変数は，10 万人当たり自殺率（対数値）である。すべてのモデルに都道府県固定効果，年効果，都道府県特有の線形トレンドが含まれている。* は 10％ 有意水準，** は 5％ 水準で統計的に有意。

経済状況はコントロールされているため，生活保護を必要とする人がより多く受給するようになれば，自殺率が低下することが示唆される。したがって，65歳未満の男性の自殺対策には経済政策の充実が大きな効果を持つと考えられるが，一方で福祉政策の拡充も重要な役割を果たす可能性もある。

経済状況に関する変数については，先行研究の知見と同じく，失業率の上昇は（とくに男性）自殺率の増加を伴うことがわかる。また県の所得格差（ジニ係数）は自殺率に直接の関係がないという結果も得られた。

その他，社会経済的属性の効果を見ると，離婚率の増加は自殺率の増加を伴う。表5-4の(2)列と(3)列を比較すると，離婚の影響をより受けやすいのは女性であることがわかる。それ以外の変数は自殺率に有意な影響を与えていないが，唯一の例外は男性の自殺率に及ぼす都市化度の影響である。男性の場合，県の都市化度が進めば進むほど，自殺率が低くなる傾向がある。なお，提示したモデルには県レベルの固定効果項が含まれているため，この結果は都市化の進んだ県とそうでない県とを比べたものではないことに注意が必要である。

65歳以上の人口を対象とする分析結果である表5-5によると，65歳未満人口の自殺率と負の関係にあった行政投資の額は65歳以上人口の自殺率とは関係していない。これは，65歳以上の人々は雇用機会の拡充などの行政投資の恩恵を直接には受けないことによるものであろう。この年代は働いていない者が多いと考えられるため，同様に失業対策費と高齢者の自殺率にも統計的に有意な関係が存在しない。

福祉関連では1人当たり生活保護費の増加と65歳以上人口全体の自殺率との間に負の関係が存在するという結果が得られている（10%水準で有意）。この結果は，65歳未満人口データの分析結果とは対照的である。その他，社会福祉費の増加が65歳以上男性の自殺率の増加を伴うという結果も得られているが，これは社会福祉費自体が自殺率を上昇させるというよりも，自殺率が高いと社会福祉費が増えるという可能性によるものと解釈するのが妥当であろう。

【付記】　本章の内容は，松林哲也・上田路子「福祉・経済政策と自殺率──都道府県

レベルデータの分析」『日本経済研究』(近刊) に基づいているが，本書にあわせて大幅に改稿したものである。

◆参考文献

金子能宏・篠崎武久・山崎睦子 (2004)「自殺の社会経済的要因と自殺予防の経済効果」『季刊社会保障研究』第 40 巻 1 号, 75-87 頁。

警察庁生活安全局生活安全企画課 (2011)「平成 22 年中における自殺の概要資料」。

近藤春生 (2008)「社会資本整備における政治経済学的側面」『フィナンシャル・レビュー』第 89 号, 68-92 頁。

澤田康幸・崔允禎・菅野早紀 (2010)「不況・失業と自殺の関係についての一考察」『日本労働研究雑誌』第 598 号, 58-66 頁。

高橋祥友 (2006)『自殺の危険——臨床的評価と危機介入 (新訂増補)』金剛出版。

日本医師会編, 西島英利監修 (2004)『自殺予防マニュアル——一般医療機関におけるうつ状態・うつ病の早期発見とその対応』明石書店。

Arellano, M. & Bond, S. (1991) "Some Tests of Specification for Panel Data: Monte Carlo Evidence and an Application to Employment Equations," *Review of Economic Studies*, 58 (2): 277-297.

Chen, J., Choi, Y. J. & Sawada, Y. (2009) "How is Suicide Different in Japan?" *Japan and the World Economy*, 21 (2): 140-150.

Di Tella, R., MacCulloch, R. J. & Oswald, A. J. (2001) "Preferences over Inflation and Unemployment: Evidence from Surveys of Happiness," *American Economic Review*, 91 (1): 335-341.

Di Tella, R., MacCulloch, R. J. & Oswald, A. J. (2003) "The Macroeconomics of Happiness," *Review of Economics and Statistics*, 85 (4): 809-827.

Layard R., Mayraz, G. & Nickell, S. (2008) "The Marginal Utility of Income," *Journal of Public Economics*, 92 (8-9): 1846-1857.

Levin, A., Lin, C.-F. & Chu, C.-S. J. (2002) "Unit Root Tests in Panel Data: Asymptotic and Finite-Sample Properties," *Journal of Econometrics*, 108 (1): 1-24.

World Health Organization (2004) "News Release 2004: Suicide Huge but Preventable Public Health Problem."
 (http://www.who.int/mediacentre/news/releases/2004/pr61/en/)

World Health Organization (2010) "Suicide Prevention."
 (http://www.who.int/mental_health/prevention/suicide/suicideprevent/en/index.html)

第6章

自殺対策の運用と成果

◆はじめに

　これまでの分析によると，日本では経済問題を理由・動機として自殺する人が多いこと（第1, 2章），そして経済状況の悪化や大規模な自然災害の発生は自殺率の増加を伴う傾向があること（第2, 3章）を示している。さらに，公共事業や福祉政策など経済的困窮を緩和するような政策は，直接の自殺対策ではないものの，自殺率を低下させる効果を持つ可能性があることが明らかになった（第4, 5章）。自殺の直接の要因としてはうつ病などの精神疾患が注目されがちであるが，自殺を予防するためには経済問題や自然災害などの社会経済的要因にも広く目を向けることが重要となることが示唆される。

　では，自殺の社会経済的要因に注目したうえで，具体的にどのような自殺対策を国や地方自治体が実施すべきなのであろうか。本章では，国や地方自治体によって実施されてきたこれまでの自殺対策を振り返り，具体的な自殺対策についていくつかの事例を紹介・検証することを通じて，社会経済的要因に注目したアプローチによる自殺対策の可能性を検討する。

　まず第1節では2008年以降に実施された国全体の取組を概観し，それを受けて第2節では地方自治体で行われてきた取組を概観する。第3節では，地方自治体における個別の取組として愛知県名古屋市と宮城県栗原市の自殺対策を詳しく紹介する。最後に第4節では，これまでの国や地方自治体の自殺対策がどのような成果を挙げたのかを統計的に検証する。とくに，名古屋市の自殺啓発キャンペーンが自殺件数に与えた効果，地方自治体の補助を受けて実施され

た鉄道駅プラットホームにおける青色灯設置が自殺件数に与えた効果，そして国から地方自治体に配分された地域自殺対策緊急強化基金が自殺率に与えた効果についてできる限り厳密な検証を行う。

1 自殺総合対策大綱における指針と政府の取組

　自殺予防対策が国の施策として積極的に行われてきたヨーロッパ諸国などとは対照的に，日本においては2006（平成18）年に至るまで，自殺対策についての国全体としての基本方針は存在せず，自殺対策が国の重要な政策課題とされることも少なかった。この節では，まずはじめに2006年に自殺対策基本法が制定されるまでの経緯を簡単にまとめ，そのうえで自殺対策の現状を概観する[1]。

　1998（平成10）年以前における自殺予防に対する政府の取組は，子どもの自殺者数が急増した1970年代半ば（昭和50年代前半）に対策が呼びかけられただけであり，その後子どもの自殺者数が減少すると自殺に関する社会的関心も薄れたため，提案された施策のほとんどが実現することはなかった。それ以降も，自殺問題は国が対処すべき課題と認識されることは少なく，厚生省（現・厚生労働省）が発行する『厚生白書』においても自殺問題が取り上げられることはほとんどないという状況であった。

　ところが，1998（平成10）年に年間自殺者数が8000人以上も急増して3万人を超え，その後も継続して3万人を上回って推移してきたことを受けて（序章，図序-1〔2頁〕参照），厚生労働省を中心とした自殺予防への取組がはじまった。2000（平成12）年には厚生労働省が「健康日本21（21世紀における国民健康づくり運動）」を策定し，そのなかで自殺対策がはじめて厚生労働省の施策として取り上げられている。また，「健康日本21」では2010（平成22）年までに自殺者数を2万2000人以下に減少させることが目標とされた。同時期に文部科学省はいじめ問題への対策を通じて生徒の自殺防止に取り組んでいる。しかし，当時は政府全体としての自殺予防への取組は行われておらず，自殺予防対策は各省が

　1　この節の記述は『自殺対策白書』（各年版），および竹島（2008）に多くを負っている。

独自に行っているという状況であった。したがって事業の規模も小さく、当時の自殺対策の予算額は自殺対策が本格化した2006（平成18）年以降の事業費に比べて格段に少なかった[2]。また、当時の取組は厚生労働省が中心となって行っていたこともあり、うつ病対策や職場のメンタルヘルス対策に主眼が置かれていた。

　2005（平成17）年には、政府（国会）に対して自殺予防活動や自死遺族支援に取り組んでいる民間団体から総合的な自殺対策への強い要望が出され、さらに参議院厚生労働委員会において「自殺に関する総合対策の緊急かつ効果的な推進を求める決議」が全会一致で行われた。この決議においては、「自殺を『自殺する個人』の問題だけに帰すことなく、『自殺する個人を取り巻く社会』に関わる問題として、自殺の予防その他総合的な対策に取り組む必要がある」ことが明記され、「関係府省が一体となってこの問題に取り組む」ことが求められている。この決議は、自殺を個人の問題ではなく社会的な問題と捉えているのが特徴的である。さらにこの決議を受けて、厚生労働省中心の体制から政府の関係省庁が一体となって自殺対策を推進する体制への移行が進められることとなった。

　2006（平成18）年には民間団体が自殺対策の法制化を求めて署名運動を行い、超党派の「自殺防止対策を考える議員有志の会」が結成されるなど自殺対策の法制化の機運は高まることとなった。これを受けて、同年には国が取り組むべき自殺対策の基本的枠組みを定めた「自殺対策基本法」が制定された。2007（平成19）年には同法の規定に基づき、政府が推進すべき自殺対策の指針をまとめた「自殺総合対策大綱」（以下「大綱」という）が閣議決定されている。

　基本法と大綱の策定により、日本においても国全体として本格的に自殺予防対策に取り組む体制がはじめて整うこととなった。そしてこれ以降、自殺予防対策は内閣府を中心に推進されることとなった。基本法と大綱は自殺の背景に社会的要因があることを強調しており、精神保健的アプローチだけではなく総合的で社会的な取組として自殺対策が実施される必要を指摘している。この時

　2　たとえば、2001（平成13）年度の厚生労働省の自殺予防関連の経費は約3.5億円であった。一方、他府省の予算も含まれるものの、2006（平成18）年度における自殺関連予算は184億円であった（『自殺対策白書』〔各年版〕）。

期に，内閣府に「自殺対策推進室」が設置され，内閣府が自殺対策を推進することとなったのはこのような認識を反映している。大綱においては，自殺は個人の自由な意思や選択の結果ではなく，生活問題，家族問題，そして病苦などさまざまな悩みにより心理的に「追い込まれた末の死」と捉えられている。この認識をもとに，大綱は「心理的な悩みを引き起こす様々な要因に対する社会の適切な介入により，また，自殺に至る前のうつ病等の精神疾患に対する適切な治療により，多くの自殺は防ぐことができる」と論じている。

そのうえで，大綱は自殺対策を進めるうえでの基本的な考え方として以下の6つの方針を挙げている。

(1) 社会的要因も踏まえ総合的に取り組む
(2) 国民一人ひとりが自殺予防の主役となるよう取り組む
(3) 自殺の事前予防，危機対応に加え未遂者や遺族等への事後対応に取り組む
(4) 自殺を考えている人を関係者が連携して包括的に支える
(5) 自殺の実態解明を進め，その成果に基づき施策を展開する
(6) 中長期的視点に立って，継続的に進める

また，2012年に大綱の見直しが行われ，新しい大綱が同年8月に閣議決定されている。本節の記述は見直し前の大綱に基づいている。なお，見直しにより，項目(3)〜(6)が多少改訂されたのに加えて，

(7) 政策対象となる集団毎の実態を踏まえた対策を推進する
(8) 国，地方公共団体，関係団体，民間団体，企業及び国民の役割を明確化し，その連携・協働を推進する

という2つの項目が追記された。

(1)の社会的要因とは失業，倒産，多重債務，長時間労働などのメンタルヘルスを悪化させる要因を指しており，これらの社会経済的要因の背後にある制度・慣行そのものの見直しの重要性が指摘されている。社会経済的要因に関わ

る制度・慣行の見直しには時間がかかることから，問題を抱えた人に対する相談・支援体制の整備・充実を図ることや，自殺予防の社会的取組として自殺の発生しやすい場所での安全確保や看板の設置などの重要性も指摘されている。さらには総合的取組の一環として，うつ病に対する早期発見と早期治療，自殺や精神疾患問題に関する啓発活動や偏見をなくしていく取組，そしてマスメディアによる適切な自殺報道を求めている。このような包括的・総合的取組を実施するためには，関係諸機関の連携が必要であることを(4)は示している。

　政府の自殺対策に対する基本的な姿勢は，とくに(1)や(4)の方針に見出すことができる。すなわち，自殺は精神疾患だけでなく社会経済的問題によっても引き起こされるという認識である。うつ病が自殺原因の大きな割合を占めることから，うつ病に対する早期発見や治療が不可欠であることを指摘する一方で，社会経済的問題に対する施策も重要であることを指摘し，社会慣行や経済制度の見直しにまで踏み込んで論じている。したがって，「心の悩みの原因となっている社会的要因についても解決に結び付けていかなければ，単にうつ病等の精神疾患の治療を行うだけでは，真の問題解決にはならない」のである（『平成19年版 自殺対策白書』78頁）。さらに，精神保健的な視点だけでなく，社会経済的な視点を含む包括的な取組を行うためには，公的・民間を問わず関係する諸機関が密接に連携して行動することが重要であると論じている。

　その後，大綱の策定以降も依然として年間自殺者数が3万人を超えている自殺の動向をふまえ，2008（平成20）年10月には大綱の一部改正が行われ，「自殺対策加速化プラン」が策定された。とくに推進体制の充実の必要性から，市町村に自殺対策担当部局が設置されるよう積極的に働きかけを行うこととなった。さらには，2009（平成21）年度補正予算において100億円の「地域自殺対策緊急強化基金」が創設され（本章第2節で詳述），地方自治体による自殺対策事業の積極的な実施のための下地が整うこととなった。2010（平成22年）2月には「いのちを守る自殺対策緊急プラン」が決定され，連帯保証制度を含む保証制度のあり方の検討や，自殺の社会的要因の背景にある制度・慣行の把握に努めることとされた。加えて，月別自殺者数が最も多い3月を新たに「自殺対策強化月間」と定め，内閣府を中心として重点的に広報・啓発活動を展開することとなった。なお，大綱は5年を目途に見直しが行われることとなっており，2012（平成24）

年には新しい大綱が閣議決定された。新しい大綱においては「地域レベルの実践的な取組を中心とする自殺対策への転換」が提唱されており、国中心による対策から地域の実情に応じたきめ細やかな対策の実施へ移行する必要性が強調されている。

国による自殺対策の具体的内容としては、2012年に見直しが行われた大綱に掲げられているように、以下の9項目が重点施策として実施されている。

(1) 自殺の実態を明らかにする
(2) 国民一人ひとりの気づきと見守りを促す
(3) 早期対応の中心的役割を果たす人材を養成する
(4) 心の健康づくりを進める
(5) 適切な精神科医療を受けられるようにする
(6) 社会的な取組で自殺を防ぐ
(7) 自殺未遂者の再度の自殺を防ぐ
(8) 遺された人の苦痛を和らげる
(9) 民間団体との連携を強化する

これらの基本的施策のなかで自殺の社会経済的要因に直接対応すると考えられるのが(6)の「社会的な取組で自殺を防ぐ」という項目である。『平成23年版自殺対策白書』によると、次のような対策が政府の関係省庁により実施されている。

・**多重債務の相談窓口の整備とセーフティーネット融資の充実**： 多重債務問題改善プログラムの実施や「多重債務相談強化キャンペーン2010」の実施（金融庁）、「地方消費者行政活性化成果基金」を通じて地方公共団体が実施する取組への支援を実施（消費者庁）。
・**失業者等に対する相談窓口の充実等**： ハローワークなどの窓口における失業者に対する職業相談を実施、ハローワークの住居・生活アドバイザーが生活困窮者に対する相談を行い、関係機関への誘導を行う（厚生労働省）。

表 6-1 自殺対策関連決算額および予算額

(単位：百万円)

	2007年度 決算額	2008年度 決算額	2009年度 決算額	2010年度 決算額	2011年度 当初予算額	2012年度 当初予算額
(1) 自殺の実態を明らかにする	178	203	128	31	28	46
(2) 国民一人ひとりの気づきと見守りを促す	803	949	916	221	363	260
(3) 早期対応の中心的役割を果たす人材を養成する	344	320	258	203	446	326
(4) 心の健康づくりを進める	6,024	3,915	987	889	2,842	7,630
(5) 適切な精神科医療を受けられるようにする	213	288	1,874	1,967	2,930	3,005
(6) 社会的な取組で自殺を防ぐ	12,151	13,579	8,898	6,793	6,610	7,250
(7) 自殺未遂者の再度の自殺を防ぐ	1,302	1,350	1,546	1,544	1,820	2,020
(8) 遺された人の苦痛を和らげる	55	60	35	344	19	13
(9) 民間団体との連携を強化する	97	110	136	141	260	216
その他	9	12	21	25	18	18
総計	21,083	17,317	13,214	10,211	13,421	18,675

(注) 各項目の額には他の項目で計上された決算額が再度含まれていることがあり、各項目の合計と総計とは合致しない。また、2009年度以前においては、自殺予防総合対策センター（2010年に精神・神経医療研究センター内の組織として独立行政法人化）の事業費が各項目には含まれていないものの、総計には算入されている。2009年度には地域自殺対策緊急強化交付金として10,000百万円（100億円）が支出されているが、表には含まれていない。
(出所) 『自殺対策白書』（平成21年版～平成24年版）。

・経営者に対する相談事業の実施等： 商工会議所が行う支援事業を補助、中小企業応援センターにおいて弁護士による中小企業経営者のための法律相談等に対応、47都道府県に設置された「中小企業再生支援協議会」において、事業の再生に関する相談や計画策定に対応、「再チャレンジ支援融資制度」を実施（経済産業省）。

・法的問題解決のための情報提供の充実： 法テラスにおいて関係省庁との連携を図り、自殺の社会要因に関わる相談窓口をより適切に紹介できるように対応を強化、金融庁や日本弁護士連合会などの関係機関と連携・協力し、多重債務相談や労働問題等に関する相談会を実施するなどして、民事法律扶助制度の周知徹底を努める（法務省）。

　大綱に基づいたこれまでの国による自殺対策の実施状況を明らかにするために、表 6-1 に 2007～10 年度の決算額と 2011 年度および 2012 年度の予算額を示す。また、上記の 9 項目に沿った内訳もあわせて掲載している。これによると、項目 (6) の社会的な取組に関する事業がこれまで重点的に行われてきたこ

とがわかる。それに対し,「自殺の実態を明らかにする(項目1)」事業や「遺された人の苦痛を和らげる(項目8)」事業については事業規模は小さいようである。2011年度については,約134億円の当初予算に加えて東日本大震災関連等として5府省の11施策が補正予算として計上され,追加分の予算は約209億8100万円となっている。参考までに,内閣府が同様に複数の府省のとりまとめを行っている交通安全対策に関連する2011年度当初予算額は約2979億円となっており,単純な比較はできないものの交通事故の死者数が年間4612人(2011年)であることを考えると,自殺対策に対して特段に大きな予算額が充てられているというわけではない。

2 地方自治体の取組とその効果

　自殺対策基本法および大綱によって示された指針をもとに,地方自治体は具体的にどのような取組を行っているのであろうか。2008年に策定された自殺対策基本法において,地方自治体は「当該地域の状況に応じた施策を策定し,及び実施する責務を有する」と定められている。すなわち,総合的な自殺対策を推進するうえで,地方自治体が重要な役割を担うことが期待されているのである。しかし,2002年に全国の都道府県と政令指定都市を対象に行われた調査によると,当時自殺対策事業を実施していたのはわずか8カ所(全体の13.6％)にとどまる(竹島 2008)。大綱が制定された2007年の時点においても,ようやく数年前から総合的な自殺対策を開始したところが多いという状態であった。市町村に関しては2008年に策定された自殺対策加速化プランで自殺対策部局の設置が呼びかけられたばかりであり,大綱策定後も市町村による本格的な取組はほとんど進んでいなかったと考えられる。

　このような状況を受けて,内閣府では2009(平成21)年度補正予算において100億円の予算を計上し「地域自殺対策緊急強化基金」(以下「基金」という)を創設した。基金は,地域における自殺対策力を強化し,地域の実情に即した自殺対策を当面3年間支援することを目的とされた。各都道府県は内閣府からの交付金を受けて,2011(平成23)年度までの間都道府県の自殺対策を基金事業と

して実施するほか，市町村や自殺対策に取り組む民間団体に補助金を交付することができる。基金の100億円は，各都道府県の人口や自殺者数等に基づいて配分された。2010（平成22）年には「住民生活に光をそそぐ交付金（地域活性化交付金）」が創設されたことを受けて，同交付金から基金へ約17億5000万円の積み増しがなされている。その後は東日本大震災の影響もあり，2011（平成23）年度第3次補正予算によって約37億円が基金に積み増しされ，さらに基金の期限も申請により2012（平成24）年度末まで延長可能となった。また，2012（平成24）年度補正予算によって基金に30億円が積み増しされた。

　基金を用いた事業の具体的な内容としては，国が提示した①対面型相談支援事業，②電話相談支援事業，③人材養成事業，④普及啓発事業，⑤強化モデル事業の5つの事業のなかから地域がそれぞれ実情に応じて選択して実施することとなっている。⑤の強化モデル事業とは，地域における自殺対策を緊急に強化するための事業を意味する。たとえば，「自死遺族のための分かち合いの会」の運営等の支援，自殺のハイリスク者に対する支援の実施等，地方自治体が独自に取り組む事業のことである。

　内閣府自殺対策推進室作成の資料によると，2009年度の基金を活用した事業実績は全国で13億3300万円であり，47の都道府県すべてにおいて基金を活用した事業が行われている。2010年度と2011年度の事業実績はそれぞれ31億7300万円，36億800万円であった。図6-1には2009～11年度の都道府県による基金事業の総額の推移とその内訳が示されている。2009年度は年度の途中に基金が創設されたこともあり事業額は少なく，本格的に基金による事業が開始されたのは2010年度であると考えられる。事業の内容については，2009年度には都道府県が実施した普及啓発事業が全体で最大の割合を占めていたが，2011年度までには都道府県による市町村への補助金の割合が最も多くなっている。市町村が中心になって自殺予防対策を行うことは基本法にいう「当該地域の状況に応じた施策を策定」するためには必要であると考えられ，高く評価すべきであると考えられる。ただ，ここには掲載していないが市町村による基金事業の内容を見ると，2009年度以降どの年度においても半分以上が普及啓発事業に充てられており，実効性のある予防対策を行うために必要であると考え

図 6-1 都道府県による地域自殺対策緊急強化基金事業の推移

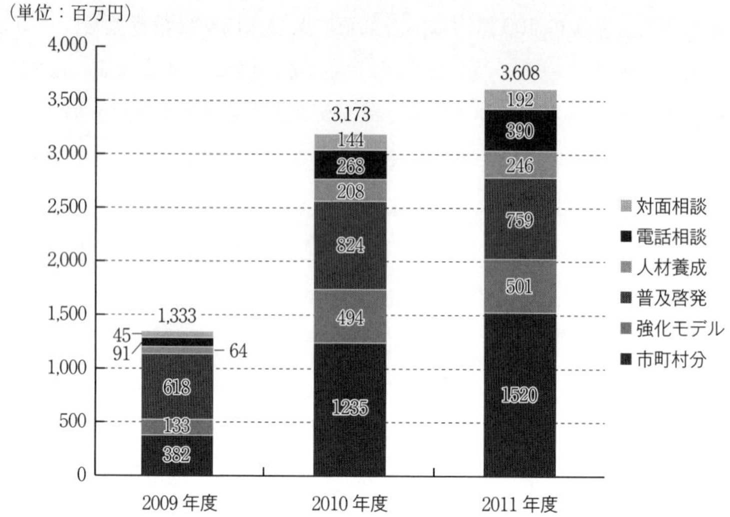

（単位：百万円）

2009年度 計 1,333：市町村分 382、強化モデル 133、普及啓発 618、人材養成 91、電話相談 45、対面相談 64

2010年度 計 3,173：市町村分 1235、強化モデル 494、普及啓発 824、人材養成 208、電話相談 268、対面相談 144

2011年度 計 3,608：市町村分 1520、強化モデル 501、普及啓発 759、人材養成 246、電話相談 390、対面相談 192

表 6-2 大綱の重点施策別，地方自治体による事業数

	2008年度	2009年度	2010年度	2011年度
自殺の実態を明らかにする	97	95	118	86
国民一人ひとりの気づきと見守りを促す	183	205	313	221
早期対応の中心的役割を果たす人材を養成する	165	198	302	229
心の健康づくりを進める	213	228	345	245
適切な精神科医療を受けられるようにする	155	188	266	191
社会的な取組で自殺を防ぐ	189	194	297	242
自殺未遂者の再度の自殺を防ぐ	87	97	153	97
遺された人の苦痛を和らげる	123	132	171	129
民間団体との連携を強化する	137	168	256	183
事業総数	513	533	834	750

（注）複数の重点施策に当てはまる事業もあるため，各施策の計と事業総数は一致しない。
全国の都道府県と政令指定都市による自殺関連事業。

られる人材養成や相談体制の充実にまではまだ手が回っていないようである。

　基金の創設を受け，地方自治体は自殺対策に本格的に取り組むことができるようになった。表6-2は全国の都道府県および政令指定都市による自殺対策予定事業数の2008～11年度の推移を示している（自殺予防対策センター　各年）。事業の内容の推移も見るために，事業数は大綱に掲げられた重点施策別に掲載し

ている。これによると，事業総数は基金が創設される前の2008年度は513であったが，2010年度には834と大幅に増加している。ただ2011年度には事業総数が多少減少している。個別の事業内容を見ると，従来は心の健康づくりを進めるような施策に重点が置かれてきたようである。他方，近年では基金の増設によって社会的な取組で自殺を防ぐための施策や，人材養成や国民の普及啓発に関する事業もあわせて実施する自治体が増加する傾向にある。しかし自殺の実態を明らかにするような事業の数には目立った増加傾向は見られない。

とはいえ，そもそも事業数によって事業の規模まで把握することは困難である。そこで次に地方自治体における自殺対策事業に関する決算額の推移を見ていく。表6-3は2008～11年度の34道府県による自殺対策関連事業の決算額をまとめたものである。表6-3の作成に際しては，全国の都道府県の自殺対策主管課に自殺対策関連事業費の決算額を問い合わせ，36の道府県から回答を得た[3]。表6-3によると，2008年度の道府県による自殺対策関連の事業総額は全国で約2.2億円，1県当たりの平均事業費は約655万円であった。2009年度途中から基金が創設されたことを反映して，2009年度以降は事業費額が上昇し，事業費の平均額は2009年度には2008年度の約5倍，2011年度に至っては2008年度の15倍となっている（図6-2参照）。基金が創設されたことで，都道府県はかつてない規模の自殺対策事業を行うことが可能となったことを，表6-3は明らかにしている。

前述したように，基金は2009（平成21）年に当面3年間の自殺対策事業を支援するために創設された一時的なものである（その後，基金の期限については申請によって1年間延長が可能となり2012〔平成24〕年度までとなっている）。今後の国の方針としては，基金事業は縮小し，それに伴い自殺対策の担い手も国から地方自治体レベルに移行する方向性を目指している。しかし，表6-3が示唆しているように，基金が終了した場合，地方自治体による自殺対策関連事業の規模は

---

[3] 栃木県はデータに含まれる事業内容が他県と異なるため分析から外した。滋賀県については2008年度のデータが入手できなかったことから除いた。その他，回答が得られなかったために分析に含まれていないのは青森県，福島県，群馬県，千葉県，東京都，長野県，徳島県，高知県，佐賀県，長崎県，宮崎県である。

表6-3　道府県による自殺対策関連事業費（決算額）の推移

(単位：千円)

	2008年度	2009年度	2010年度	2011年度
平均額	6,554	35,450	74,207	100,445
総　額	222,851	1,205,312	2,523,048	3,415,130

（注）　33道府県のデータに基づく。2009年度以降は基金による事業費も含まれる。

図6-2　道府県による自殺対策関連事業費（決算額，平均値）の推移

(単位：千円)

2008年度	6,554
2009年度	35,450
2010年度	74,207
2011年度	100,445

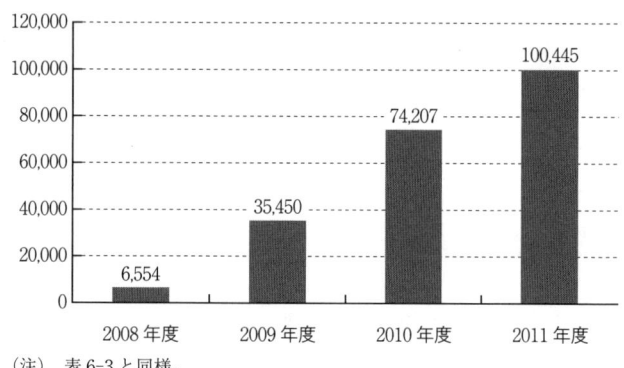

（注）　表6-3と同様。

2008年度以前の水準に戻ることが予想される。このことが今後の自殺対策にどのような影響を及ぼしうるかについては，終章で検討する。

3　各地方自治体における独自の取組

前節まで，国と地方自治体の取組を全体として概観したが，本節では各地方自治体の個別の取組について見ていく。ここでは，特筆すべき取組を行っている自治体として，愛知県名古屋市と宮城県栗原市を例として取り上げる。

◆愛知県名古屋市のケース

名古屋市の自殺対策は自殺の社会経済的要因としての経済問題をとりわけ重

視し，それに対する積極的な取組を行っているという点を特徴とする事例である。名古屋市の2012年7月現在の人口は約227万人，2010（平成22）年の自殺者数は人口動態統計によると448人（人口10万人当たり自殺率20.3）であった。同調査によると，2010年における名古屋市の総死亡者数は1万9014人であったから，およそ2.3％が自殺によって死亡していることになる。なお，全国の2010年の自殺率は23.4（人口動態統計）であったので，名古屋市の自殺率は全国平均を下回っている。男女別・年齢階級別では中高年男性（30～69歳）が自殺者全体の半数（51％）を占めている。

　名古屋市の自殺対策は景気の悪化や失業・倒産などの社会経済的要因によって影響を受ける可能性の高い層への働きかけを積極的に行っている。うつ病などの精神疾患は自殺の直接の引き金となることが多いが，精神疾患の背後には経済的困窮の問題が存在することが往々にしてあり，自殺予防のためには社会経済的要因の解決が不可欠であるとの認識に基づいている。そこで，精神疾患患者に対する医療面からの取組に加えて，経済動向に応じた対策を行うことを目指している。とくに中高年男性の場合，失業や景気悪化などの社会経済的要因の影響を受けやすく，また悩んでいても周囲に相談しないケースが多いことから，啓発活動を通じて直接働きかけるようにしている。さらには周囲の人が中高年男性の悩みに気づき，見守っていくことを促進するような啓発活動も行っている。このような活動を通じて，自殺者数を1990年代前半，つまりバブル経済後期のレベル（年間自殺者数300人前後）にまで引き下げることを目指している。

　表6-4には2011年度の名古屋市の自殺対策事業の内容およびその予算額がまとめられている。事業は多岐にわたり，他の政令指定都市と比べてもより充実した内容となっている。

　名古屋市の事業について特筆すべきは，倒産や失業など経済問題を動機・原因として自殺することの多い中高年男性に対する自殺予防対策が積極的に行われている点にある。その一環として，うつ病に対する啓発や理解，さらに相談窓口の周知を目指し，とくに中高年男性を対象とした「こころの絆創膏」キャンペーンを2009年度から実施している。このキャンペーンでは，名古屋市内

表6-4 名古屋市の2011年度自殺対策事業予算

(単位：千円)

区分	事業名	金額
自殺予防	① こころの絆創膏キャンペーン	17,363
	② 絆創膏の作成	2,841
	③ ラジオCM	9,932
	④ こころの健康キャンペーン	5,246
	⑤ こころの健康講演会	2,000
	⑥ 新聞広告	7,710
	⑦ 統計・アンケート結果分析	2,000
	⑧ 若者向け自殺対策	2,000
	⑨ うつ病家族教室	214
	⑩ 地域こころの健康づくり推進事業	1,082
	⑪ 精神科デイケアの充実	441
	小　計	50,829
自殺防止	① 名古屋市こころの健康（夜間・土日）無料相談	2,197
	② 自殺対策ホームページの運営	2,110
	③ 相談機関用事例集の作成	2,300
	④ かかりつけ医等心の健康対応力向上研修	3,384
	⑤ 自殺対策従事嘱託員の配置	3,709
	⑥ 自殺対策関係研修	326
	⑦ 自殺対策関係相談機関等ネットワーク会議	0
	⑧ いのちの電話相談員メンタルケアサポート事業	536
	⑨ こころの健康電話相談における相談環境の充実	200
	小　計	14,762
遺族支援	① 自死遺族相談日	309
	② 自死遺族カウンセリング	1,378
	③ 自死遺族向け情報誌の作成・発行	375
	小　計	2,062
その他	① 名古屋市自殺対策連絡協議会の運営等	637
	② うつ病，統合失調症の自殺予防を目的とした認知行動療法の開発	2,500
	③ がん患者の抑うつ症状緩和に関する研究	2,500
	小　計	5,637
	合　計	73,290

の主要地下鉄・JR・私鉄駅周辺やハローワーク周辺で，平日の朝と夕方にうつ病についての内容や各種相談窓口を記載した絆創膏を，スタッフやボランティアグループが手渡しで配布した。これまでに2009年9月に2日間，また2010年，2011年，2012年の2～3月と5～6月の平日に配布が実施されてきた[4]。2011年度（2011年5～6月と2012年2～3月）の場合，延べ80日間にわたり41駅

4　2010年5～6月の場合，実際の配布は7月2日まで行われた。

3 各地方自治体における独自の取組　175

図 6-3　配布されたこころの絆創膏（2012 年 7 月，一般向け配布版）

表面

中面

裏面

（出所）　名古屋市健康福祉局障害福祉部障害企画課より提供。

およびハローワーク周辺で計 25 万個の絆創膏が配布された。

　実際に配布された絆創膏が図 6-3 である。絆創膏には一般向けの絆創膏と離職者向けの絆創膏とが用意され，それぞれ記載される内容が異なっており，受け取る人の実情にあわせた情報を提供するようになっている。一般向けの絆創膏には，うつ病についての内容，こころの健康に関する相談窓口，サラ金・多重債務，経営に関する相談窓口等を記載し，離職者向けの絆創膏にはそれらの

情報に加えて，住宅や生活費等に困っている離職者が利用できるさまざまな制度や相談窓口などの情報が記載されている。また，配布場所も離職者向けの絆創膏はハローワーク周辺で配布し，一般向けの絆創膏は主要駅周辺で配布するなど，対象者を明確にした普及啓発活動を行っている。加えて，国から交付された緊急雇用創出基金を用い，市民経済局と提携しながら失業者を雇用することにより絆創膏の配布が実施されたこともある。2011年度の場合，13名が配布スタッフとして雇用されており，この啓発キャンペーンは失業者に対する直接の経済的支援も目的として行われた。

「こころの絆創膏」キャンペーンでは絆創膏の配布にあわせて，ウェブサイトも作成し公開している。ウェブサイトのトップページが図6-4である。「いま『死にたい』ほどつらいあなたへ」や「大切な方を心配しているあなたへ」のメッセージや相談窓口，自助グループの案内，医療機関情報などの情報を多数掲載している。さらに2011年度は，絆創膏の配布時期にあわせて，市内地下鉄車両内に絆創膏と同じキャラクターを用いたステッカーを掲載し相乗的な啓発活動を行っている。ステッカーは「こころの絆創膏」ウェブサイト・モバイルサイトの周知を図る内容になっている。

このような大規模な啓発キャンペーンを行った結果，こころの絆創膏が配布された直後にはウェブサイトへの訪問や相談窓口への電話アクセスが増加した。図6-5は2011年4月～12年10月の絆創膏ウェブサイトへのアクセスと電話相談窓口における相談受付件数の時系列の変化を示している[5]。縦の破線はこころの絆創膏キャンペーンが実施された月を示している。図6-5によると2011年と2012年の9月にページビューや電話相談件数が急増しているが，これは9月にラジオを使ったメディアキャンペーンなどが実施されたことによるものと考えられる[6]。9月を除くと，絆創膏キャンペーンが行われた月のウェブサイトへの訪問数と電話相談件数は他の月に比べ平均的に高いことがわかる。また，2011年11月に市民を対象に行ったアンケート調査によると，市民の約10%はこころの絆創膏の存在を認知しているようである。

5 ウェブサイトへのアクセスは携帯電話によるアクセスも含む。
6 2011年と2012年の9月にはこころの絆創膏の取組が名古屋市の広報紙の特集記事になり，また2012年9月には地下鉄ツインステッカーの貼り付けが行われた。

3 各地方自治体における独自の取組　177

図6-4　こころの絆創膏ウェブサイトのトップページ

(出所)　名古屋市「こころの絆創膏」キャンペーンホームページ。
　　　（http://www.inochi-akari.city.nagoya.jp/）

　さらに名古屋市では，啓発キャンペーンを通じて相談窓口を案内するだけでなく，相談機関の担当者が悩みを抱えた人のニーズに適切に対処できるような体制も構築している。街頭キャンペーン等で相談窓口の周知を促進することで，

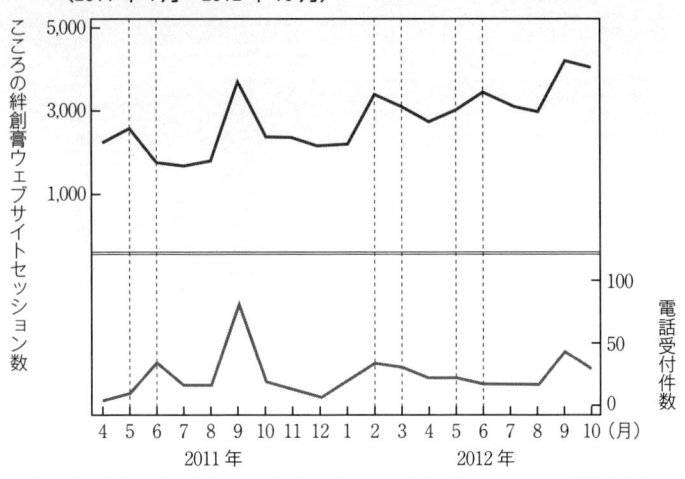

図 6-5 こころの絆創膏ウェブサイトへのアクセスと電話相談の受付件数
（2011 年 4 月〜2012 年 10 月）

（出所）名古屋市健康福祉局障害福祉部より提供を受けたデータの提供をもとに筆者ら作成。

　相談者を専門機関につなぐことは重要なことである．しかし，相談者が複合的な悩みを抱えている場合，1つの支援機関では十分な対応をとれない可能性もある．そのため，相談を受けた相談担当者が受け持ちの分野以外の専門家と連携したり，あるいは他の支援機関を相談者に紹介することが必要になる．このような作業をより円滑に行うために，名古屋市では各種機関の職員向けに「常備薬　こころの絆創膏」と呼ばれるマニュアルを作成し配布している．マニュアルには悩みや相談内容の種類ごとに連絡をとるべき機関とその連絡先が掲載され，掲載されている機関も精神保健福祉センターから，子育て相談窓口，商工会議所まで多岐にわたっている．これによって，相談員が適切な相談機関を必要に応じて紹介することができるほか，相談機関同士の連携も可能になっていると考えられる．このマニュアルは弁護士会，司法書士会，警察署，など関係機関へ約 3700 部配布されている．

　また，中高年男性が帰宅途中や休日に相談に訪れることができるように，「名古屋市こころの健康（夜間・土日）無料相談」を夜間や休日に実施している．週に1度，平日の場合は午後6時〜8時，土日の場合は午後3時〜5時に，精神科医や産業カウンセラーによって市内に在住，在勤，在学している人およびその

家族を対象とした無料の面接相談が行われている。また，この無料相談の機会を周知するために市内のハローワークと連携し，とくに経済的問題を抱えている人々への働きかけを行っている[7]。

◆宮城県栗原市のケース

宮城県栗原市は，自殺対策の一環として多重債務者対策を積極的に行っている。栗原市は宮城県内陸北部に位置し，2005（平成17）年4月1日に栗原郡10町村が合併して誕生した。栗原市の面積の8割近くは森林，原野，田畑で占められている。2010年の国勢調査によると人口は約7万5000人，そのうち約2万9000人は農家人口である。2010年の時点で65歳以上の高齢者人口は全人口の32.5％であり，その割合は2020年には40％近くになると推計されている[8]。人口は減少傾向にあり，1998〜2010年に人口は約1万2000人（13.6％）減少している（表6-5参照）。

人口動態統計に基づく栗原市における2010年の自殺者数は31人（うち男性25人），自殺率は41.3となっている。同年の宮城県と全国の自殺率がそれぞれ22.7，23.4であることから，比較的高い水準となっているが，栗原市の場合，高齢者の総人口に占める割合が高いため，高齢者の多い地域では自殺率が高くなる一般的傾向を考慮に入れる必要がある[9]。そこで，自治体間の年齢構成の違いを考慮に入れた年齢調整済み自殺率を計算することにする。2010年の市町村別の人口動態統計の年齢階級別死亡者数は本章執筆時点では未公表であったので，2010年の警察庁のデータを用いて年齢調整済み自殺率を計算すると，栗原市の場合31.75となる[10]。参考までに，宮城県の同年の年齢調整済み自殺率

---

[7] 2010年度の相談件数は29件であった。「こころの健康（夜間・土日）無料相談」は名古屋市健康福祉局障害福祉部障害企画課が実施しているが，名古屋市精神保健福祉センターや保健所も「こころの健康電話相談」や「自死遺族相談」など各種健康相談を実施しており，これら健康相談に寄せられた相談件数の総数は少なくとも5500件にのぼる（2010年度：総務省行政評価局 2012）。

[8] 国立社会保障・人口問題研究所による推計（栗原市 2012）。

[9] 栗原市のように人口規模が小さい市町村の場合，自殺者数のわずかな増減も自殺率に大きく影響するため，自殺率の数値が年によって大きく変動することにも注意が必要である。

表6-5 栗原市の自殺件数

	自殺者数（総数）	自殺者数（男性）	自殺者数（女性）	人口（住民基本台帳）	自損行為による救急出動件数
1998	27	-	-	87,844	23
1999	25	15	10	87,250	24
2000	24	17	7	86,704	21
2001	18	12	6	85,900	26
2002	29	24	5	85,051	19
2003	33	27	6	84,241	35
2004	36	25	11	83,296	37
2005	39	34	5	82,298	46
2006	26	20	6	81,191	42
2007	22	17	5	80,091	25
2008	35	29	6	78,932	29
2009	25（24）	18（17）	7（7）	77,895	40
2010	31（32）	25（25）	6（7）	76,851	40
2011	-（24）	-（20）	-（4）	75,924	-

（注）　1999～2008年の自殺者数は人口動態統計に基づく。2009～11年の（　）内は警察庁発表のデータによる自殺者数。1998の自殺者数は栗原市（2012）によった。男女別の内訳は掲載されていない。自損行為による救急出動件数は栗原市消防本部警防課による。

は22.45となっている。

　警察庁のデータによると，2011年の自殺者数は24人（〔粗〕自殺率31.5）と前年比8人減少している[11]。2011年の自殺者のうち60歳以上の自殺者が15人と6割以上を占めており，職業別に見ると無職者が13人，被雇用・勤め人が8人，自営業・家族従事者が3人である。さらに2011年の自殺者で原因・動機が明らかになっている16人のうち，健康問題が9件，経済・生活問題が7件となっている（3つまで計上可能）。

　宮城県栗原市では「のぞみローン」と名づけられた制度をつくり，多重債務の整理や，債務の整理に伴う生活再建に要する資金を必要とする住民を対象と

10　年齢調整済み自殺率の算出の際には，2010（平成22）年国勢調査の年齢階級別人口数を用いて粗死亡率を計算し，基準人口は1985（昭和60）年モデル人口を用いた。

11　人口動態統計による2011年（平成23年）の市区町村別自殺者数は2012年8月現在未公表である。警察庁の統計と人口動態統計の違いについては序章の補論（10頁）を参照。なお，自殺率の計算には住民基本台帳人口を用いた。

して資金の貸付を行っている。あわせて「のぞみローン」を利用せずに市民が多重債務問題を解決することができるように，法律専門家による無料法律相談を実施し，多重債務を法的に整理できるよう手助けもしている。次に，この制度が設計された背景をまとめ，さらに制度の内容や利用状況を概観する[12]。

　栗原市の自殺対策は，2005年に全国平均の2倍近い自殺率を記録したこと，また健康問題や経済問題などの要因による自殺が多い現状について，2007年6月の市議会本議会において市長に対し質問がなされたことに端を発する[13]。市長は自殺者数をゼロにすることを目指して総合的な自殺対策に早急に取り組むことを表明し，以降，栗原市は本格的に自殺対策に取り組むことになった。

　市長による答弁の2カ月後の2007年8月には，自殺対策のための重点施策を定めた「栗原市いのちを守る緊急総合対策」が策定されている。このなかで，多重債務者向けの専用電話による相談窓口を設置することや，多重債務者救済のための新しい融資制度の創設がすでに提言されている。さらに同時期に警察，医師会，弁護士等の市内関係機関代表や市議会議員など44名の委員から構成される「栗原市自殺防止対策連絡協議会」が設置されている。国の自殺総合対策大綱の決定から間もない時期に政令指定都市以外の市で総合対策が策定され，連絡協議会が設置されているのは画期的である。連絡協議会では，2007年から5年間で自殺率を30％減少させ，10万人当たり34以下にすることを目標としている。

　また，対策の一環として市民の心の健康や自殺予防に関する意識調査を実施した結果，経済面や生活面の悩みを抱える市民が多いことが明らかとなり，とくに多重債務者救済のための取組として多重債務専用の相談電話を市福祉事務所内に2007年に開設した。社会福祉係の職員が月曜日から金曜日の午前9時から午後5時まで相談を受け付けている。

　さらに，配偶者を自殺で亡くした市民から生活資金の不足に関する相談が市長に直接寄せられたことをきっかけとして，経済的支援策として融資制度の検

---

[12] この節の記述は佐藤勇栗原市長が執筆した「宮城県栗原市における多重債務者対策」（佐藤 2010）および栗原市提供の資料に多くを負っている。

[13] 2005年度の10万人当たりの全国平均自殺率が24.2であったのに対し，栗原市では48.6であった。

討が始まった。市内の金融機関との協議の結果，2つの金融機関と提携することが決まり，それぞれの金融機関に多重債務の整理等に関する貸付資金として計1億円が預託された。こうして，2008年1月に「栗原市のぞみローン」が開始されることとなった。

のぞみローンの融資制度は以下のような特徴を持つ。

・限度額 1000万円
・貸付利率 7.9％（年率）
・償還期間 10年以内
・貸付条件は金融機関の条件と同じ
・毎月銀行から市役所に貸付や償還について報告

のぞみローン貸付の対象は主に債務の整理に要する資金を必要とする人，とくに複数ローンを1本にまとめる借り換えが必要な人，生活資金が必要な人である。融資の相談を受けた金融機関は，さまざまな状況を考慮し自機関のローンサービスを勧めることもある。

のぞみローンは栗原市，仙台弁護士会，そして金融機関の密接な協力のもとに運用されている。栗原市は相談電話を通して多重債務に悩む市民からの相談を受ける。福祉事務所の職員は面談を行い，場合によっては生活保護やこころの健康相談などの担当部局と連携して問題解決にあたる。相談内容に基づき，市の担当者は仙台弁護士会所属の弁護士を紹介し法律的な助言を受けられるように誘導する。弁護士は任意整理，特定調停，自己破産などから相談者の状況にあった法的な債務整理方法を提示する。弁護士との相談の結果，借り換えや生活資金が必要となった相談者には金融機関が紹介され，「のぞみローン」が解決方法の選択肢の1つとして利用できるようになっている。この協力体制の一環として栗原市は仙台弁護士会の協力を得て，多重債務者救済のための無料法律相談を月2回開設している。

このように，栗原市は弁護士会と緊密に連携することを通じて多重債務者が法的な方法で債務の整理をすることを手助けしており，結果としてほとんどの相談者は「のぞみローン」を利用しないで問題の解決に至っている。市として

も新たな貸付による金利負担を相談者に極力させないように努力しているのである。しかし、法的な債務整理になじまない債務（たとえば公共料金、家賃、教育費など）を抱える相談者も存在することから、そのような相談者には「のぞみローン」が有効であると市は想定している。他には、仕事上の理由などから自己破産をすると不利益を被る相談者にも「のぞみローン」は有効であろう。実際の融資例を見ると、相談者に不利益が及ばない範囲でできる限りの法的整理を行ったうえで、のぞみローンの融資貸付は行われており、安易に新たな債務を増やさない努力が市、弁護士会、金融機関の3者の連携によってなされているのは特筆すべき点である。

のぞみローンの貸出状況であるが、2008年1月の運用開始から2012年3月までに計20件、計約6000万円の融資が行われた。また、のぞみローン相談中に他の方法による融資に至ったケースとして96件、計1億1000万円が記録されている。栗原市のアンケート調査によると市民の34％にのぞみローンの存在が認知されている。

市は相談電話番号と融資制度を周知するための市民への広報活動も積極的に行っている。医療機関の待合室、集会所、金融機関のATMの入口付近など市内404カ所にポスターを掲示し、「必ずみつかります　電話からはじまる　解決のみち」「相談電話は、（しあわせに　みんななやむな）42-3778」として多重債務無料相談の電話番号を記載している。このポスターと一緒にこころの健康相談の相談窓口などを掲載したポスターも掲示している。さらに、市の広報誌でも相談電話と融資制度を紹介しており、多重債務の特集を組んだ後は常に相談者数が増加しており、多いときには前月比20％以上相談者数が増えたこともあった月もあったという。多重債務相談電話の設立後、これまでに約1300件（2012年6月現在）の相談が寄せられている。

多くの地方自治体が、多重債務に悩む市民を救済する目的で相談窓口を設定している。栗原市の場合、さらにそこから一歩踏み込み独自の融資制度を設立するに至った。金融機関の融資サービスの利用件数に比べてのぞみローンの融資件数は少ないものの、独自の融資制度の設立は経済的に困窮した市民の救済に寄与したと考えられる。また、相談に応じるだけではなく、貸付融資制度という具体的な解決策を提示する取組は多重債務問題に対する政策的介入として

非常にめずらしいものであると言える。とくに金融機関との提携はめずらしく、他の市町村が同様の制度を設計する場合に、地元金融機関とどのような方法で提携するかなど、栗原市の事例は多くの教訓を与えてくれるだろう。

4 自殺対策とその効果

　前節までに見たように、2006年の自殺対策基本法の制定以降、国や地方自治体は自殺予防のためにさまざまな取組を行ってきた。ではそれらの取組は、本当に自殺の抑制につながったといえるのであろうか。本節では、これまでの取組の成果を検証するために、①名古屋市のこころの絆創膏配布が自殺件数に与えた効果、②地方自治体の補助を受けて実施された鉄道駅における青色灯設置が自殺件数に与えた効果、そして③国から地方自治体に配分された自殺対策基金が自殺率に与えた効果について統計分析を行う。

◆名古屋市のこころの絆創膏配布キャンペーンの効果

　まず名古屋市のこころの絆創膏配布キャンペーンに注目し、こころの絆創膏の配布が、自殺件数の減少に効果があったかどうかを検証する。統計分析には名古屋市16区における各月ごとの自殺件数とこころの絆創膏の配布回数のデータを用いる。こころの絆創膏の大規模な配布が開始されたのが2010年の2月であることをふまえ、分析対象として2010年1月～12年9月の期間に注目する。データの個数は16区×33カ月で528である。

　各区の月別の自殺件数は警察庁が各月ごとに発表している「地域における自殺の基礎資料（自殺日・住居地ベース）」に基づく。こころの絆創膏の配布の効果が性別で異なる可能性を考慮して、月ごとの総自殺件数、男性自殺件数、そして女性自殺件数を分析に用いる[14]。図6-6は2010年1月～12年9月の各区・各月における総自殺件数および男女別の自殺件数の分布を示す。月別平均自殺

14　配布回数のデータは名古屋市健康福祉局障害福祉部より提供を受けた。

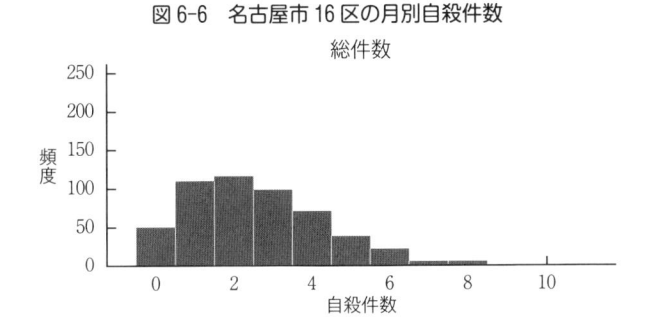

4 自殺対策とその効果

図6-6 名古屋市16区の月別自殺件数

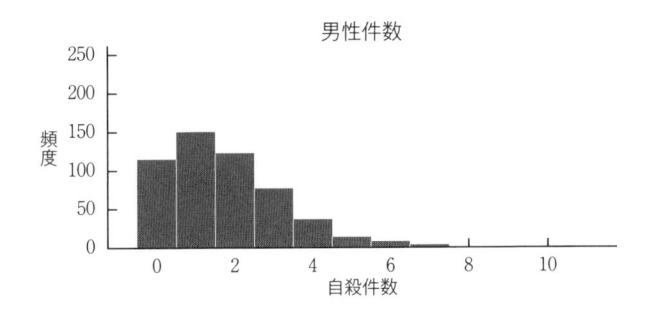

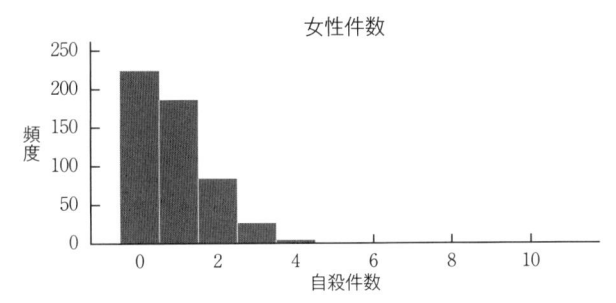

総件数

男性件数

女性件数

（注） 2010年1月〜12年9月の16区のデータに基づく。データの個数は528。

件数はそれぞれ2.60（総件数），1.73（男性），0.86（女性）である。

こころの絆創膏配布のデータとして，各区における月別のこころの絆創膏の配布回数を用いる。前述のように，絆創膏の配布は名古屋市内の主要な鉄道駅周辺で，2, 3, 5, 6月の平日の朝と夕方に行われた。各区内の駅で行われた朝と夕方の配布をそれぞれ1回と数え，区別・月別に配布回数を集計した。たと

表 6-6 名古屋市各区，各月ごとのこころの絆創膏の配布回数

	2010年				2011年				2012年			
	2月	3月	5月	6月	2月	3月	5月	6月	2月	3月	5月	6月
千種区	11	0	8	0	6	2	3	4	3	3	3	4
東区	6	1	2	4	6	0	3	4	4	4	4	3
北区	5	0	3	0	3	0	2	5	2	4	3	3
西区	1	0	1	0	1	0	0	2	1	1	1	1
中村区	2	9	0	10	1	9	5	6	8	5	7	5
中区	9	29	11	23	14	18	18	9	12	11	17	8
昭和区	2	0	1	1	1	1	2	1	2	1	0	3
瑞穂区	0	0	2	0	2	0	0	1	1	1	1	2
熱田区	1	5	0	8	0	8	3	3	2	4	5	3
中川区	0	1	0	1	0	2	1	2	1	3	1	2
港区	0	2	0	1	0	0	0	0	1	0	0	1
南区	0	1	0	0	0	1	0	1	0	0	0	0
守山区	1	0	0	0	0	0	0	0	0	0	0	0
緑区	0	1	2	1	2	1	0	2	3	2	0	0
名東区	2	0	2	3	3	2	1	3	2	2	2	3
天白区	2	0	2	1	1	4	1	5	2	1	0	4

（注） 2010年1月〜12年9月の16区のデータに基づく。配布回数は区内の駅における午前と午後の配布をそれぞれ1回と数え，区内すべての駅での配布回数を月ごとに集計した。表中に記載されていない月における配布回数は0である。絆創膏の配布場所は乗降客数の多い駅を中心に選ばれた。とくに乗降客の多い名古屋駅，栄駅，金山駅，伏見駅では配布する交差点が日時ごとに変更された。また，市内中心部だけでなく，各区への波及効果やボランティアの参加しやすさ等も考慮して，広範囲にわたるよう配布が行われるように配布場所が決定された。配布場所の決定の際には区の自殺率や自殺件数はとくに考慮されていない。

えば2012年6月の場合，中区では市営地下鉄栄駅，丸の内駅，久屋大通駅，上前津駅など複数の駅でこころの絆創膏の配布が朝と夕方に合計8回行われた。よって，中区では8回配布が行われたと定義する。表6-6は各区における月別のこころの絆創膏の合計配布回数を示す。表に含まれていない月には配布が行われなかったため，配布回数は0と定義した。1カ月における最大の配布回数は29である。なおJR東海，名古屋鉄道，そして市営地下鉄の金山駅と大曽根駅，またJR東海と市営地下鉄の八田駅は区の境界線に位置するため，どの区に位置しているかを明確に定義するのが難しい。そこで，これらの駅でこころの絆創膏の配布が行われた場合には，境界を接するそれぞれの区で配布が0.5回行われたと定義した[15]。

---

15 配布回数を1回と定義しても結果は変わらない。

配布日程は，いわゆる5月病等が心配される5，6月と，自殺者が1年間で最も多くなると言われる3月の前からの予防ということで，2，3月に実施することが決定された。とくに，中高年男性への配布を意識して朝夕の通勤・帰宅時間帯に実施された。各配布時には，2012年2～3月のキャンペーンの場合，各回につき2000個（＝1日では朝夕で4000個）の配布を目標としていた。実際の配布個数は天候等にも左右され，1回につき1100個～3600個までばらつきがあったが，2カ月間トータルでは，配布目標（7万6000個）を上回り，実績は8万1670個だった。

上記の自殺件数と絆創膏配布回数のデータを用い，「区内におけるこころの絆創膏の配布回数が多いほど配布後にその区においては自殺件数が減少する」という仮説を検証する[16]。ポアソン回帰分析と呼ばれる手法を用いたこの仮説の検証結果が図6-7にまとめられている。横軸はポアソン回帰分析による推定係数の大きさを示している。こころの絆創膏の配布が効果を発揮するのにしばらく時間がかかる可能性を考慮して，こころの絆創膏が配布された月，そして配布から1カ月後，2カ月後，3カ月後，4カ月後，そして5カ月後における自殺件数への効果の大きさを推定した。各時点における配布回数の推定効果の大きさは，縦軸の各時点について黒い丸によって示されている。黒い丸が図の中央に位置する0を示す縦線よりも右側にある場合，区内での配布回数の増加に伴い自殺件数も増加することを意味する。一方で，黒い丸が図の0を示す縦線よりも左側にある場合，配布件数の増加に伴い自殺件数が減少することを意味

---

[16] この仮説は，各駅の周辺で絆創膏を受け取った人々がその駅が位置する区内に居住しているという仮定に基づく。これは非常に強い仮定であり，主要なターミナル駅周辺（たとえば名古屋駅）などで絆創膏を受け取った人々がその駅が位置する区内に居住している確率は必ずしも高くない。たとえば，名古屋駅で絆創膏を受け取った人は中区など隣接する区に居住しているかもしれない。また，隣接する区の駅を利用する場合もあるだろう。そこで，各区内におけるこころの絆創膏の配布回数と自殺件数を検証するだけでなく，追加の分析として隣接する区における配布回数が自殺件数に与える影響も検証した。たとえば2012年6月の場合，中区内で計8度の配布が行われ，さらに中区と隣接する8つの区（北区，東区，千種区，昭和区，熱田区，中川区，中村区，西区）では計24度の配布が行われた。詳しい推定結果については章末の補論1（195頁）を参照されたい。

188　第6章　自殺対策の運用と成果

図 6-7　こころの絆創膏の配布回数が自殺件数に与えた推定効果

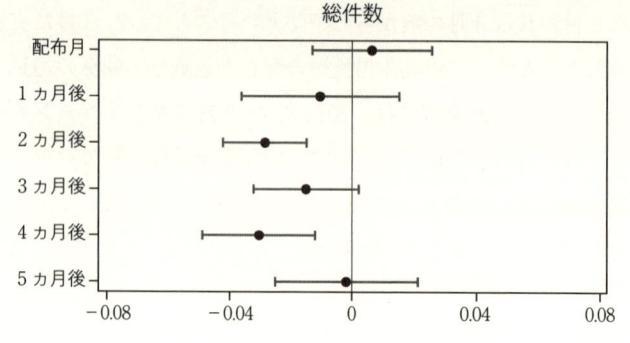

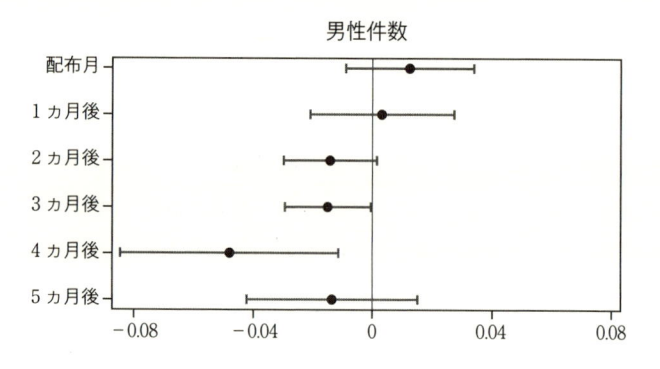

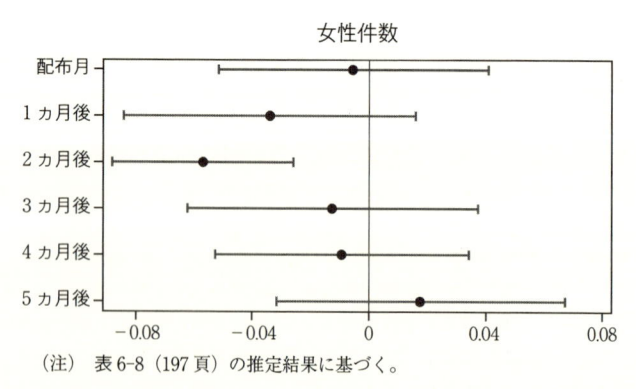

総件数

男性件数

女性件数

（注）表 6-8（197 頁）の推定結果に基づく。

する。なお，黒い丸の左右に伸びる線の長さは推定係数の 95％ 信頼区間を示しており，信頼区間が 0 を示す縦線と交わっていない場合には統計的な意味で配布回数は自殺件数に正または負の影響を与えていると結論づけることができ

る。95% 信頼区間が 0 と交差しているが，区間の大部分が正あるいは負の領域に位置する場合にも配布回数は自殺件数に効果を与えていると解釈することができるが，信頼区間が 0 を含んでいない場合と比較して結果の信頼性は低く，その解釈の妥当性にはより注意が必要になる。95% 信頼区間が 0 を挟んで正と負の領域にほぼ均等に位置するような場合には配布回数は自殺件数に影響を与えていないと結論づける必要がある。なお，推定方法および結果に関する詳しい情報は章末の補論 1（195 頁）にまとめた。

図 6-7 の上段の総自殺件数に基づく結果によると，配布月には配布回数の推定効果の 95% 信頼区間が 0 を挟んで正と負の領域にほぼ均等に位置している。よって，こころの絆創膏が配布された月には区内の自殺件数には変化がないことがわかる[17]。次に配布から 1 カ月後の配布回数の推定効果を見ると，推定値は負に推定されている。しかし，信頼区間が 0 を含んでいるため，配布回数は 1 カ月後の自殺件数には影響を与えていないと言える。

絆創膏の配布から 2 カ月後，3 カ月後，そして 4 カ月後の推定効果は 1 カ月後と同様に負の値を示している。これらの推定値の信頼区間を見るとおおむね 0 をまたいでいないので，配布回数の負の効果は統計的に有意であると結論できる。この結果は，こころの絆創膏の配布回数が自殺件数の抑制につながっていること，また絆創膏の配布が効果を発揮するためには配布から数カ月が必要であることを意味する。推定値を用いて配布回数の実質的な効果を計算したところ，たとえば配布から 2 カ月後の場合，区内の 1 カ月のこころの絆創膏の配布回数が 0 から 29（配布回数の最大値）に増えた場合に自殺件数が 1 件減るということがわかった。1 カ月の各区の平均自殺件数が 2.60 件なので，絆創膏の実質的な効果は非常に大きいと言える。配布の自殺抑制効果は配布から 4 カ月まで継続するが，5 カ月後には消滅するようである。6 カ月後や 7 カ月後の効果も確認したが，5 カ月後と同じく配布回数は統計的に有意な効果を持たないと

---

[17] 効果が見られない原因の 1 つにデータの問題が挙げられる。月の後半に行われたこころの絆創膏の配布は月前半の自殺件数に影響を与えることができないが，月ごとの集計データを使用しているため，そのような状況はデータ上無視されている。そのためキャンペーンに効果があったとしても，配布月については効果が過小評価されているのかもしれない。

推定された。

　次に、こころの絆創膏が男女別の自殺件数にどのような影響を与えたかを検討する。図6-7の中段と下段の図によると、男性の場合は総自殺件数を用いた結果と大きな差が見られない。女性の場合、こころの絆創膏の配布から2カ月後に配布が負の効果を持つようであるが、それ以外のタイミングでは有意な効果が見られない。ただ、4カ月後までは効果は負であると推計されており、これらの結果が統計的に有意でないのは女性の自殺者数が相対的に少なく、結果として信頼区間が広くなってしまっていることによる可能性もある。こころの絆創膏の配布は男女の自殺件数の両方に影響を与えたようであるが、効果のタイミングは若干異なることがわかる。

　これらの分析結果から、こころの絆創膏キャンペーンは自殺件数に大きな効果を与えたことがわかる。キャンペーンがどのように自殺の抑制につながったのかに関してはさまざまな解釈が可能である。前述のように、絆創膏の配布後にウェブサイトへのアクセスや電話相談の受付回数が増えていることから、自殺を考えている人やその周りにいる家族が支援を求める確率が高まり、その結果自殺件数が抑制されたという可能性がある。もちろん、この解釈は絆創膏配布の効果を説明するメカニズムの1つにすぎず、他にもさまざまなメカニズムが存在する可能性があることに注意されたい[18]。

◆鉄道駅における青色灯設置の効果

　次に、ある地方自治体と鉄道会社が合同で行った自殺対策に関する統計分析の結果を紹介する。第1章でも触れたが、鉄道駅や踏切における列車への飛び込み自殺は大きな社会問題の1つとなっている。このような状況を受けて、近年いくつかの鉄道会社が自殺防止対策として駅や踏切への青色灯の設置を進めている。たとえば、JR西日本は2006年に踏切への青色灯の導入を始め、2010

---

[18] こころの絆創膏キャンペーンについて、名古屋市は2013年以降はこれまでとは異なる形で継続していく予定である。これまでの活動中につながりができたボランティア団体や事業者の方などに協力を呼びかけながら、啓発活動を続けていくとのことである。

年度までに94カ所に青色灯を設置している。青色灯は首都圏のJR東日本の一部の駅に設置されているほか、2010年にはJR九州が試験的に設置を開始している。青色灯には人間の気持ちを落ち着ける作用があるとされ、自殺を思いとどまらせる効果への期待がその背景にある。

　本項の分析対象である首都圏の鉄道会社は沿線自治体の財政支援を受けて、自社の鉄道や踏み切りにおける自殺件数の減少を目指して青色灯の導入を進めた。この自治体は2009～11年度の自殺対策基金の一部を青色灯設置補助のために割り当てた。この鉄道会社により青色灯が設置された11駅のうち、9駅における設置がこの自治体の支援を受けている。青色灯設置の主体は鉄道会社であるが、自治体の財政支援を受けていることを考慮すれば地方自治体の自殺対策の一例としてもその効果を分析することに意味があるだろう。そこで、当該鉄道会社の駅における青色灯設置と自殺者数のデータ（パネルデータ）を用いて、青色灯設置にどの程度の自殺防止効果があったのかを統計的手法を用いて検証する[19]。

　実証分析にはこの鉄道会社から提供を受けたデータを用いる[20]。提供されたデータには当該鉄道会社の各路線のすべての駅における2000～10年の年度ごとの自殺者数、そして青色灯が設置された場合には設置日の情報が含まれている。さらに、青色灯設置年に自殺が起きた場合には、発生日時も掲載されている。データセットには合計で71駅分の情報が含まれている。分析には各年度の各駅ごとの自殺件数と青色灯の設置の有無を用いる。合計で71駅×11年度で781のケースが分析には含まれる。そのうち673のケースで自殺件数はゼロと記録されている。2000～10年度の1駅当たりの平均自殺件数は0.164（標準偏差0.443）である。

　より正確な分析のためにデータに関して若干の調整を行った。2008年度と2009年度に青色灯が設置された駅で計5件の自殺が発生した。これらの自殺はすべて青色灯が設置される前に発生したが、データ上は青色灯と自殺発生のタイミングを区別することができない。これらのケースでは青色灯が設置され

---

[19] データや統計分析に関する詳しい情報は、Matsubayashi, Sawada & Ueda（2013）を参照されたい。

[20] 鉄道会社の要望により、会社名を掲載していない。

表6-7 青色灯の設置と自殺件数

年度	青色灯設置なし (60駅)		青色灯設置 2008年度 (1駅)		青色灯設置 2009年度 (4駅)		青色灯設置 2010年度 (6駅)	
	自殺件数	平均	自殺件数	平均	自殺件数	平均	自殺件数	平均
2000	6	0.098	0	0	1	0.250	2	0.333
2001	8	0.131	0	0	0	0.000	0	0.000
2002	7	0.115	1	1	1	0.250	1	0.167
2003	9	0.148	0	0	1	0.250	2	0.333
2004	13	0.213	1	1	2	0.500	0	0.000
2005	11	0.180	0	0	1	0.250	2	0.333
2006	9	0.148	2	2	3	0.750	1	0.167
2007	4	0.066	1	1	4	1.000	9	1.500
2008	5	0.082	0	0	3	0.750	3	0.500
2009	5	0.082	0	0	0	0	4	0.667
2010	5	0.082	0	0	1*	0.250	0	0.000

（注）表中の数字は各グループにおける各年度の自殺件数と平均自殺件数を示す。グレーの領域は青色灯がプラットホームに設置されていることを示す。2010年度に青色灯が設置された駅で自殺が1件発生したが（表中の*印）、この自殺は昼間に発生したため青色灯は点灯していなかった。

たのが年度の終わりごろであったことから、自殺発生とのタイミングを調整するために青色灯の設置年度を次の年度にずらして記録した。たとえば、自殺の発生が2009年7月でその駅での青色灯の設置は2010年2月であった場合、青色灯が設置されたのを実際の2009年度ではなく、2010年度として記録した。

鉄道会社によるプラットホームの青色灯の導入は2008年に1駅、2009年に4駅、そして2010年に6駅で行われた。すべての駅で青色灯はプラットホームの端に設置され、夕暮れから終電まで点灯されている。よって青色灯の効果は夜間のみに限定される。上記の通り、11駅のうち9駅での設置のための費用は沿線自治体による補助を受けている。鉄道会社によると自治体の補助なしではこれらの駅での青色灯の設置は困難であったとのことである。

まず、青色灯が設置されなかった駅と設置された駅における自殺件数の推移を比較してみる。設置されなかった駅は全部で60駅ある。さらに、青色灯が設置された駅を設置のタイミングにより2008年度、2009年度、2010年度と3つのグループに分けた。表6-7は各年度、そして設置年度ごとの総自殺件数と平均自殺件数をまとめている。表中のグレーの領域は青色灯が導入された期間を示す。表6-7からは2つのことが読み取れる。まず、青色灯が導入された駅

では導入後の自殺がほとんど起こっていない。青色灯が 2009 年度に導入された駅のうちの 1 駅で自殺が導入後に発生しているが，これは青色灯が点灯していない昼間に発生したものであり，青色灯が点灯している時間帯における自殺は報告されていない。次に，青色灯が設置された駅については設置前の平均自殺件数が高い。つまり，鉄道会社は自殺件数が多い駅を中心に青色灯の設置を進めたということが推測できる。よって，青色灯の因果的効果を正確に測るするためには，統計分析において自殺が発生しやすい駅の特徴を考慮する必要が生じる。

　そこで，他の要因の影響を考慮したうえで青色灯の因果的効果を推定するために回帰分析を行った。もし，青色灯が効果を発揮したのであれば，青色灯設置前に比べて設置後の自殺件数は減少しているはずである。一方で，青色灯の設置されていない駅では自殺件数に大きな変化はないだろう。ここでは，名古屋市における分析と同じくポアソン回帰分析を用いて，こうした仮説の検証を行った。詳しい手法や結果は章末の補論 2（198 頁）で議論している。筆者らの分析によると，青色灯の設置後には自殺者数が平均して約 83％ 下落することが明らかになった（信頼区間 14〜97％）。自殺者数の同様の減少は青色灯未設置の駅においては観察されなかった。なお，駅によって自殺件数に違いが存在するため，分析の際には駅の特性を統制する駅固定効果などが考慮に入れられている。

　筆者らの分析の結果は青色灯の自殺抑制効果を示している。青色灯の導入は自治体が直接関与した取組ではないが，間接的な自殺対策として効果があった取組だと言えるだろう。なお，筆者らの分析結果の解釈にはいくつかの注意が必要である。まず，可能性としては低いものの，青色灯の導入とまったく同じタイミングで設置駅でなんらかの自殺対策が始まっていた場合，青色灯の効果のみを独立して推定することは不可能である。さらに，筆者らの分析対象は 1 つの鉄道会社に限られているため，この分析結果が一般化できるか否かを判断するには他の鉄道会社のデータを含む，より多くのデータを用いた分析結果を待つ必要がある。

◆自殺対策基金の効果

これまでの分析では，主に自治体の個別の取組が自殺件数にどのような効果を与えたかを検証した。最後に日本全体での取組，とくに政府による地域自殺対策緊急強化基金の創設が自殺率の抑制につながったのかを統計分析を通じて明らかにしたい。

統計分析には都道府県レベルの基金に基づく事業額と自殺率を用いる。基金の資金は2009～11年度に毎年各都道府県および市町村に配分された[21]。総額が多いほど自殺率に与える影響が大きいという仮定のもと，3年間分の基金の総額を各都道府県ごとに求めた。

もし自治体による3年間の基金事業が効果を発揮したのであれば，基金が創設される以前の2008年の自殺率に比べて2011年の自殺率は減少しているはずである。とくに，2009～11年度にかけての1人当たり基金事業額が多いほど，自殺率の減少の度合いが大きいと考えられる。そこで，

2009～11年度までの自殺対策基金事業額
↓
2008年自殺率と2011年の自殺率の差

という関係を統計的に検証する。もしこうした関係があったとすれば，両者の関係は負に推定されるだろう。なお，ここで用いる自殺率データは警察庁による「地域における自殺の基礎資料（発見日・発見地ベース）」に基づいている。

図6-8は47都道府県のデータを用いて上記の関係をプロットしている。横軸は2009～11年度までの自殺対策基金事業総額（1人当たり，対数値），縦軸は2008年の自殺率と2011年の自殺率の差を意味する。2008年と2011年の自殺率の差が負の値をとる場合，2008年に比べ2011年に自殺率が減少したことを意味するが，図6-8によると基金による事業総額が大きいほど，2008～11年にかけての自殺率の減少度が大きいことがわかる。なお，図中の実線はノンパラ

---

21 2012年度にも基金事業は行われているが，本章執筆時点でデータが入手できなかったため，分析から省いた。

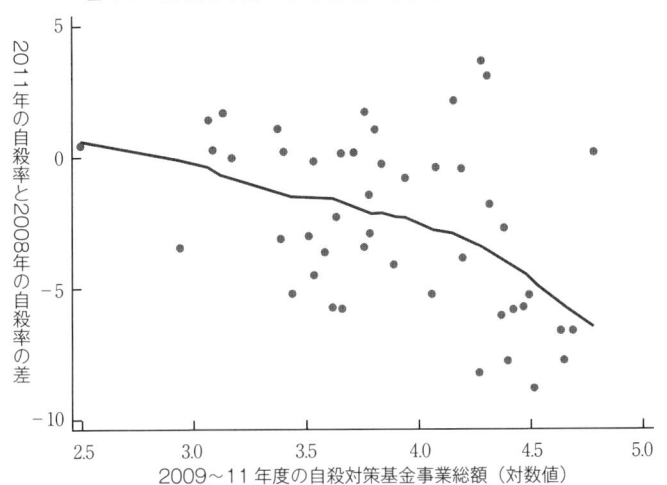

図 6-8 自殺対策基金事業総額と自殺率（都道府県別）

（縦軸：2011年の自殺率と2008年の自殺率の差）
（横軸：2009〜11年度の自殺対策基金事業総額（対数値））

メトリック回帰の手法により両者の関係を要約したものであるが，その回帰線からも両者が負の関係にあることがわかる。

同様の結果が線形回帰分析によっても示されている。詳しい結果は章末の補論3（199頁）を参照されたい。筆者らの分析によると，基金事業額の10%増加は自殺率の0.234ポイントの低下を伴う傾向にあることを示している。これは大きな効果だといえるであろう。ただし，この結果はあくまで暫定的なものであり，自殺対策基金による取組が実を結んだと結論づけるためにはさらなるデータに用いたより厳密な分析が不可決である。

補論 1　こころの絆創膏配布キャンペーンの効果に関する統計分析の方法と推定結果

こころの絆創膏の配布回数と自殺件数の関係を明らかにするため，次のような回帰式を推定した。

$$S_{iym} = f(\beta_0 C_{iym} + \beta_1 C_{iym-1} + \beta_2 C_{iym-2} + \beta_3 C_{iym-3} + \beta_4 C_{iym-4} \\ + \beta_5 C_{iym-5} + \varphi_y + \eta_m + \rho_i + \varepsilon_{iym}) \quad (1)$$

　(1) 式において S_{iym} は y 年 m 月の i 区における自殺件数を示しており，C_{iym} は y 年 m 月の i 区におけるこころの絆創膏の配布回数を示している。また C_{iym-s} は過去に配布されたこころの絆創膏の配布回数を表し，$m-s$ は当該 m 月から s カ月前（s は1から5の値をとる）に配布された絆創膏の配布回数を示す。配布回数のラグをとることにより，配布の効果が数カ月経ってから現れる可能性をモデル化している。(1) 式では絆創膏の配布が配布から5カ月にわたって効果を与える可能性を考慮に入れているが，5カ月だけでなく3，4，6，7などさまざまなラグを試し，最終的には赤池情報量規準（AIC）を用いて最も適切と思われるラグを選択した。なお，ラグの長さを変更しても主な実証結果に変わりはない。

　各区の自殺件数は区特有のさまざまな要因の影響によって決まると考えられることから，(1) 式にはそれらの要因を測る変数である区固定効果 ρ_i が加えられている。区固定効果は時系列的に安定した，各区に特有の変数が自殺率に与える影響を吸収している。このような変数としては，各区の比較的変化の少ない社会経済的特徴や地理的特徴が含まれる。区固定効果が式に含まれているので，ここでの推定は各区内における配布回数と自殺件数の変動を利用することになる。さらに，名古屋市全体での社会経済的状況の変動や季節が自殺件数に与える影響を統制するため，年効果 φ_t と月効果 η_m を (1) 式に加えた。区固定効果を統制することに加え，絆創膏の配布回数のタイミングは自殺件数と関係なくほぼランダムに決定されていることから，(1) 式は絆創膏の配布回数の因果的効果 β を識別する方法として妥当であると考えられる。

　推定にはポアソン回帰分析という手法を用いた。これは結果変数が0以上の離散値をとることが理由である。自殺の発生はそれぞれが独立した事象であり，統計的に稀少な現象であると考えられるため，自殺件数がポアソン分布に従うと想定することは妥当だろう。表6-8はポアソン回帰分析による推定結果を示す。これらの推定値が図6-7（188頁）にまとめられている。

　推定結果の頑健性を確認するために，追加の分析をいくつか行った。まず線

補論1　こころの絆創膏配布キャンペーンの効果に関する統計分析の方法と推定結果

表6-8　こころの絆創膏の配布回数が自殺件数に与えた効果

	(1) すべて	(2) 男性	(3) 女性
配布回数 at m	0.007	0.012	−0.005
	(0.010)	(0.011)	(0.024)
配布回数 at $m-1$	−0.010	0.003	−0.034
	(0.013)	(0.012)	(0.026)
配布回数 at $m-2$	−0.028***	−0.014*	−0.057***
	(0.007)	(0.008)	(0.016)
配布回数 at $m-3$	−0.015	−0.015**	−0.012
	(0.009)	(0.007)	(0.025)
配布回数 at $m-4$	−0.031***	−0.048**	−0.009
	(0.009)	(0.019)	(0.022)
配布回数 at $m-5$	−0.002	−0.014	0.017
	(0.012)	(0.015)	(0.025)
区固定効果	Yes	Yes	Yes
年効果	Yes	Yes	Yes
月効果	Yes	Yes	Yes
N	528	528	528

（注）　数値はポアソン回帰分析による推定値を示す。（　）内の数値は標準誤差である。標準誤差は区ごとにクラスターされている。被説明変数は自殺件数である。すべてのモデルに区固定効果，年効果，月効果が含まれている。2010年1月から2012年9月までの名古屋市の16区のデータに基づく。*は10%有意水準，**は5%有意水準，***は1%水準で統計的に有意。

形モデルを用い，さらに誤差項間の相関の問題を考慮するために標準誤差をDriscoll & Kraay（1998）による手法を用いて推定し，この手法を用いても結果に変わらないことを確認した。次に，配布回数について3から7の異なるラグを試したが，それぞれの推定結果は表6-8に示されている結果と違いがないことを確認した。さらに，本文中の脚注16（187頁）で述べたように，隣接するすべての区における全配布回数を説明変数としてモデルに加えた。表6-8における分析と同じように5カ月後までのラグをとったが，隣接する区での配布回数は自殺件数に対し統計的に有意な効果を与えないことがわかった。最後に，16区をそれぞれ1つずつ分析から省き15区のデータで推定を繰り返した。それぞれの推定結果が表6-8の結果と大きく異ならないことを確認した。また負の二項回帰モデルによる推定を行ったが，結果は同じであった。

補論2　青色灯設置の効果に関する統計分析の方法と推定結果

青色灯の効果を推定するために以下のモデルを用いる。

$$S_{it} = \beta_1 Blue_{it} + \rho_i + \varphi_t + \varepsilon_{it} \tag{2}$$

(2) 式において S_{it} は t 年, i 駅における総自殺件数を指す。$Blue_{it}$ は t 年, i 駅において青色灯が設置されていれば1, それ以外は0をとる変数である。もし青色灯に自殺防止の効果があるならば, 係数 β_1 は負の符号をとるはずである。明示的にモデルに含めることが困難な各駅の違いを統制するために駅固定効果（駅ダミー）ρ_i もモデルに含める。これによって, 駅特有の要因（たとえば特急列車の駅通過速度）が自殺件数に与える影響を統制することができる。最後に, 各年における経済状況などすべての駅に一律に影響を与えると思われる要因の影響を統制するために年効果 φ_t をモデルに含める。この2つの効果を組み込むことにより, 推定では各駅における自殺件数の時系列の変化を利用することとなる。言い換えると, このモデルでは, 各駅における青色灯設置前後の平均自殺件数を比較することによって, 青色灯の効果を測定していることになる。

推定結果は表6-9に示す。結果変数である自殺件数が正の離散値をとり, 統計的には稀少な現象であることからポアソン回帰分析を用いた。表6-9によると, 青色灯設置の効果は負の値として推定されており, これは青色灯設置後に自殺件数が減少したことを示している。また, 係数は5%水準で統計的にも有意である。係数の効果を解釈するためにIRR (incidence-rate ratio) を用いたとこ

表6-9　自殺件数に対する青色灯の推定効果

	(1)
青色灯	−1.788**
	(0.839)
駅固定効果	Yes
年効果	Yes
N	781

（注）　表中の数字は推定値および頑健な標準誤差（　）を示している。標準誤差は駅ごとにクラスター処理をされている。* は10% 有意水準, ** は5% 有意水準, *** は1% 水準で統計的に有意。

ろ，自殺者数が平均して約 83% 下落することが明らかになった（信頼区間 14～97%）。

補論3　自殺対策基金の効果に関する統計分析の方法と推定結果

自殺対策基金の効果を推定するために以下のモデルを用いる。

$$S_i = \beta_1 Transfer_i + \beta_2 Unemployment_i + \varepsilon_i \qquad (3)$$

(3) 式において S_i は各都道府県 i の 2008 年と 2011 年の 10 万人当たり自殺率の差を示している。データは警察庁発表に基づく。$Transfer_i$ は i 都道府県において 2009～11 年度に基金事業として行われた事業総額を示している。なお 2010 年の国勢調査に基づく人口を用いて，1 人当たりの額を求めた。回帰分析の際には自然対数に変換した値を用いる。推定には自殺率および基金額の差を利用するため，各都道府県の社会経済的特徴が自殺率に与える影響の大部分は取り除かれていると考えることができる。ただし，経済状況については 2008 年と 2011 年で大きな差がある可能性があるため，両期間の完全失業率の差である $Unemployment_i$ を式に含めた。分析に含まれるデータの個数は 47 である。

推定結果は表 6-10 に示されている。(1) 列を見ると自殺対策基金総額は負の値に推定されており，統計的に有意である。また (2) 列の結果では 2011 年の東北地方大震災の影響を考慮して岩手県，宮城県，そして福島県を除外して分析した値が示されているが，(1) 列と同様の結果を得られた。

表 6-10 の分析では，内生性の問題が厳密には考慮されていない。そこで，都道府県の人口を操作変数として再分析を行った。というのは，自殺対策基金の交付要綱によると，基金の配分に際して各都道府県の人口規模が考慮に入れられているからである。よって，人口と基金総額には強い正の関係があると想定されるが，一方で人口規模が自殺率に直接の影響を与えるとは考えにくい。よって，人口を操作変数として用いることは妥当であると言えよう。実際のところ，人口と基金総額には統計的に有意な正の相関関係が存在する（$t=5.96$）。人口を操作変数として表 6-10 の (1) 列のモデルを再推定したところ，同様の結

表 6-10 自殺対策基金総額と自殺率

被説明変数：2011年自殺率と2008年の自殺率の差	(1) 全都道府県	(2) 被災3県除外
2009～11年の自殺対策基金総額	−2.842***	−2.896***
	(0.769)	(0.856)
2011年失業率と2008年失業率の差	−1.119	−0.769
	(1.351)	(1.511)
切片	9.035***	9.236**
	(3.052)	(3.438)
調整済み R^2	0.154	0.140
N	47	44

（注）数値は回帰分析による推定値を示す。（ ）内の数値は頑健標準誤差である。自殺対策基金総額は1人当たりの額でその自然対数値を用いている。* は10%有意水準，** は5%有意水準，*** は1%水準で統計的に有意。

果が得られた。とはいえ，本文中でも触れたように，これらの分析結果はあくまで暫定的なものと解釈すべきである。より正確な結論を得るためには，さらなるデータの蓄積と厳密な分析が今後も必要となる。

◆ 参 考 文 献

栗原市（2012）「統計で見る栗原 平成23年版」。
佐藤勇（2010）「宮城県栗原市における多重債務者対策」金融財政事情研究会編『クレジットカウンセリングの新潮流——多重債務問題と生活再生への処方箋』金融財政事情研究会。
自殺予防総合対策センター（各年）「都道府県・政令指定都市における自殺対策および自死遺族支援の取組状況に関する調査報告書」。
総務省行政評価局（2012）「自殺予防対策に関する行政評価・監視結果 報告書〈平成24年6月〉」。
竹島正（2008）「わが国の自殺対策」『学術の動向』3月号，15-19頁。
内閣府（各年）『自殺対策白書』。
内閣府（2012）「地域自殺対策緊急強化基金検証・評価報告書」。
Driscoll, J. C. & Kraay, A. C. (1998) "Consistent Covariance Matrix Estimation with Spatially Dependent Panel Data," *The Review of Economics and Statistics*, 80 (4): 549-560.
Matsubayashi T., Sawada Y. & Ueda M. (2012) "Does the Installation of Blue Lights on Train Platforms Prevent Suicide?: A Before-and-After Observational Study from Japan," *Journal of Affective Disorders*, 147: 385-388.

終章
エビデンスに基づく自殺対策を目指して

◆はじめに

本章では，まず前章までに得られた知見をまとめたうえで，日本におけるこれまでの自殺対策の評価および今後あるべき政策についての提言を行う。とりわけ，2012年中の自殺件数が15年ぶりに3万人（警察庁の自殺統計に基づく）を切ったことをふまえ，2000年代後半以降の政府や地方自治体による取組が自殺件数の減少に結びついたのかどうかを検討する。さらに，本書における実証分析の結果や諸外国の自殺対策事例を参考にして，日本における今後の自殺対策には政府の積極的な介入が引き続き必要であること，そして精神疾患に対する対策だけでなく精神疾患の原因となりうる社会経済的要因が人々に与える影響を軽減するような対策が必要であること，そしてエビデンス（科学的根拠）に基づいた政策が不可欠であることを論じる。

1 前章までのまとめ

1990年代後半に急増した日本における自殺者数は，現在に至るまで高い水準にとどまっている。本書の第2章では，日本の過去の自殺者数や自殺率の時系列データを分析し，日本の自殺には3つの特徴があることを明らかにした。まず1997～98年の「急増」，次に1998年から14年間にわたり年間の自殺者数が3万人を超えるという「恒常性」，そして自殺者の「若年化」である。とくに

1997～98年の金融危機時における自殺の急増は，経済状況と自殺率に強い相関関係があることを示している。また，日本の自殺率を他のOECD諸国と比較すると際立って高いことも確認した。

　第1章では，政府が自殺対策を行う根拠を示すために，主に経済学的視点から自殺が社会に及ぼす影響を検討した。生活苦を理由に自殺する人が多いということは生活の困窮が日本国憲法に定められた「健康で文化的な最低限度の生活」を営む権利を侵害している可能性を示しており，法的な観点から政策介入が正当化される。そこで第1章では経済学的視点から，政策介入を正当化する根拠として自殺がもたらす負の外部性，社会的費用の問題，そして市場の不完全性を挙げた。負の外部性については，自殺者の遺族の数が膨大な数にのぼること（2006年時点では約292～346万人），自殺がさらなる自殺を引き起こす恐れがあること（ウェルテル効果），また近年増加傾向にある鉄道自殺が社会経済活動に与える深刻な悪影響を論じた。さらに，自殺によって個人を失うことによる社会経済的損失の存在も無視できない。そこで「損失生存可能年数（PYLL）」という指標を用い，日本では1年間の自殺によって将来にわたり85万年分もの人生が失われていることを指摘した。自殺者が増えるたびに，自殺した人が生きていれば生み出したであろう経済的活動の成果が失われることになるが，その規模が大きなものであることもわかった。加えて，連帯保証人契約や生命保険市場の不完全性に起因する自殺が存在するのであれば，この点についても政府の積極的な介入が正当化されるだろう。

　第2章および第3章における分析結果も，自殺問題に対する政府の政策介入の必要性を示している。これらの章では，経済危機や大規模な自然災害の発生後に自殺率が上昇する傾向にあることが明らかになった。なかでも第2章では，1997～98年の金融危機による不景気をきっかけに自殺率が急増したこと，その時期にはとくに中高年男性の経済問題を理由とする自殺が多かったこと，そして無職者の自殺率は他の職業グループに比べかなり高いことを示した。日本の都道府県データを用いて分析を行った第3章では，大規模な自然災害の発生から1～3年後に被災地域で男性65歳未満人口の自殺率が上昇する傾向にあることが明らかになった。日本では，自殺は主にうつ病などの精神疾患によって引き起こされる問題であると考えられてきたため，自殺は各個人に帰する問題だ

とみなされる傾向にあった。しかし，仮に自殺に至る直接の原因が心の健康問題だったとしても，その背後には社会経済的な問題が存在している可能性があることを，第2章と第3章の結果は強く示唆している。もしそうであるならば，経済危機や災害被害に起因する経済的・精神的影響を緩和するような対策を政府が実施することは自殺者数を減らすためには不可欠だろう。

　第1～3章までの議論や分析結果が自殺問題に政府が介入する根拠を示していることをふまえ，第4～6章においては，自殺者を少しでも減らすために政府に何ができるのかを検討した。第4章では，政府が実施する政策全般の指標として政権与党の党派性・イデオロギーに注目し，政策と人々の生活満足度や自殺率の関係を検証した。福祉政策や所得再分配政策を通じて経済的地位の低い有権者の経済状況の改善を試みる傾向を持つ左派政党やキリスト教民主政党が政権に就いた場合，人々の生活満足度は高くなり，また自殺率も低くなる傾向があることを国際比較データに基づいて明らかにした。第5章においては，日本の都道府県データを用いて，公共事業の拡充や福祉政策の充実が自殺率の低下に結びつくことを示した。第4章と第5章の分析結果は，経済的困窮を和らげるような政策が実施された場合に自殺者数が減少する可能性を示している。

　第6章では，国や地方自治体によるこれまでの自殺予防対策の内容を概観し，2006年の自殺対策基本法の制定以降，国が自殺総合対策大綱の策定（2007年）や基金の創設（2009年）などを通じて自殺対策に積極的に取り組んできたこと，またその結果地方自治体による自殺予防への取組が大幅に拡充したことを紹介した。さらに，政府の地域自殺対策緊急強化基金（以下「基金」と表記）や自治体による個別の取組の効果を検証し，これまでに実施された自殺予防対策が自殺件数や自殺率の抑制に一定の効果を与えた可能性があることを統計分析によって示した。

2　日本のこれまでの自殺対策の評価

　2013年1月の警察庁の発表（暫定値）によると，2012年の総自殺件数は2万

7766件（男性1万9216件，女性8550件）であった。自殺件数が3万人を上回った1998年以来，そして自殺対策が本格的に始まった2000年代後半以来，初めて自殺件数が3万件を下回ったことになる。警察統計に基づく自殺者数は2009年に3万2845件であったが，2010〜11年にそれぞれ3万1690，3万651件と毎年約3％ずつ減少し，2012年は11年と比較して9.4％減少した。その結果，2009年と比較して自殺率（10万人当たり自殺者数）は25.56から21.73へと4ポイント近く大幅に低下した。では，2012年中の自殺件数の低下は，国や地方自治体の自殺予防対策の成果だと考えてよいのであろうか。本節では，国際比較データを用いて自殺予防対策の効果を実証分析したMatsubayashi & Ueda (2011) の研究をまず紹介し，このような解釈の妥当性について検討する。

　世界ではじめての自殺予防の取組は今から100年以上前にさかのぼると言われているが (De Leo 2010)，国家レベルの本格的な自殺予防対策は，1992年に導入されたフィンランドの自殺予防国家プログラムが最初であった。それ以降，ヨーロッパ諸国やオセアニア諸国を中心に総合的な自殺対策が国家によって実施されてきた。WHOヨーロッパ支部による自殺予防対策サーベイ調査によると，対象となったヨーロッパ37カ国中17カ国が2004年時点で国家レベルの総合自殺対策を実行している (WHO 2002)。ヨーロッパ以外でも，オーストラリアやニュージーランドで1990年代に若者の自殺を防ぐための国家プログラムがつくられ，アメリカでは2001年に国家レベルの自殺予防プログラムが制定され，2012年に改訂されて現在に至っている。アジアでは日本のみならず，韓国においても，急増する自殺者数に対応するための国による予防策が2000年代に実施されている。

　これら国家レベルの総合的な自殺対策が自殺率に与えた効果を検証するために，Matsubayashi & Ueda (2011) は1980〜2004年のOECD加盟21カ国のデータに統計分析を行った。日本も分析に含まれているが，2004年時点では国家レベルの自殺対策が実施されていなかったため（第6章参照）「国家プログラムなし」とされている。同論文の分析結果によると，国家レベルで自殺予防プログラムを実施した国においては，実施後にその国の自殺率が10万人当たり平均1.38減少することが明らかになった。データに含まれる国の平均自殺率が約21であったので，大きな効果を生んでいるといえる。この推定値に基づけ

ば，人口が 1000 万人程度の国（たとえばスウェーデン）の場合，国家レベルの自殺予防プログラム導入後に年間自殺者数が約 140 人減少し，また人口が 5000 万人程度の国（たとえばイギリス）では年間自殺者数が約 650 人減少することになる。また人口が 1 億人規模の国（たとえば日本）では，自殺者数は実施前と比較して年に約 1400 人少なくなるはずである。

　Matsubayashi & Ueda（2011）の分析結果は，国家レベルの自殺予防対策を行うことが自殺率減少につながる可能性が高いことを示している。この知見がそのまま日本に当てはまるとすれば，日本における国家レベルの自殺対策も何らかの成果をもたらしたことが推測できる。とくに 2010 年以降の自殺率の減少傾向は，それが自殺対策によってもたらされたと解釈できる。日本においては 2006 年に自殺対策基本法が制定されているが，実際に国や自治体レベルで本格的な自殺対策が開始されてからはまだ日が浅いため，効果の発現までに施行から数年を要し，2010 年以降の自殺率低下につながったという可能性がある。

　さらに，第 6 章の基金に関する分析結果や個別の自治体の取組に関する分析結果も，2012 年の自殺数の減少は過去数年間の自殺対策の効果を反映しているという解釈を支持している。自殺総合対策大綱の指針に基づきつつ，2009 年以降は政府からの財政支援を受けて各地方自治体は個別の取組を重ねてきた。すべての取組に効果があったと結論づけることは難しいが，名古屋市の「こころの絆創膏」キャンペーンのように地域の自殺件数に対して一定の効果を与えた取組も存在すると考えられる。自治体レベルでの自殺対策の成果として各地域の自殺件数が低下した結果，日本全体での自殺件数が減少傾向にあるのかもしれない。しかし，このような解釈は現時点ではあくまで推測の域を出ない。上記の解釈が実際に正しいかどうかを判断するためには，2013 年以降も自殺者数の推移・動向を引き続き観察し，自殺対策による直接的な効果と対策以外の社会経済的要因が減少傾向に貢献している可能性をできる限り厳密な分析によって分離し対策の因果的効果を識別する必要がある。

　自殺予防対策が行われた後に自殺件数が低下した場合，それが対策によるものだという仮説を設定するのは自然である。しかし，他の社会経済的要因が自殺率の低下をもたらした可能性や，また何らかの理由で自殺件数の減少トレン

ドが存在した可能性があることもあわせて検証しなければならない。つまり、自殺対策が自殺率低下につながったと結論づけるためには詳細なデータを厳密に分析することが不可欠であり、現時点では結論を導くのは時期尚早であろう。今後も自殺率の動向を注視していくとともに、次節で論じるように、国や地方自治体の自殺予防対策の効果についても可能な限り科学的に測定し、自殺予防対策の効果に関する質の高いエビデンスを積み重ねていく必要がある。

3 今後の自殺対策への提言：エビデンスに基づく政策の必要性

本書の実証分析結果は、自殺数の減少を実現するために政府の積極的介入が引き続き不可欠であることを示唆している。それでは、政府や自治体は具体的にどのようなアプローチをとり、どのような対策を立案・実施していくべきなのだろうか。本節では、本書の分析結果や諸外国の自殺対策事例を参考にして、精神疾患への対策だけでなく精神疾患の原因となりうる社会経済的要因が人々に与える影響を軽減するような対策が必要であること、そしてエビデンスに基づいた政策が不可欠であることを論じる。

◆社会全体に向けた対策の実施

社会の誰もが自殺のリスクを抱える可能性があるため、政府は社会全体の自殺リスクを減らすような対策を実施する必要がある。たとえば、経済危機や自然災害は社会の構成員全員に影響を与える集計的なリスクという性質を持つ。また、序章などで紹介したように、失業などの経済的要因によってうつ病患者の数が増えることは知られている。さらに、自然災害の後には自殺リスクを高めるPTSDが増えることも知られている。言うまでもなく、自殺の直接の原因となる精神疾患そのものを治療することは今後も重視されるべきであるが、同時に精神疾患の背後にある社会経済的な問題にも踏み込んでいかなければ、自殺のリスクを削減するという根本的な問題の解決には結びつかないだろう。精神疾患を持つ患者の特定・治療のみに自殺対策の重点を置くこと、すなわち精

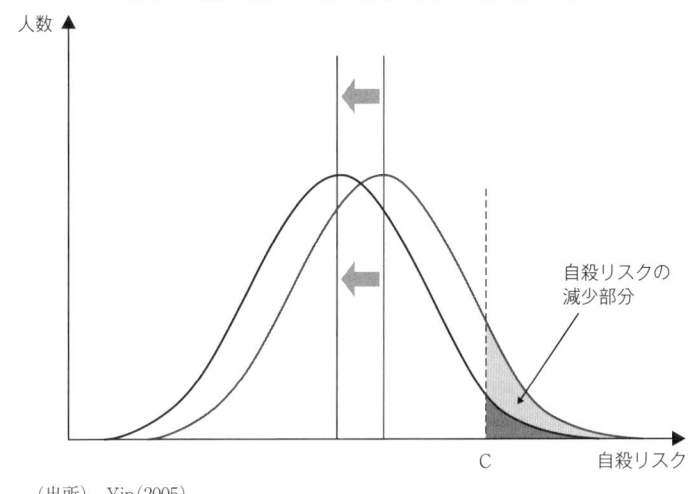

図 終-1 集団のメンタルヘルスの分布と自殺リスク

（出所） Yip（2005）.

神疾患を持つグループのみに集中的な介入をすることは，自殺問題の根本的解決につながらないだけでなく，限られた資源を有効に対策に生かしていくという立場からも改善の余地があろう。精神疾患を持つ者のすべてが医療機関にかかるわけではないことから明らかなように，心の問題を持つすべての患者を特定することは容易ではなく，精神疾患を持つ者という集団を対象にするアプローチには限界がある。また，仮にすべての対象を特定し治療に結びつけたとしても，国全体の根本的な自殺リスク軽減という意味で改善の余地があろう。

　これらの論点は，集団のメンタルヘルスの分布を示した図 終-1 によって説明することができる（Yip 2005）。この図は，たとえばある国の国民全体のメンタルヘルスの分布を示しているものと理解することができ，縦軸は人数，横軸は自殺リスクを示している。分布の右に行くほど自殺リスクが高い。仮に自殺リスクがある一定のレベル（図のCの縦破線）を越えると，実際に自殺する確率が高くなるとしよう。心の問題を抱えるグループにターゲットを絞る対策はCより右の図のグレーの危険エリア全体にいる人口の発見・治療に重点を置くことになる。しかし，たとえば失業対策，多重債務・連帯保証人の問題への取組，生活保護などセーフティーネットの拡充や地域経済の活性化によりすべての国民の自殺リスクを軽減するような政策を実施した場合，分布自体が左にシフト

するため、グレーの危険エリアにいる人口自体が、薄いグレーのエリアの分だけ減少することになり、結果として自殺者数が減少することにつながる。つまり、国民全体にはたらきかけて分布自体を左に移動させ、Cよりも右に位置する人数自体を少なくするような政策は、心の健康問題を抱えるグループだけに焦点を絞った政策よりも根本的な自殺リスク削減に寄与しており、そうした政策はより効果的である可能性が高い。本書において紹介してきた実証分析の諸結果は、経済・福祉政策を通じて分布をシフトさせることによって国民全体の自殺リスクを軽減することができるという考え方を支持するものである。また、自然災害の後に中長期にわたって住民のつながりを促進する、あるいは分断しないような政策をとることは被災者の自殺リスク軽減に貢献すると考えられる（第3章参照）。

◆エビデンスに基づいた政策の立案・実施

本書の結果は、厳密なエビデンスに基づいて自殺対策を立案・実施する必要性を強く示している。日本において、自殺対策の効果を厳密に評価する政策研究はまだ非常に少ない。このような研究が少ない背景には、エビデンスの重要性に対する理解が浸透していないこと、そしてエビデンスの構築に必要な方法論に関する理解が不足していることがある。では、そもそもエビデンスに基づく自殺対策とは何を指すのだろうか。本節ではまずこの問いに答え、次節ではエビデンスの構築に必要な方法論とはどのようなものかを議論する。

自殺予防の先進国ではエビデンスに基づく対策 (evidence-based programs) を目指すことが標準となっている (Pompili & Tatarelli 2011; WHO 2010)。エビデンスに基づく対策とは、先行研究による科学的根拠に基づいて政策を立案し、そして政策の実施後には科学的手法を用いて政策の効果を測り、その結果を将来の政策に反映させていく一連の取組のことである。もともとは医学の分野で使われていた概念であるが (Cimpean & Drake 2010)、現在は自殺予防の分野でも頻繁に使用されている。エビデンスに基づいた政策を行うためには、科学的方法に基づいた自殺の実態の解明と、すでに行われた政策の厳密な効果測定が両輪となる。

自殺の実態の解明とは，ハイリスク・グループの特定，年齢・性別による傾向の違い，社会経済的要因を含むさまざまな要因の自殺リスクへの影響（自殺リスクを低下させる要因も含む）などについての緻密に研究することが含まれる。これら諸点が明らかにならない限り，効果的な対策を設定することは難しい。大綱のなかで「自殺の実態解明」が「当面における重点施策」の1つとして掲げられるなど，エビデンスの重要性は政府によっても認識されており，内閣府による詳細な自殺の実態に関するデータの公表などもそうした認識のもとに進められてきた。しかしながら，この流れは緒についたばかりであり，政府による積極的な実態解明作業が十分に行われてきたとはいえない。とくに，現時点では，内閣府自殺対策推進室による体系的なデータ分析は行われておらず，また自殺予防総合対策センター（独立行政法人国立精神・神経医療研究センターの内部組織）による自殺実態解明に関する分析も少数にとどまっている。事実，国の自殺対策関連事業費のなかでも実態解明に充てられている金額は全事業額の約0.3％（2010年度実績額）となっており，他の分野に比べて極端に小さい割合となっている。諸外国における知見はかなりの程度蓄積されているものの，そうした知見が日本のケース・自殺対策に当てはまるかどうかについては必ずしも明らかでない。したがって，日本の自殺に関する実態の解明は引き続き重要な課題として残されていることになる。

　実態の解明には，政府機関による調査研究・分析に加えて，民間の研究機関による実証分析の積み重ねも必要になるであろう。そのためにも，個人情報に十分配慮したうえで政府が自殺に関するデータを研究機関に公開することがきわめて重要である[1]。すでに述べたように，日本における自殺に関する統計には，警察庁の自殺統計原票に基づく自殺統計と厚生労働省の人口動態調査に基づくものとの2種類があり，どちらも自殺の実態を解明するための貴重な情報を含んでいる（序章補論〔10頁〕参照）。とくに警察庁のデータは自殺者の住所，

---

1 2009年以降警察庁の自殺統計が内閣府によって市区町村レベルで集計され，公表されているものの，公表されている以外の内容で分析をしたい場合には公表データでは不十分である。たとえば，鉄道自殺は季節によって発生頻度が高い時間帯が異なることが海外の研究では知られているが（Erazo Baumert & Ladwig 2004; Van Houwelingen & Beersma 2001），同様の分析を日本でしようと思っても，それを可能にする方法でデータが集計されていないため不可能である。

職業，原因・動機などについての情報も含む国際的に見ても非常に貴重なデータである。しかし，現在のところ，民間の研究者がこれらの個票データを利用・分析し，質の高いエビデンスを積み上げていくことはほぼ不可能である。警察庁の個票データは現時点では外部利用が許されておらず，人口動態統計に関しては，二次利用申請はできるようになっているものの，利用目的が厳しく制限されている[2]。

　実態の解明に際しては，学術的に妥当でない方法に基づく結論をできるだけ排すべきである。後述するように，データの単純な比較だけでは実態は決して明らかにならないからである。したがって，できる限り大規模なデータを統計的に分析することによって実態の解明を目指し，それを対策の立案に役立てる必要がある。こうした視点に立つと，日本において学術的方法により解明された実態をもとに対策が立案されてきたとは言い難い。たとえば，自殺対策の具体的施策を述べた大綱において，政策の科学的根拠を厳密に示している箇所は見当たらない。これに対し，他国の自殺予防プログラムでは学術的根拠に基づいて対策が立てられていることが標準化している。たとえば，イギリスやオーストラリアにおける自殺予防事業は過去の研究の知見に基づいており，自殺予防プログラムを紹介する刊行物（日本における大綱に該当するもの）では，1つひとつの政策について学術論文の結果を引用しつつその必要性が説かれている (UK Department of Health 2012; Australian Government Department of Health and Ageing 2007a, 2007b)。また，アメリカの自殺予防プログラムにおいては，自殺リスクが高いと認定された11のグループのそれぞれについて，ハイリスクである根拠，自殺リスクが高い原因，グループ特有のリスク要因や特徴，とるべき自殺予防策などが学術的根拠とともに示されている (USDHHS 2012)。

　自殺の実態の解明とともに重要なのが，過去に実施された予防対策の効果の検証である。というのも一見効果的であると思われる取組，あるいは一般的に効果的だと思われている取組でも実際には効果がない可能性があるからである (WHO 2010)。自殺対策に割り当てることのできる資源には限りがある以上，

---

[2] 公的機関との共同研究や公的機関からの公募の方法による補助を受けて行う研究など高度な公益性を有する研究などに利用する場合に限り，統計法第33条により提供の申請を行うことができる。

効果的な取組を判別し，それらを優先的に行っていく必要がある。

とはいえ，自殺予防対策の効果を直接測定する試みというのは国際的にも蓄積が少なく，効果が不明なまま行われている政策も多い。たとえば，自殺やうつ病に関する啓発キャンペーンが自殺率の低下に寄与するという明確なエビデンスは存在しない（Mann et al. 2005, Dumesnil & Verger 2009）[3][4]。自殺予防対策の効果に関するエビデンスはまだ不足しており，アメリカの自殺予防団体の1つが指摘するように「対策の効果についての研究が少ないことは効果的な自殺予防を進める上で一番の障害」（SPAN USA 2001）となっている。このような認識は多くの研究者によって共有されており（たとえばPompili & Tatarelli 2011参照），海外の自殺予防プログラムでは効果の測定を主な目標の1つに組み込んでいることが多い（New Zealand Ministry of Health 2008; USDHHS 2012）。

他国における対策の検証結果は日本の自殺対策を立案する際に参考にすべきではあるが，他国で効果のあった政策が日本において同様の効果があるかどうかは必ずしも明らかでない（外部妥当性の問題）。よって，日本国内で対策の効果の測定を行うことが非常に重要な課題となる。ところが，自殺予防対策の効果を厳密に測定する取組はこれまで体系的に実施されてこなかった。大綱において『自殺対策の基本的考え方』の1つとして「施策の検証・評価を行いながら，中長期的視点に立って，継続的に進める」とされているものの，総務省の行政評価・監視報告書が指摘するように，国による対策の効果の評価作業は不十分

3　啓発キャンペーンがうつ病などについての知識や理解の向上にわずかながら貢献したという分析結果も存在するが，短期的な効果しか測定していないため，長期的にもそのような効果が継続するかどうかは不明である（Dumesnil & Verger 2009）。さらにキャンペーンが治療を受ける人の増加につながったという証拠も存在しない（Mann & Currier 2011）。それにもかかわらず，国際機関や各国政府によって頻繁に啓発キャンペーンが行われ，貴重な財源が多く振り向けられていることへの批判も存在する（Berman 2008; Lester 2011）。さらに，中高生を対象とした啓発キャンペーンにわずかながら負の効果（自殺念慮の増加など）を見出した研究結果もある（Gould et al. 2007参照）。

4　自殺予防政策に関する過去の学術論文を体系的にレビューした論文によると，効果があると認められた対策は，医者に対する研修（うつ病の早期発見など）と銃器など自殺の手段の制限のみであった（Mann et al. 2005; Mann & Currier 2011）。それ以外は効果が認められないか，効果を信頼性をもって科学的に判断するだけの学術的知見の蓄積がまだ行われていない対策であるといえる。

である（総務省行政評価局 2012）[5]。基金に関しても，「緊急強化事業実績報告」において地方自治体が個別の施策についてS（非常に有効である）からD（有効ではない）の基準に基づいて事後評価を行っているが，その評価基準が明確に規定されていないため，各自治体が政策ごとに独自の判断を迫られていると考えられる。民間の研究においても，1985年以降自殺に関する地域介入政策（研究対象の地域において自殺予防政策を行う）の効果を厳密に測った研究事例は7件だけとなっている（大野 2012）[6]。

　自殺対策の効果に関するエビデンスの蓄積が進んだ際には，その知見を広く共有するための体制の構築が必要になる。この際に参考になるのは，アメリカやカナダで公開されているBPR（Best Practice Registry）である。BPRとは一定の審査によって効果があると認定された自殺予防政策や取組を紹介するもので，対策担当者が効果的な政策を選択できるようにすることを目的に作成されている。アメリカの自殺予防プログラムでも地方自治体などがBPRを参考にして政策を決定することが推奨されている（USDHSS 2012）[7]。

　日本では内閣府自殺対策推進室が「地域における自殺対策取組事例集」や主催する全国自殺対策主管課長等会議などにおいて地方自治体による取組事例を紹介しているが，取組の効果については触れられていない。つまり，日本においては過去の対策についてエビデンスに基づきその効果を明らかにし，政策改善のための評価すること，そしてその結果を対策担当者に紹介するための効果的な情報共有を行うことの両方が欠けていることになる。これは，地方自治体

---

[5] 総務省は自殺予防対策に関わる行政評価・監視報告書において「国における自殺対策の推進を所掌している内閣府では，自殺総合対策会議の下に設置された自殺対策推進会議において，大綱に基づく各施策の実施状況の把握，構成員である民間有識者からの意見聴取等を行なっているにすぎず，大綱に基づく各施策の効果の評価等や各省省の施策についての評価結果に基づく大綱の施策全体についての総合的な評価等が不十分となっている」（総務省行政評価局 2012, 53頁）と指摘している。

[6] 厚生労働科学研究費のプロジェクトとして2005年度に自殺関連の介入政策の効果を測る大規模な研究（NOCOMI-JとACTION-J）が開始されたことは特筆されよう（山田 2012）。

[7] BPRの詳細については章末の補論（219頁）を参照のこと。

が基金を活用する際にはエビデンスに基づくことなく，いわば手さぐりで自殺対策に取り組んでいかなければならなかったということを意味する。このような状況では，啓発活動など実施が比較的容易な事業に予算が偏る傾向が強かったとしても不思議ではない（第6章参照）。実態に即した事業を行うために地方自治体に運用の裁量を持たせるという基金の方針は重要であるが，効果的な事業の実施に必要なエビデンスを幅広く利用できるような仕組みもあわせて構築していく必要がある。とくに，地方自治体の自殺対策の立案と実施を支援する専門機関を創設することは不可欠であろう。

　この点に関して，自殺予防総合対策センターがエビデンスに基づく政策を推進することを目指して「科学的根拠に基づく自殺予防総合対策推進コンソーシアム」を立ち上げる準備を進めていることは特筆すべきである[8]。これは自殺対策に関連する「学術団体・研究機関等の相互の連携を強化・進展させ，自殺予防総合対策の科学的根拠を創出，集約し，情報発信するため」に設立するもので，2014年中の設立を目指している。コンソーシアムは，日本においてエビデンスに基づく自殺予防対策を行ううえでの第一歩となると考えられ，この活動によって得られた知見が実際の自殺予防対策に確実に生かされるべきである。

　さらに，コンソーシアムに加えて，地方自治体での実務的なサポートを提供する機関を設置することも検討すべきであろう。アメリカの自殺予防プログラムにおいても，州政府などの地域レベルでの対策が重視されており，それをサポートするためにSPRC（Suicide Prevention Resource Center）という機関が連邦政府の補助金で2002年に設立されている。SPRCは技術的な支援や情報の提供から研修にいたるまで多岐にわたるサポートを地方自治体や民間団体などに提供している。

　以上，過去の対策の検証結果に基づく政策立案の必要性を強調してきたが，このことはいまだ導入されたことのない先進的な取組を始めることを否定するものではない。ただしその際にも，新たに開始される取組の効果を予想するために類似の取組に関する先行研究を参照できるような体制を整えること，そし

---

[8] http://ikiru.ncnp.go.jp/ikiru-hp/copes/index.html

て取組の効果を事後的に厳密に評価し広く公開する必要があることを強調しておかなければならない。大綱には「地域における取組を推進するため，民間団体の実施する先駆的・試行的な自殺対策を支援する」とされているが，その際の「支援」には期待される効果についての根拠の提示，事後評価，評価結果の公表までを含むべきであろう。

自殺対策に割り当てることのできる資源に限りがある以上，対策の効果を測る際には，費用対効果についても考慮がなされるべきである。同程度の結果をもたらすのであれば，より少ない費用で実施できる政策を選ぶべきである。たとえば，アメリカにおける大学生向けの自殺予防プログラムの場合，費用に対する便益は2〜3倍以上と推計されている (Sari et al. 2008)。一方，自損リスクの高い青少年向けに行われたイギリスでのプログラムにおいては効果が費用を上回ることはなかったという結論が出ている (Byford et al. 1999)。効果の推計の際には第1章で紹介した逸失生涯所得額などを用いることが多いが，こうした手法・概念も最大限駆使しながら自殺対策全体の有効性を高めるべきである。

◆エビデンス構築に必要な方法

先にも述べたように，自殺の実態の解明や個々の対策の効果の検証には厳密な方法を用いるべきである。たとえば，ある対策の効果を測定する際には，他の要因の影響をできるだけ排除し，実施された対策のみが自殺率など結果の変化に寄与しているかどうかを分離して厳密に示すことが不可欠である。たとえば，自殺予防策を実施しているある地域の自殺率が下がったとする。この場合，予防策の効果により自殺率が低下した可能性もあるし，あるいは同時期に行われていた他の経済政策や社会構造の変化により自殺率が下がった可能性もある。このような状況で，自殺予防対策の効果を特定するには，予防対策以外の要因が与える影響をできるだけ排除しなければならない。

このような可能性を厳密に排除するため，ランダム化比較実験（randomized controlled trial: RCT）が政策評価に頻繁に用いられてきた。ランダム化比較実験では，政策介入を行う処置群（treatment group）と介入を行わない対照群（control group）をランダム（無作為）に振り分けたうえで，政策介入の効果を測定す

る[9]。ランダム化比較実験によるデータを用いる場合，介入の有無以外の処置群と対照群の違いを排し等質的な状況を作り出すのが比較的容易である。そのため，政策介入以外の要因が自殺やその他の結果に与える影響を排除することが可能になる。ところが自殺に関する研究の場合，その性質やコスト，あるいは倫理的な側面からランダム化比較実験を実施し政策を評価するのはそもそも難しい[10]。

本書ではさまざまな手法を用いることによって，できるだけランダム化比較実験と同じような政策効果測定を目指し，社会経済的要因や自殺対策が自殺率に与える因果関係を特定することを試みた。たとえば第3章では，自然災害が各都道府県の社会経済的属性とは無関係（ランダム）に発生するという特性に注目し，自然災害が自殺率に与える影響を推定した。他の章でもさまざまな統計的方法を駆使することにより，自殺や政策に間接的に関連すると思われる「第三の要因」の影響をできるだけ排除することを試みた。

とはいえ，いかに厳密な統計的手法をとったとしても，他の要因の影響は完全に排除できていない可能性があることには留意が必要である。たとえば第4章の政府の党派性に関する分析では，主要な説明変数である政府の党派性が統計モデルに入れることのできなかった観測不能な要因で決定され，それが自殺率にも影響を与えているという可能性を完全に否定することは難しい。これが，いわゆる内生性の問題である。日本の都道府県の経済・福祉政策の影響を分析した第5章についても同様の指摘が当てはまる。こうした潜在的な問題を解決するためには，方法論上の課題をさまざまな手法で克服しつつ，社会経済的要因の影響や政策の効果を測定する試みを継続し，エビデンスの質を高めていくよりほかはない。

本書が示すように，実態の解明や対策の効果検証のためには，研究の設計や

---

[9] Oxford Centre for Evidence Based Medicine によると，エビデンスとして信頼性が最も高いのは RCT の体系的レビュー，次に個別の RCT となっている。

[10] 自殺は稀な現象（low base event）であるため，自殺率の減少の有無を検証したい場合，かなりの数の観察数を必要とすることなどが理由として挙げられる（Gunnell & Frankel 1994; Goldney 2005）。

統計についての知識が不可欠である。実際，総務省による地方自治体へのヒアリングでは，国や専門家による政策効果測定を求める意見や，どのような指標をもって効果を測定したらよいかわからないなどのさまざまな意見があがっている（総務省行政評価局 2012）。こうした問題を軽減していくには，必要な方法論に関する専門知識を持つ自殺予防総合対策センターや大学などの研究機関が自治体と連携して今後の自殺対策の形成や実施に，積極的に関わっていく必要があるだろう[11]。また，対策プログラムを設計する段階で効果が測定可能となるようなデータ収集などの調査設計を慎重に行っておくことや，どのような指標をもって効果を測るのか，ターゲット・グループは何か，等を事業開始前に明確にしておくことも重要であろう。

　自殺の実態や自殺対策の効果を測定する研究が重要な課題として認識され，そしてそのような研究を補助金交付等を通じて支援する体制を充実させることも欠かせない。また，研究結果は実際の政策改善に効果的に反映させていくべきである。事実，諸外国において自殺に関する学術研究は重要な課題として認識されており，国家レベルの自殺予防プログラムの柱の1つとして組み込まれていることが多い。たとえば，アメリカにおいて，自殺専用電話相談は連邦政府の補助金によって全米でフリーダイヤル化されており，電話相談の効果を評価するための研究にも補助金が交付され，評価結果はその後の運用の改善に役立てられている（USDHHS 2012）。一連の研究によって明らかになったことは，電話相談を行った後に自殺念慮が有意に低くなる傾向になるということ，そして相談員の傾聴スタイルによってその効果が異なるということであった（Gould et al. 2007; Kalafat et al. 2007）。

　ところが，日本においては「いのちの電話」など電話相談が広く知られているものの，電話相談の効果が厳密に測定されたことはない。さらには電話相談に対する需要が高いにもかかわらず[12]，国による補助が不足しているために，相談員の多大な個人的負担を伴いながら民間団体が相談事業を行っている状態にある[13]。今後は効果の測定によって相談事業の質の向上を図ると同時に，国の補助を通じて相談事業の規模の拡大も行うべきだろう[14]。

11　たとえば，秋田県では秋田大学医学部と連携して自殺予防モデル事業の効果を厳密に測定し，事業を県全体に拡張してきた。

4　おわりに

　2012年中の自殺者数は3万人を切ったものの，それはあくまで一時的な通過点にすぎず，依然として自殺率が高い以上，国を挙げての継続した取組が必要である。序章で見たように，日本の自殺率は先進国のなかでは際立って高く，たとえばアメリカに比べると約2倍，イギリスやオーストラリアの約3倍となっている。比較的自殺率の低いこれらの国においても大規模な国家レベルの自殺予防プログラムが積極的に行われていることに鑑みれば，日本においてはそれを上回る取組が行われてもおかしくはない。

　日本では自殺対策関連事業費として毎年度130億程度の予算が計上されているが，自殺による死亡者数や社会へのコストから比較すると決して大きな額であるとはいえない。たとえば第6章で見たように，交通安全対策関連事業には自殺予防対策関連予算の20倍以上である2979億円程度（2011年度当初予算額）が計上されているが，死者数のみで判断した場合には，交通事故は自殺の6分の1以下の規模である。また，第1章の議論は自殺が非常に大きな負の外部性や社会的費用を伴うことを示している。鉄道自殺がもたらす社会的費用や社会の構成員を失うことによる経済的損失，そして自殺がさらに自殺を誘発する

12　日本のいのちの電話が受け付けた総相談件数のうち，自殺に関する件数は1997年には約1万6000件（全体の2.7％），2006年には約4万9000件（同6.9％）であったが，2010年，2011年には件数が約7万1000件（同9.5％）となっており，自殺に関する相談件数は上昇傾向にある。月に1回いのちの電話が実施している自殺に関するフリーダイヤルによる電話相談の件数は，2010年中では85万件以上にものぼっている。

13　たとえば，いのちの電話に対する国からの補助金は運営費をまかなうためには十分でない水準にとどまっており，ボランティアで相談に対応している相談員に大きな金銭的負担がかかっている事例や，相談員が寄付金を拠出して相談事業の運営に関わる経費の不足分を補っている例が見受けられるという（総務省行政評価局 2012）。

14　いのちの電話の相談員は年々不足傾向にあり，それによって月に1度実施されている「自殺予防 いのちの電話」フリーダイヤル事業では，かかってきた電話のうちわずか4.1％しか対応できない状態になっている（2010年）。また，日本では厚生労働省の補助金によって月に1度だけフリーダイヤルで相談を受け付けているが，アメリカの場合連邦政府の補助金によって1年中24時間全国共通のフリーダイヤル番号で相談を受け付けている。

「ウェルテル効果」などは，自殺者数を減少させることによって社会にもたらされる便益が非常に大きいことを示唆している。こうした視点からも，自殺予防対策に取り組むことは十分正当化できるだろう。

　第6章で見たように，近年地方自治体や民間団体による自殺予防政策が進んだ背景として，2009年の基金の創設が地方自治体およびその補助を受けた民間団体による自殺予防事業の大幅な規模拡大を可能にしたことが挙げられる。他方，基金の終了後には，地方自治体による事業規模が大幅に縮小するのは避けられないだろう。第6章で見たように基金開始前（2008年度）の都道府県による自殺対策関連事業費は基金開始後の2011年と比べると約15分の1という水準であった。筆者らは2011年夏に地方自治体（県および政令指定都市）の自殺対策担当者にヒアリングを行ったが，その際に頻繁に聞かれたのは，現在行っている事業は基金が創設されなければ財政的に不可能であったという声であり，基金が終了した後についての不安の声も少なくなかった。現在のところ，基金に関して国は2014年度までの出口戦略を見据えており，国による同様の補助がいつまで継続するかは不明である[15]。しかし，自殺予防に関する施策を「中長期的視点に立って，継続的に進める」（大綱）ことを目指すのであれば，地方自治体に対する補助も引き続き継続して行うべきであろう。

　また，本書で一貫して主張してきたように，今後の自殺対策を立案・実践するにあたっては，精神疾患に対する対策だけでなく精神疾患の原因となりうる社会経済的要因が人々に与える悪影響を軽減するような対策が求められるが，そうした対策はエビデンスに基づき効果的に設計・実施されなければならない。いずれにしても，自殺者の減少を目指すには，政府や自治体による介入が引き続き重要になるのは言うまでもない。しかし，そうした介入・政策が成功するかどうかの鍵は，政府の政策に対する有権者の支持にもかかっており，さらには社会全体のあり方にもかかっている。

　現代日本では，自殺の問題にとどまらず，若年層の社会的孤立，高齢貧困層

---

[15] 内閣府自殺対策室の資料によると，「平成25年度以降の予算額については平成26年度までの出口戦略を踏まえつつ各年度の予算編成過程で判断」することとされている。なお，2012（平成24）年度補正予算においては，基金に30億円の積み増しがなされている。

の「孤独死」が社会問題となっているように，日本は人間関係が希薄な「無縁社会化」しているという見方がある。一方で，東日本大震災後の復興過程では，「絆」という言葉に象徴される人々の間での強いつながりや助け合いが復興の原動力として注目されてきた。第3章でも詳述したように，「絆」を読み解く鍵の概念が「社会関係資本」であり，それが示す「社会的つながり」は，自殺問題の解決に向けて欠かせない要素である。

自殺は他人の個人的な問題ではなく，誰もが程度の差こそあれ潜在的なリスクを抱えている，社会に影を落とすわれわれ全体の問題でもある。そもそも，人間が安定した社会経済活動を営むためには，従来の経済学も想定してきた技能や健康などの所得稼得能力や，政治学が強調するような望ましい政治的意思決定プロセスだけではなく，個人それぞれが埋め込まれている社会関係の健全さも欠かせない。人々の間の関係性，個人と行政との関係性をよりよい方向へ深めていくためには，個人が有権者としてそうした関係構築に能動的にかかわってゆくことも必要であろう。したがって，自殺対策のさらなる拡充や効果的な運用を求めて，有権者1人ひとりがより大きな声を上げていくということが今後は求められるのではないだろうか。

補論　効果的な自殺予防対策プログラムを紹介するBest Practice Registry（BPR）の概要

以下ではアメリカのBPRの例を簡単に紹介する。効果があると認められた自殺予防プログラムは保健社会福祉省（Department of Health and Human Services）下のSAMHSA（Substance Abuse and Mental Health Services Administration）[16]とSPRC（Suicide Prevention Resource Center）[17]によって公表されており，2013年2月現在18のプログラムが紹介されている[18]。

プログラムがエビデンスに基づいた効果的なものであると認められるためには，専門家による審査を通る必要があり，審査はSAMHSAによって行われている。申請を行うためには以下の3つの条件すべてを満たす必要がある。

16　http://www.nrepp.samhsa.gov/
17　http://www.sprc.org/bpr

(1) 実験的，あるいは準実験的手法を使用していること
(2) 政策の効果について統計的に有意な結果を得ていること
(3) 専門家による査読つきの学術論文あるいは包括的評価書として結果が発表されていること
(4) プログラムの内容と適切な実施方法を説明した文書があること

つまり，申請の時点で，質の確保のためのかなり厳しい条件が設定されている。申請が認められれば，複数の外部の専門家による評価が行われることになる。評価基準の際には，分析結果の信頼性，他の要因の影響を排除しているか否か，他の団体が同プログラムを実施する場合にどの程度容易にできるかなど約10項目にわたって判断される。そして，それぞれの項目について0～4の間で点数化される。たとえば，『他の要因の影響の排除』の項目では，「他の要因や変数が結果を説明している可能性がある」場合は0，「プログラムと結果の因果関係を証明するために，結果に影響を及ぼす可能性のあるすべての他の要因や変数の影響が排除されている」場合に4の評価がつけられることになっている。評価結果はプログラムについての詳細な情報とともにホームページ上で公表される。これにはプログラムを実施する際にかかる費用やサポート情報などについての情報も含まれ，他団体がプログラム実施を容易に理解し実施を検討できるよう工夫されている。また，対象グループや地域（年齢グループ，性別，都市部・郡部など）を指定した検索もできるようになっている。審査の基準は多少異なるものの，同様のデータベースはカナダにおいても公開されている[19]。

18　SAMHSAはメンタルヘルスや薬物乱用全般に関係するプログラムを紹介しているのに対して，SPRCは自殺予防対策のみ紹介している。SPRCのBPRは3つのセクションに分かれており，最も厳格な審査を経ているプログラムを紹介する「セクション1：エビデンスに基づくプログラム」に含まれるプログラムはSAMHSAのデータベースに含まれているものと同じである。SPRCのBPRの残りの2セクションには自殺予防に関するガイドラインや参考となるようなプログラムが紹介されているが，効果に関して専門家の審査は経ていない。ここではSAMHSAとSPRCに共通する内容に限定して紹介する。

19　http://66.240.150.14/

◆ 参考文献

大野裕(2012)「複合的自殺対策プログラムの自殺企図予防効果に関する地域介入研究:NO-COMIT-J(厚生労働科学研究費補助金障害者対策総合研究事業:精神障害分野)平成23年度 分担研究報告書」。

総務省行政評価局(2012)「自殺予防対策に関する行政評価・監視結果 報告書〈平成24年6月〉」。

山田光彦(2012)「自殺対策のための複合的介入法の開発に関する研究:J-MISP(厚生労働科学研究費補助金障害者対策総合研究事業:精神障害分野)平成23年度 総括研究報告書」。

Australian Government Department of Health and Ageing (2007a) *Living is for Everyone (LIFE): A Framework for Suicide Prevention in Australia.* (http://www.livingisforeveryone.com.au/LIFE-Framework.html)

Australian Government Department of Health and Ageing (2007b) *Living is for Everyone (LIFE): Research and Evidence in Suicide Prevention.* (http://www.livingisforeveryone.com.au/Research-and-evidence-in-suicide-prevention.html)

Berman, L. (2008) "Twenty Questions, Maybe More," *Newslink* (American Association of Suicidology), 35 (3): 3-6.

Byford, S., Harrington, R., Torgerson, D., Kerfoot, M., Dyer, E., Harrington, V., Woodham, A., Gill, J. & McNiven, F. (1999) "Cost-Effectiveness Analysis of a Home-Based Social Work Intervention for Children and Adolescents Who Have Deliberately Poisoned Themselves," *British Journal of Psychiatry*, 174: 56-62.

Cimpean, D. & Drake, R. E. (2010) "Evidence-Based Medicine in Mental Health: General Principles," in Pompili, M. & Tatarelli, R. (eds.) *Evidence-Based Practice in Suicidology: A Source Book*, Hogrefe.

De Leo, D. (2010) "The World Health Organization: Approach to Evidence-Based Suicide Prevention," in Pompili, M. & Tatarelli, R. (eds.) *Evidence-Based Practice in Suicidology: A Source Book*, Hogrefe.

Dumesnil, H. & Verger, P. (2009) "Public Awareness Campaigns about Depression and Suicide: A Review," *Psychiatric Services*, 60: 1203-1213.

Erazo, N., Baumert, J. & Ladwig, K. H. (2004) "Sex-specific Time Patterns of Suicidal Acts on the German Railway System: An Analysis of 4003 Cases," *Journal of Affective Orders*, 83 (1): 1-9.

Goldney, R. D. (2005) "Suicide Prevention: A Pragmatic Review of Recent Studies," *Crisis*, 26 (3): 128-140.

Gould, M. S., Klomek A. B. & Batejan, K. (2009) "The Role of Schools, Colleges and Universities in Suicide Prevention," in Wasserman, D. & Wasserman, C. (eds.) *Oxford Textbook of Suicidology and Suicide Prevention: A Global Perspective*, Oxford University Press.

Gould, M. S., Kalafat, J., Harrismunfakh, J. L. & Kleinman, M. (2007) "An Evaluation of Crisis Hotline Outcomes - Part 2: Suicidal Callers," *Suicide and Life-Threatening Behavior*, 37 (3): 338-352.

Gunnell, D. & Frankel, S. (1994) "Prevention of Suicide: Aspiration and Evidence," *British Medical Journal*, 308: 1227-1233.

Kalafat, J., Gould, M. S., Munfakh, J. L. & Kleinman, M. (2007) "An Evaluation of Crisis Hotline

Outcomes - Part 1: Non-Suicidal Crisis Callers," *Suicide and Life-Threatening Behavior*, 37 (3): 322-337.
Lester, D. (2011) "Where is More Evidence Needed?: Research Priorities in Suicidology," in Pompili, M. & Tatarelli, R. (eds.) *Evidence-Based Practice in Suicidology: A Source Book*, Hogrefe.
Mann, J. J., Apter, A., Bertolote, J., Beautrais, A., Currier, D., Haas, A., Hegeri, U., Lonnqvist, J., Malone, K., Marusic, A., Mehlum, L., Patton, G., Phillips, M., Ruts, W., Rihmer, Z., Schmidtke, A., Shaffer, D., Silverman, M., Takahashi, Y., Varnik, A., Wasserman, D., Yip, P. & Hendin, H. (2005) "Suicide Prevention Strategies: A Systematic Review," *Journal of American Medical Association*, 294 (16): 2064-2074.
Mann, J. J. & Currier, D. (2011) "Evidence-Based Suicide Prevention Strategies: An Overview," in Pompili, M. & Tatarelli, R. (eds.) *Evidence-Based Practice in Suicidology: A Source Book*, Hogrefe.
Matsubayashi, T. & Ueda, M. (2011) "The Effect of National Suicide Prevention Programs on Suicide Rates in 21 OECD Nations," *Social Science & Medicine*, 73 (9): 1395-1400.
New Zealand Ministry of Health. (2008) New Zealand Suicide Prevention Action Plan 2008-2012: the Evidence for Action.
 (http://www.spinz.org.nz/file/downloads/pdf/file_48.pdf)
OCEBM Levels of Evidence Working Group "The Oxford Levels of Evidence 2," Oxford Centre for Evidence-Based Medicine.
 (http://www.cebm.net/index.aspx?o=5653)
Pompili, M. & Tatarelli, R. (eds.) (2011) *Evidence-Based Practice in Suicidology: A Source Book*, Hogrefe.
Sari, N., Castro, S. de, Newman, F. L. & Mills, G. (2008) "Should We Invest in Suicide Prevention Programs?" *Journal of Socio-Economics*, 37 (1): 262-275.
SPAN USA (2001) *Suicide Prevention: Prevention Effectiveness and Evaluation*, SPAN USA.
United Kingdom Department of Health (2012) *Preventing Suicide in England: A Cross-Government Outcomes Strategy to Save Lives*.
 (http://www.dh.gov.uk/health/files/2012/09/Preventing-Suicide-in-England-A-cross-government-outcomes-strategy-to-save-lives.pdf)
United States Department of Health and Human Services (USDHHS) Office of the Surgeon General and National Action Alliance for Suicide Prevention, (2012) 2012 National Strategy for Suicide Prevention: Goals and Objectives for Action: A Report of the U.S. Surgeon General and of the National Action Alliance for Suicide Prevention, HHS.
 (http://www.surgeongeneral.gov/library/reports/national-strategy-suicide-prevention/full-report.pdf)
Van Houwelingen, C. A. J. & Beersma, D. G. M. (2001) "Seasonal Changes in 24-h Patterns of Suicide Rates: a Study on Train Suicides in the Netherlands," *Journal of Affective Disorders*, 66 (2-3): 215-223.
World Health Organization (WHO) (2002) *Suicide Prevention in Europe: The WHO European Monitoring Survey on National Suicide Prevention Programmes and Strategies*.
 (http://www.suicideprevention.ca/wp-content/uploads/2010/05/suicidepreventionineurope.pdf)

World Health Organization (WHO) (2010) *Towards Evidence-Based Suicide Prevention Programmes.*
 (http://www.wpro.who.int/mnh/TowardsEvidencebasedSPP.pdf)
Yip. A. (2005) "Public Health Approach to Suicide Prevention," *Hong Kong Journal of Psychiatry,* 15: 29-31.

索　引

◆アルファベット

AIC　→赤池情報量規準
BPR　212, 219
DI　53
e-Stat　→政府統計の総合窓口
PTSD　→心的外傷後ストレス障害
PYLL　→損失生存可能年数
RCT　→ランダム化比較実験
ROSCAs　→回転型貯蓄信用講
SAMHSA　219
SPRC　213, 219

◆あ　行

青色灯　→「せいしょくとう」
赤池情報量規準（AIC）　196
アドバース・セレクション　→逆選択
医学的研究　6
逸失生涯所得額　30, 214
イデオロギー　→党派性
いのちの電話　216, 217
いのちを守る自殺対策緊急プラン　165
因果関係　60, 98, 109, 125
インターリンケージ契約　35
インフレ率　107, 108
ウェルテル効果　19, 39, 202, 218
　　韓国における──　20
　　日本における──　20
右派（・保守）政党　106, 117
衛生費　141
疫　学　6
　　──的研究　6
エビデンス　3, 4, 40, 206, 215
　　──に基づく対策　208
大きな政府　106

◆か　行

回帰分析　19, 77, 78, 114, 146
回転型貯蓄信用講（ROSCAs）　35
介入疫学　6
外部妥当性　211
科学的根拠　→エビデンス
科学的根拠に基づく自殺予防総合対策推進コンソーシアム　213
貸し渋り　53
貸し剥し　53
関東大震災　91
基金　→地域自殺対策緊急強化基金
逆選択　34, 35, 38
行政投資　141
　　──の効果　150
キリスト教民主政党　111, 112, 117, 124, 126, 176
緊急雇用創出基金　176
栗原市いのちを守る緊急総合対策　181
栗原市自殺防止対策連絡協議会　181
経済政策　140, 141, 142, 143, 152
献　血　91, 93
健康日本21　162
公衆衛生学　6
交通安全対策関連事業（予算額）　168, 217
幸福度　107
こころの絆創膏　173, 175, 205
　　──ウェブサイト　176
　　──の効果　184
　　常備薬──　178
国家レベルの自殺予防プログラム　4, 204, 210, 216
固定効果　60

◆さ　行

財政力指数　147
再チャレンジ支援融資制度　167
左派（・革新）政党　106, 111, 112, 117, 123, 126
自殺死亡率　1　→自殺率
自殺総合対策大綱　163, 164, 203, 205
自殺対策加速化プラン　165, 168
自殺対策関連事業費（国の）　209, 217, 218
自殺対策関連事業費（道府県の）　171, 172

自殺対策基本法　4, 9, 17, 163, 168, 203, 205
自殺対策強化月間　165
自殺対策事業（名古屋市の）　173
自殺対策推進室　164
自殺対策の重点施策（国の）　166
自殺統計原票　5, 10
自殺に関する総合対策の緊急かつ効果的な推進を求める決議　163
自殺による逸失利益　30, 32
自殺の間接的費用　30
自殺の実態の解明　209
自殺の社会的要因　164
自殺の直接的費用　30
自殺の統計　11
自殺防止対策を考える議員有志の会　163
自殺報道　19
自殺予防総合対策センター　209, 213, 216
自殺率　1
　　年齢調整済み――　26, 179, 180
自死遺族　16
　　――数の推計　18
自死遺族のための分かち合いの会　169
市場の失敗　33
自然災害　69, 79, 99, 125
失業　56, 57
　　若年層の――　57
失業者の自殺率　58
失業対策費　141
　　――の効果　150
児童福祉費　141
ジニ係数　45, 128, 147
社会学的研究　5
社会関係資本　91, 219
社会経済変数　44, 115, 121, 127
社会心理学的研究　5, 70, 90, 93, 95, 219
社会的つながり　70, 90, 91, 92, 93, 94, 95, 219
社会福祉費　141
住民生活に光をそそぐ交付金　169
出版バイアス　47, 63
順序尺度ロジット・モデル　115, 129
消費者信用団体生命保険　35, 39
女性の就業率　52
処置群　17, 98, 214

人口動態統計（調査）　5, 11
人口動態調査死亡票　11
心的外傷後ストレス障害（PTSD）　71
人的災害　69
信用市場　34, 39
信頼区間　20, 84, 117, 122, 149, 188
スティグマ　16, 35, 52
生活保護　143
　　――の効果　151
生活満足度　108, 110
青色灯　24
　　――の効果　190
性と生殖に関する健康・権利　→リプロダクティブ・ヘルス／ライツ
政府統計の総合窓口（e-Stat）　11
政府の役割　106
生命表　25
生命保険市場　36, 39
生命保険の自殺免責期間　36, 37, 38, 39
セミパラメトリック回帰　38
戦略的債務不履行　34
相関関係　98, 126
操作変数　60
操作変数法　60
ソーシャル・キャピタル　→社会関係資本
損失生存可能年数（PYLL）　24, 25, 39, 202
　　――の推移　26

◆た行

大綱　→自殺総合対策大綱
対照群　16, 17, 98, 214
多重債務相談強化キャンペーン2010　166
短観　53
地域活性化交付金　→住民生活に光をそそぐ交付金
地域自殺対策緊急強化基金　165, 168, 171, 203, 218
　　――事業　169, 170
　　――の効果　193
小さな政府　106
地方消費者行政活性化成果基金　166
中小企業再生支援協議会　167
鉄道自殺　21, 23, 39
統計的有意性の偏り　63

党派性　9, 105, 107, 108, 109, 121, 126, 131, 203
　　──の指標　111
　　回答者の──　118
　　革新的・左派的な──　105
　　政権与党の──　106
　　中道的な──　105
　　保守的・右派的な──　105
独居死　73, 77

◆な 行

内生性　60, 64, 199, 215
名古屋市こころの健康（夜間・土日）無料相談　178
新潟中越地震　74
日本の自殺の特徴　44, 48, 52, 201
ノースリッジ地震　75
のぞみローン　181, 182

◆は 行

ハリケーン・カトリーナ　72
ハローワーク　33, 62, 166
阪神・淡路大震災　72, 73, 74, 77, 88, 91
東日本大震災　71, 72, 73, 91, 95
非自発的失業　33, 39, 52
福祉政策　107, 140, 141, 142, 143, 152
福祉政策変数　115, 121, 127
負の外部性　16, 17, 18, 202

ポアソン回帰分析　187, 196, 198
法テラス　167
ホーム柵　24

◆ま 行

マイクロファイナンス　34
マクロ経済変数　115, 121, 127
民事法律扶助制度　167
民生費　141
無縁社会化　219
メタ回帰分析　47, 62
モラルハザード　34, 35, 38

◆や 行

緩やかな紐帯　90
ユーロバロメータ　109

◆ら 行

ランダム化比較実験（RCT）　98, 214, 215
罹災者　77, 79
リプロダクティブ・ヘルス／ライツ　26
流動性制約　34
レッドリバー洪水　90
連帯保証人　34, 35, 39
老人福祉費　141

◆わ 行

ワンストップ・サービス　62